AF565852

Michaela Lindinger

Marie Antoinette

Michaela Lindinger

Marie Antoinette

Zwischen Aufklärung und Fake News

Im Zentrum der Revolution

Königin der Lust

Die Biografie

MOLDEN

„Erst wenn die Wolken schlafengeh’n
Kann man uns am Himmel seh’n
Wir haben Angst und sind allein
Gott weiß:
Ich will kein Engel sein.“

Rammstein: Engel (1997)

Für Regina

Maria Antonia Josepha Johanna von Österreich-Lothringen, Erzherzogin von Österreich
(1755–1770)

Marie Antoinette, Dauphine von Frankreich
(1770–1774)

Marie Antoinette, Königin von Frankreich
und Navarra
(1774–1792)

„Antoinette Capet“
(1792–1793)

„Witwe Capet“
(1793)

I
Zähne zeigen – im Land des Lächelns

„Die Zähne sind der springende Punkt im Tempel der Schönheit."

Die zukünftige Königin von Frankreich und Navarra winkte.

Wo dieses Navarra genau lag, hatte man ihr in den vergangenen Monaten bestimmt beigebracht. Sie hatte es schon wieder vergessen. Es war die Glanzzeit des Rokoko: Das mit Schleifen, Rüschen, Spitzen und breitem Reifrock ausstaffierte Mädchen zählte gerade einmal vierzehneinhalb Jahre und versuchte, die rote Nase zu verbergen. Eine schwere grippale Erkältung machte der jungen Wienerin zu schaffen. Fast drei Wochen war sie bereits unterwegs durch ihre Heimat Österreich und die deutschen Länder. Acht Stunden täglich wurden sie und ihre Damen in den Kutschen durchgerüttelt. Noch dazu goss es seit Tagen wie aus Kübeln, obwohl der Mai schon begonnen hatte. Als man endlich die Glocken des Straßburger Münsters, Kanonendonner und den Jubel der Menge hörte, atmete der fiebergeplagte Teenager auf. Der Duft gebratener Ochsen lag in der Luft, aus den städtischen Brunnen sprudelte Wein und als Schäfer und Schäferinnen in Weiß gekleidete Kinder und Frauen in elsässischer Landestracht jubelten der kleinen, grazilen Erzherzogin aus Wien zu. Die Straßburger hatten seit Ewigkeiten keine Dauphine mehr gesehen, sodass ihre Begeisterung kaum noch Grenzen kannte. Rosenblätter bedeckten die Straßen. Marie Antoinette war zwar müde, doch liebte sie Unterhaltungen und Amüsements aller Art und bemühte sich redlich, die Freude der Bevölkerung zu erwidern.

Wie bei offiziellen Anlässen üblich, wurde die Braut des französischen Thronfolgers auch von den Stadtgranden willkommen geheißen: Straßburgs Adel, militärische Würdenträger und nicht zuletzt die Kleriker erwarteten sie auf einem erhöhten Podest. Die auffallendste und prächtigste Erscheinung unter den Kirchenvertretern war der Prinz Louis de Rohan. Er stach alle anderen aus mit seinem aufwändig gearbeiteten Spitzenkragen und zahlreichen juwelenbesetzten Ringen über den behandschuhten Fingern. In seiner Begrüßungsansprache würdigte er heuchlerisch die Mutter der jugendlichen Braut, die Regentin Maria Theresia, die ihn seit jeher verabscheute. Rohan war ein Mann in den

S. 9: Die Frau, die lächelte: Élisabeth Vigée-Lebrun war eine skandalumwitterte Selfmade-Künstlerin, die als Lieblingsporträtistin der Königin auch zu deren Freundeskreis zählte.

Der Einzug Marie Antoinettes in Straßburg wurde ein großer Erfolg. Alle wollten die junge Dauphine sehen, die zwar erschöpft, aber hocherfreut und dankbar die Ehrenbezeugungen entgegennahm.

Dreißigern, eitel, aus einer unermesslich reichen und altehrwürdigen Familie. Er neigte dazu, Mittel der Kirche als persönliches Eigentum zu betrachten. Seine Neigung zu Freizügigkeit war der sittenstrengen und frommen Maria Theresia ein Dorn im Auge. Auch in Straßburg fiel sein Benehmen negativ auf. Man munkelte, dass Rohan bald Kardinal werden sollte, doch strahlte er die mehr als 20 Jahre jüngere Marie Antoinette an, als wolle er sie zum Tanz auffordern. Seinem Nachbarn soll er zugeflüstert haben: „Sie glänzt so natürlich wie reife Kirschen." Dem anerkennungssüchtigen Rohan wird viele Jahre später, als sich die Popularität der Königin spektakulär im freien Fall befand, eine tragikomische, aber entscheidende Rolle zukommen.

Ein Vertreter der Stadt Straßburg trat vor und begann, Marie Antoinette und ihr Gefolge in aller Höflichkeit auf Deutsch zu begrüßen. Das junge Mädchen unterbrach ihn sogleich: „Bitte sprecht nicht Deutsch mit mir. Von heute an möchte ich nur noch Französisch hören." Die Masse war nicht mehr zu halten und brach in Freudengeschrei aus. Von allen Seiten hörte man Jubelrufe: „Vive la Dauphine!" Georg Adam Graf von Starhemberg, der als österreichischer Brautführer Marie Antoinette zu ihrer Übergabe an den neuen französischen Hofstaat begleitete, flüsterte ihr ins Ohr: „Sehr gut gemacht, Madame la Dauphine." Zumindest diese Lektion beherzigte Marie Antoinette, wie man es ihr eingebläut hatte. Sie öffnete leicht den Mund und lächelte. Das begeisterte Publikum erblickte eine Reihe jugendlicher, recht gerader, heller Zähne.

Als wir das Lachen lernten

In Marie Antoinettes neuem Heimatland hatte diese an sich einfache Geste eines freundlichen Lächelns große Bedeutung. Von den vielen Franzosen, die sich nach modernen Werten sehnten, wurde es als sichtbares Symbol der Veränderung, als ein Zeichen der Hoffnung für die Zukunft aufgefasst. War doch der frühere Sonnenkönig Ludwig XIV. ein Herrscher ohne Zähne gewesen. Sein berühmtes Porträt von Hyacinthe Rigaud zeigt ihn im typischen zeremoniellen Setting, auf dem

Höhepunkt bourbonischer Macht: Seine Accessoires sind Szepter und Staatsschwert, in angeberischer, fast verachtungsvoller Pose steht er da. Besonders betont sind die damals gültigen sexuellen Reize der Männer: Mit weißer Seide bestrumpfte Beine in Schuhen mit rotem Absatz und roter Sohle, wie der geltenden Kleiderordnung zufolge nur der Adel sie tragen durfte. Ludwigs Hofchronist nannte die skulptural geformten Beine seines Herrschers „die schönsten, die ich je sah“. Und er war nicht als kriecherischer Schleimer bekannt.

Allerdings ist der Körper des Königs, in erster Linie aber das Gesicht von Rigaud stark geschönt worden. Der Dargestellte war immerhin schon 60 Jahre alt und nur 165 Zentimeter groß. Doch alle Betrachter sollten zu ihm aufschauen – da musste man sich passende Lösungen einfallen lassen. Den vollkommen kahlen Schädel verbarg die lange Allonge-Perücke, die den Dargestellten auch verjüngen sollte. Sie wurde ein Symbol des Herrschertums schlechthin und alle Monarchen in Europa imitierten den französischen Königs-Look. Falten sind um Ludwigs Kinnpartie kaum zu erkennen, in Wahrheit hatte er jedoch hohle Wangen und keinen einzigen Zahn im Mund. Im Gespräch mit einem seiner Kardinäle bekannte er einmal, wie sehr er darunter litte, keine Zähne mehr zu haben. Die Antwort des Kardinals sagt viel aus über jene Epoche, als Ludwig XIV. den Palast von Versailles errichten ließ – etwa hundert Jahre vor Marie Antoinettes Ankunft im prächtigsten Schloss Europas: „Zähne, Sire? Ah. Wer hat schon welche?“

Kaum jemand über 40 konnte noch viele Zähne sein Eigen nennen, und den meisten Menschen fielen sie unweigerlich weiter aus. Ein ehemals vielleicht gutes Aussehen war somit dahin, statt einer klaren Aussprache hörte das Gegenüber oft nur noch ein Pfeifen oder Grunzen. Ludwig XIV. konnte sich die besten Professionisten seiner Zeit leisten, doch deren „Kunst“ sah damals so aus: Beim Ziehen der im rechten Oberkiefer verbliebenen kranken Zähne riss der königliche Zahnzieher – Ärzte sahen sich für solch brachiale Eingriffe nicht zuständig – aus Versehen oder Ungeschick einen Großteil der Backe mit aus. Es blieb ein großer Hohlraum im Mund zurück. Wasser und Wein rannen nun durch die königliche Nase wieder heraus, „wie eine sprudelnde Quelle“, so der Leibarzt Ludwigs XIV. Jeder konnte es sehen – denn die Mahlzeiten des Herrschers fanden in aller Öffentlichkeit statt. Als sich Infektionen im Mundraum ausbreiteten, wurde das Loch mit glühenden

„Der Staat bin ich", verkündete König Ludwig XIV. und meinte es durchaus ernst. Seinen Hof in Versailles wollte er rund um die Uhr kontrolliert wissen. Schlupflöcher gab es immer.

Eisen ausgebrannt. Ludwigs Mund im Porträt von Rigaud zeugt so auch von einer bewundernswerten Leidensfähigkeit des alternden Monarchen. Signifikanterweise war es ein Höfling und kein Arzt, der den Grund für Ludwigs Zahnprobleme beim Namen nannte – schließlich traf man den König kaum je allein an, sondern er befand sich ständig in Gesellschaft zahlreicher Adeliger, die nur ein Ziel verfolgten: Dem Herrscher aus welchen Gründen auch immer aufzufallen, um Wünsche bei ihm zu deponieren. Die Höflinge kannten Ludwigs Tagesablauf genau, wussten, wann er was tat, wen er traf und auch, was er aß und trank. Es seien die riesige Anzahl an Konfitüren und die zahlreichen zuckrigen Snacks gewesen, die die Zähne des Monarchen krank gemacht hätten und ausfallen ließen. An seinem Lebensende umgaben den Herrscher an die 80 Ärzte, doch nie hatte sich jemand die Mühe gemacht, ihm korrekte Mund- und Zahnpflege beizubringen. Er solle den Mund mit Wasser waschen und die Zähne – solange vorhanden – mit einem Tuch abrubbeln. Weiters empfahl man noch Zahnstocher aus Rosmarin oder einer anderen aromatischen Pflanze.

Es verwundert demnach kaum, dass am Hof des Sonnenkönigs in Versailles wenig gelacht wurde. Man war bemüht, nicht einmal den Ansatz eines Zahns zu zeigen, selbst wenn man noch über den einen oder anderen verfügte. Gott habe den Menschen mit Lippen ausgestattet, um die Zähne dahinter zu verbergen, lautete das gültige Credo, an das sich alle zu halten hatten. Wie man bei Umberto Eco in seinem Roman „Der Name der Rose" erfahren kann: Der weise Mann lacht kaum. Nur Narren, Betrunkene, Bauern, Unfähige und Verrückte lachen laut. Man darf zurückhaltend lächeln, selbstverständlich mit geschlossenem Mund. Sichtbare Zähne würden an das Grinsen von Hunden erinnern, hieß es. Die französische Tradition kannte noch zusätzlich den frauenfeindlichen „Roman de la Rose", der aus dem Mittelalter stammt. Frauen sollen demnach nur ansatzweise lächeln, niemals dürfen sie den Mund öffnen. Ein offener Mund erwecke die Assoziation mit einer Vagina, beides habe in der Öffentlichkeit nichts zu suchen. Frauen dürften bei Witzen zwar sanft lächeln, niemals jedoch selbst einen Witz erzählen.

Der Gründer des Jesuitenordens, Ignatius von Loyola, war sich sicher: Jesus hat nie gelacht. Und da in Frankreich das Gottesgnadentum herrschte, wo der König als Auserwählter Gottes regierte, lag es auf der Hand, dass auch der Herrscher nichts zu lachen hatte. Die absolute

Monarchie, das war ein System geschlossener, verkniffener Münder, was Ludwig XIV. mit seinen Zahnproblemen sicher zupasskam. Er war aber auch dementsprechend erzogen worden, noch dazu wurde er im Alter depressiv. Und der Hof folgte dem König in allen Belangen, egal ob es um Perücken, die Kleidermode oder das Lachen ging. Als zum Beispiel dem Sonnenkönig eine anale Fistel erfolgreich entfernt worden war, wurde es sogleich modern, an einer derartigen Krankheit zu leiden und sich beim Bader zu einer Operation anmelden zu lassen. Ärzte operierten damals noch nicht. Sie gaben nur mündliche Ratschläge und verschrieben Heilmittel, die dann vom Hofapotheker angemischt wurden.

Ludwigs Höflinge trugen marmorne Gesichter zur Schau, passend zur Ausstattung der Residenzen, in denen sie sich bewegten. Es war eine eisige Welt, in der sich eine moderne, lächelnde, aus dem Ausland stammende Thronfolgerin zurechtfinden musste. Selbst als Königin, nach Jahren am Hof, gelang es ihr nicht. Ihre Mutter Maria Theresia maßregelte Marie Antoinette in einem Brief, auf keinen Fall dürfe sie Leuten ins Gesicht lachen oder bestimmte Personen anlächeln. Dies würde den Eindruck erwecken, sie bevorzuge diese mit Freundlichkeit bedachten Frauen und Männer und würde sie so zu ungerechtfertigten Einflussnahmen aufstacheln. Persönliche Verletzungen, die einem zugefügt wurden, durfte die Umgebung nicht bemerken. Feinde mussten genauso behandelt werden wie die besten Freunde. Gefühle waren dazu da, kontrolliert zu werden, Leidenschaften, um sie zu verschleiern, und es war ganz alltäglich, gegen seine wahren Neigungen zu sprechen und zu handeln. Marie Antoinette begriff lange nicht, dass sie als Königin auf einem Schlachtfeld voller Selbstdarstellung und Täuschung agieren musste. Ihre Mutter hingegen, mit ihrer jahrzehntelangen Erfahrung als Herrscherin, wusste genau: Ein Lächeln kann eine Waffe sein und sollte auch genauso eingesetzt werden.

Die marmorne Starrheit der Gesichter am französischen Hof wurde durch „le fard" noch betont und verstärkt. „Le fard", also „die Schminke", war eine weiße, übel riechende, metallhaltige Paste, die das gesamte – bei Männern der Mode entsprechend rasierte – Gesicht darunter verbarg. Ein weißes Antlitz stand für Schönheit, Würde und Reinheit. Auch die Lippen wurden mit „le fard" überschminkt, sodass man den Mund kaum wahrnehmen konnte. Alle sahen mehr oder weniger gleich aus. Wurde jemand aus welchen Gründen auch immer rot, so fiel das niemandem auf. Gesichtsbewegungen wie etwa Lachen würden die „Maske" womöglich reißen lassen. Das Make-up war extrem gesundheitsschädlich, wurde jedoch in abgeschwächter Form auch in Marie Antoinettes Jugend noch getragen.

Madame de Sévigné, die berühmte französische Briefschreiberin, bekrittelte 1676, dass schon seit Jahren niemand mehr lache. Und ein Philosoph meinte, er lache bestenfalls einmal im Jahr. Mehr gäbe es ohnehin nicht zu lachen. Die nächste Generation fand das Leben in Versailles aus guten Gründen intolerabel und flüchtete sich nach Paris. Dort bahnte sich nach dem Tod des Sonnenkönigs eine neue Zeit an.

Pariser Leben

Die Welt war im Wandel. Viele Bereiche des öffentlichen Lebens sollten bald von einer neuen Strömung beherrscht werden: Den Ideen der Aufklärung, die ihren Siegeszug im wirtschaftlich fortschrittlichen England begonnen hatten. Doch nirgends traf dieses neue Denken auf so radikale Anhänger wie in Frankreich, wo die Gesellschaft noch mehrheitlich bäuerlich strukturiert war. Männer wie Voltaire, Montesquieu und Rousseau stellten Fragen, wie man sie nie zuvor vernommen hatte. Wie kommen Erkenntnis und Wissen zustande? Wie geht eigentlich Entdecken und Forschen? Im Grunde genommen wollten die neuen Denker „nur" eines: Die Grundlagen der Gesellschaft neu aufsetzen. Eingeschränkt freilich dadurch, dass die Gelehrten, die „philosophes", wie sie in Frankreich genannt wurden, auf eine Reform von oben hofften. Eine Revolution, die zeitweise Teile der unteren Bevölkerungsklassen miteinschloss, war nie das Ziel der Aufklärer gewesen. Viele der einflussreichen Herren konnte man bestimmt nicht als lupenreine Demokraten bezeichnen. Gleichheit vor dem Gesetz, Freiheit für den einzelnen Bürger, religiöse Toleranz und Wohlfahrt für die Benachteiligten: All das sollte ein aufgeklärter Fürst seinen Untertanen zugutekommen lassen, forderten die Philosophen.

Der Regent: Philippe, Herzog von Orléans. Unter seiner Herrschaft blühte das gesellschaftliche Leben in Paris. Respektlosigkeiten aller Art wurden beinahe salonfähig.

Gerade in Frankreich hatte das Ganze allerdings einen Haken: Einen solchen Herrscher gab es dort nicht. Bestenfalls in der Régence-Zeit, als für den minderjährigen Ludwig XV. dessen Großonkel Philippe, Herzog von Orléans, regierte, wehte ein Wind der Frühaufklärung zumindest durch Paris. Der Regent, wie er sich nannte, hatte vom steifen Versailles die Nase voll und etablierte sich im Palais Royal mitten in der Hauptstadt. Das Leben verdiente seinen Namen wieder, denn die Lebhaftigkeit regierte im Umfeld des Herzogs. Lose Sitten, Joie de vivre, urbane Gesellschaften, intellektuelle Offenheit, Infragestellung alter Werte: Fast könnte man glauben, Philippe hätte das Ruder herumreißen können in Richtung eines modernen, zeitgemäßen Staatswesens. Doch konnte er politisch nicht mit der Stärke des verstorbenen Ludwigs XIV. mithalten. Voltaire veröffentlichte immerhin seine ersten Schriften, Montesquieu durfte ungestraft die 54 Jahre währende absolutistische Herrschaft unter dem zahnlosen Ludwig kritisieren. Die absolute Monarchie – das sei die schlechteste aller denkbaren Regierungsformen, hielt er fest. Die Zensur wurde aufgehoben und die Presse war so frei wie nie wieder vor der Revolution von 1789.

Es festigte sich eine neue maßgebliche Schicht, das Bürgertum, befeuert in seinen Ideen durch die französischen (Frei-)Denker. Ein stets wachsendes Publikum versammelte sich in den Cafés und Salons. Libertins und Literaten genossen die möglich gewordene Respektlosigkeit, kritisierten und debattierten, pochten auf ihre Rechte, einen persönlichen Geschmack und ein eigenes Urteil zu besitzen und auch verkünden zu dürfen. Und vor allem: Emotionen galten wieder als etwas Positives, Erstrebenswertes. Man begrüßte sich mit einem Lächeln, war freundlich, galant. Man wusste, dass der atheistische Regent in der Kirche die in einem Gebetbuch verborgenen sarkastischen Schriften des Renaissance-Humanisten François Rabelais las. An hohen kirchlichen Feiertagen hielt er mit seinen Freundinnen und Freunden sogenannte fêtes galantes ab, promiske Festivitäten, die im Volksmund als Orgien bezeichnet wurden. Verkleidungen – nicht selten kamen Männer als Frauen und Frauen als Männer zu solchen Veranstaltungen – und sexuell konnotierte Partyspiele trugen zum Ruf von Paris als „sündigster Stadt Europas“ bei. Unter einfachen Leuten führten solche Erzählungen zu einer Atmosphäre von offenem Skandal. Die Privilegien und die Unmoral des Adels verstörten die Menschen. Zuletzt starb der Regent früh, mit 49 Jahren, an einem Schlaganfall. Viele in seiner Umgebung meinten, er habe sein Lotterleben einfach zu weit getrieben.

Inzwischen in Versailles ...

Unter dem neuen König feierten die vermeintlich schon überwundenen alten Sitten wieder fröhliche Urständ'. Ludwig XV. zog mitsamt dem Hof zurück nach Versailles. „Ich mag es nicht, etwas anders zu machen als meine Vorväter", lautete sein Regierungsprogramm. Daran hielt er sich, in vielen Lebensbereichen. Beinahe ging es noch elitärer zu als unter dem früheren Ludwig. Die adeligen Frauen und Männer trugen ihre weißen Gesichter zur Schau, starr, unbeweglich, regungslos. Auch was die viel zitierte „Mätressenwirtschaft" anging, hielt sich Ludwig XV. an seinen Vorgänger. Mit 35 war er Vater von zehn legitimen und etwas mehr illegitimen Nachkommen. Seine Frau, die fromme polnische Prinzessin Maria Leszczyńska, hatte ihn längst aus ihren Gemächern verbannt. Für ihre Untertanen blieb sie „die gute Königin". Ludwig hatte lange und kürzere Affären, viele One-Night-Stands, aber auch Mätressen, mit denen er mehrere Jahre in eheähnlicher Gemeinschaft lebte. Zu den berühmtesten und einflussreichsten gehörten Madame de Pompadour und Madame du Barry. Starb eine Favoritin, so litt er schrecklich, insbesondere unter Langeweile, und wurde depressiv.

Überhaupt galt sein Hauptinteresse der Medizin und dem Tod. Stundenlang konnte er über Körperteile räsonieren, sprach vor allem über die Verdauung, über Darm, Magen, Speiseröhre, Kehlkopf, Rachen. Das alles studierte er in seinen geliebten anatomischen Atlanten mit detailgetreuen Zeichnungen. „Die Wahrheit unter der Haut", so sagte er wiederholt, sei „von allergrößter Bedeutung".

Zu seinem persönlichen Vergnügen unterhielt er ein als „Hirschpark" bekanntes Gebäude in der Ortschaft von Versailles, wo sein Kammerherr Dominique Lebel junge Mädchen aus prekären Verhältnissen vorübergehend wohnen ließ. Das Haus in der Rue Saint-Médéric glich einer Festung. Gerüchte schwirrten herum, wonach diese Mädchen jünger

„Der Vielgeliebte“: König Ludwig XV. von Frankreich war alles andere als ein vorbildlicher Herrscher. Seinem Enkel hinterließ er ein abgewirtschaftetes, völlig veraltetes Staatswesen.

als die zahlreichen Töchter des Königs seien. Maskiert und in einen schwarzen Mantel gehüllt, würde Ludwig XV. sie beim Soupieren durch ein Loch in der Wand beobachten und dann Lebel Bescheid geben, ob er nähere Bekanntschaft wünsche oder nicht. In Versailles gab es in die Wand eingelassene Geheimtüren, die nur Eingeweihte kannten. Für manche Menschen war es möglich, im riesigen Schloss ein vollkommen unbemerktes Leben zu führen.

Gefiel dem König ein Mädchen, wurde es genauestens instruiert und untersucht, um dann in Ludwigs Bett geschickt zu werden. Später werden revolutionäre Straßenzeitungen berichten, die auf diese Weise gezeugten königlichen Bastarde seien umgebracht worden. Für Interessierte, die geheime Friedhöfe voller Kinderskelette besichtigen wollten, wurden sogar Wegbeschreibungen veröffentlicht. In Wahrheit wurden diese Kinder bei bäuerlichen Familien in der Umgebung untergebracht und als Arbeitskräfte eingesetzt. Der Hof kam für sie in bescheidenem Maß auf, bis sie sich selbst ernähren konnten. Über ihre Herkunft erfuhren sie im Allgemeinen nichts. Bald nannte man Ludwig XV. den „Vielgeliebten“, und das war keineswegs bewundernd gemeint. Gegen Ende seines Lebens, als viele Franzosen und Französinnen schon voller Hoffnung auf den jungen Dauphin und seine stets verbindlich lächelnde Ehefrau blickten, schmähte man ihn als „Herodes“.

In Frankreich bildete sich im Lauf des 18. Jahrhunderts eine bürgerlich geprägte Gesellschaft heraus, die neben der höfischen existierte und ein Eigenleben führte. Diese selbstbewusste und oft finanzkräftige Gruppe wurde auch unter Marie Antoinettes Ehemann Ludwig XVI. zunehmend stärker und einflussreicher, sodass es gegen Ende des Jahrhunderts für eine „Aufklärung von oben“, wie die „philosophes“ sich das optimistisch vorgestellt hatten, längst zu spät war.

Marie Antoinette stand als Thronfolgerin und dann als Königin zwischen zwei grundverschiedenen Welten. Sie kam von einem ausländischen Hof, der im Vergleich zu Versailles aufgeklärt wirken musste; sie war jung, eine typische Figur ihrer Epoche, im Denken und Fühlen dem bürgerlichen Pariser Theatergeher näher als einem Mitglied der französischen Königsfamilie. So lehnte etwa ihr Schwiegergroßvater Ludwig XV.

das sich formierende bürgerliche Drama, welches die Pariser in Scharen auf die Ränge lockte, von ganzem Herzen ab. Im Hoftheater standen solche modernen Stücke nie auf dem Spielplan, doch in Paris hieß das Motto: Spitzentaschentücher raus! Minister, Herzöge und Marschälle rollten in langen Kutschenreihen von Versailles nach Paris und flennten in ihren Logen leise in parfümierte Seidentüchlein. Molières Komödien wurden regelrecht unpopulär. Das Theaterpublikum entdeckte seine Tränendrüsen und schuf sich so eine eigene Geschmackskultur. In den Stücken ging es um ganz normale Menschen und Umstände des täglichen Lebens, um moralische Dilemmata und Unglücksfälle, die jedem passieren konnten und somit jeden berührten. Betroffenheit hieß das Zauberwort. Oft weinte und lachte dieselbe Schauspielerin innerhalb von 15 Minuten. Die Bühne mutierte zur moralischen Anstalt: „Und die Moral von der Geschicht'..." Man soll die Missgeschicke des Lebens annehmen. Nur so werde man lernen, ein besserer Mensch zu werden. Es regierte das Sentiment, und zwar mit Verve. Die Tränenkaskaden förderten nebenher die Offenheit für andere Emotionen, vor allem für das Lächeln der Régence-Zeit, welches Voltaire das „Lächeln der Seele" genannt hatte. Das Zeitalter der Empfindsamkeit, der Sensibilität, des Freundschaftskults war geboren. Marie Antoinette sollte seine Ikone werden.

Verstand und Gefühl

Die Leute lasen populäre Briefromane, langatmig für heutige Verhältnisse, aber durchaus lehrreich, daneben „häuslich" und „einfach". Wiederum rankten sich die Erzählungen um geläufige Themen, die man aus dem eigenen Leben kannte. Marie Antoinettes Lieblingsbuch – und das will etwas heißen, denn sie las wenig – stammte vom In-Philosophen Jean-Jacques Rousseau, hieß „Julie oder Die neue Heloise" und kam 1761 heraus. Das Werk war DER Bestseller des 18. Jahrhunderts und stand unter dem Einfluss früherer Briefromane mit Telenovela-Namen wie „Pamela" oder „Clarissa". Diese erfolgreichen Bücher mit ihren sich gemütvoll aufopfernden Heldinnen fanden sich in fast allen französischen Haushalten und wurden von mehreren Generationen gelesen. Auch bei der „neuen Heloise" ging es viel um das Lächeln, das wie alle Gefühle lebensecht wirken musste. Eine Botschaft lautete: Sollte uns das Schicksal hart treffen, die ehrlichen und freundlichen Menschen aus unserer Umgebung werden um uns trauern. Der Roman gab sich authentisch, wie eine True Story. Die Lektüre sollte den Geist erheben und die Psyche ansprechen. Es ging um die Liebe der Heldin zum Guten, und da sie eine Frau war, musste sie im Allgemeinen am Schluss sterben, um der Moral zum Sieg zu verhelfen. Edgar Allan Poe wird vom Sterben einer schönen Frau als vom „poetischsten Thema der Welt" sprechen. Fans schrieben von ihren Tränen, Seufzern und Qualen beim Miterleben der Todesszene, und dass sie gerade diese immer wieder lasen und sich auch gegenseitig in einer Runde von Freundinnen und Freunden vortrugen. Jeder wollte seinen persönlichen emotionalen Taumel durchleben. Der neue Leitsatz für die aufgeklärte „Emo-Jugend" hieß: Ich weine, daher bin ich. Schmerz und Vergnügen, Genuss und Trauer gehörten zusammen und sollten den neuen, tugendhaften Menschen definieren.

Voltaire erklärte, selbst ein wohlgestalteter Mensch habe keine Anmut im Gesicht, wenn beim Lächeln der Mund geschlossen bliebe. Während früher die Augen als Spiegel der Seele galten, so zeigte sich diese nun im charmanten Lächeln. Ganze Romanabschnitte lasen sich neuerdings wie Werbeschaltungen für die Kieferorthopädie – was es bisher nicht gegeben hatte: Weiß mussten die Zähne sein, gerade angeordnet, der Mund sollte sich beim Lächeln ebenmäßig öffnen. Während in Versailles als Symbol für Reinheit noch die künstlich weiße Haut galt, machten in Paris die natürlich weißen Zähne Furore. Das neue Lächeln der Empfindsamkeit zeigte Zähne. Und auch die Dauphine, aufgewachsen im Umfeld der zahlreichen aufgeklärten Berater ihrer Mutter, folgte bei ihrem ersten großen Auftritt in Straßburg genau diesem Trend.

Der altväterische Hof in Versailles mit seiner düsteren Schwermut und seinen schattenhaften kirchlichen Ritualen wurde von den fortschrittlichen Bürgern in Paris verspottet. Der Mensch triumphierte sogar über Gott, denn er suchte sein Glück in dieser Welt und nicht in der nächsten. Ein solches Ansinnen barg auch Gefahren in sich: Womit sollte man nun die Masse der Mittellosen vertrösten, wenn es kein Jenseits mehr gab?

Der Intoleranz der katholischen Kirche setzte man in Paris Freundlichkeit und Optimismus entgegen, die Aufklärung gewann ihre Anhänger mit einem Lachen oder zumindest mit einem Lächeln. Lachen sei *die* Waffe gegen Aberglauben und Ignoranz, propagierte Voltaire. Ein Lächeln auf den Lippen, das stehe für Vernunft. Lächeln, Vernunft, Empfindsamkeit – so hieß die heilige Dreifaltigkeit der französischen Zivilisation im Jahr 1750 – fünf Jahre vor Marie Antoinettes Geburt in Wien. Der Physiognomiker Johann Caspar Lavater aus Zürich behauptete gar, einen Franzosen erkenne er sofort – an seinem schönen Lächeln und seinen geraden Zähnen. Die französischen Zahnärzte wurden mit ihren neuen Methoden der Kieferorthopädie und vor allem mit ihren künstlichen Zähnen aus Elfenbein oder Flusspferdzähnen, die zurechtgeschliffen wurden, weltweit berühmt. Wer es sich leisten konnte, fiel mit guten Zähnen auf und so mancher Franzose war anderen Europäern mehr als einen Schritt voraus. Der Ruf der Pariser Zahnmediziner reichte bis nach Amerika, wo auch George Washington seine Beißer einem Franzosen anvertraute. Casanova holte sogar noch kurz vor Beginn der Revolution einen Zahnarzt aus Paris zu Hilfe, denn ihm fielen auf seinem böhmischen Alterssitz sämtliche Zähne aus …

In Paris ging es bereits ähnlich zu wie heute: Man traf sich auf den Plätzen, küsste und umarmte sich, lächelte und schüttelte Hände. Die sozialen Gegensätze begannen zu verblassen und es zeigten sich erste Zeichen einer Zivilgesellschaft, wie wir sie heute kennen. Nicht so in Versailles. Dort war das soziale Verhalten weiterhin ausgesprochen unterkühlt, man orientierte sich auch um 1770, als Marie Antoinette die Ehefrau des Dauphins wurde, noch an Verhaltensnormen des vorigen Jahrhunderts. Damals hatte Ludwig XIV. die berüchtigte königliche Hofetikette eingeführt, um alles und alle um sich herum kontrollieren zu können. Gleichzeitig passierte im Land etwas, das bald ungeahnte Folgen nach sich ziehen wird: In den Großstädten machte sich eine weitreichende Kommerzialisierung bemerkbar, was die traditionelle alte Feudalordnung ins Wanken brachte. Eine bitterarme Unterschicht bevölkerte die Hauptstadt. Fiel eine Ernte schlecht aus, hungerten die französischen Bauern.

Noch aber boomte die Wirtschaft, die Reichen gaben ihr Geld aus und kurbelten das Finanzsystem an. Ganz Paris war ein Schaufenster des städtischen Konsums. Das Nahrungsangebot wurde vielfältiger,

Schokolade, zuckriges Gebäck, den hochmodischen Kakao, Eis und süße Limonaden konnten sich auch weniger Betuchte leisten, was immer mehr Zähnen schadete. Die Zahnärzte vergaßen nicht, darauf zu reagieren. Weiße Zähne riefen Neid hervor – und darum ging es ja schließlich.

Der Zahnarzt aus Paris

Maria Theresia in Wien gehörte zu den bestinformierten Frauen ihrer Zeit. Sie war über all die aktuellen Pariser Entwicklungen im Bilde und suchte ihre Tochter Antonia, die sie bald nach Frankreich zu verheiraten gedachte, so gut wie nur irgend möglich auf ihre Aufgaben an diesem für Wiener Verhältnisse tatsächlich sehr fremden Hof vorzubereiten. Zahlreiche Unzulänglichkeiten des Mädchens mussten korrigiert werden, da waren die schiefen Zähne eigentlich nur eine Kleinigkeit. Um das Gebiss der zwölfjährigen Erzherzogin zu „repositionieren", wie es damals hieß, wurde ein Pariser Zahnarzt mit bestem Ruf nach Wien geholt, Jean-Baptiste Laverand. Grundsätzlich ging er kaum anders vor als heutige Kieferorthopäden. Er fertigte für das Kind eine Drahtkonstruktion an, die Antonia so lange tragen sollte, bis ihre Zähne geradegerichtet waren. Soeben waren sich nämlich Maria Theresia und ihre Berater mit der französischen Seite einig geworden. Die jüngste Tochter des römisch-deutschen Kaisers Franz I. Stephan von Lothringen hatte das vermeintlich große Los gezogen: Sie würde einmal in der aufwändigsten, prachtvollsten, für alle anderen Länder Europas maßgeblichen Monarchie an der Seite Ludwigs XVI. Platz nehmen. Als Königin von Frankreich.

Damit sich Mutter und Tochter ein Bild des Zukünftigen machen konnten, übersandte der französische Botschafter der Herrscherin in Wien ein Porträt, das den Dauphin beim Pflügen zeigte. Ausnahmsweise war Maria Theresia einmal sprachlos. Sie schickte das Werk prompt zurück. Die kleine Toinette, wie man sie rief, verstand den Grund für die Ablehnung des Bildes nicht und erhielt auch auf Nachfrage keine befriedigende Antwort. So sehr sich Maria Theresia Enkelkinder gerade aus dieser Verbindung wünschen wird – die Deutlichkeit

Marie Antoinettes Vater Kaiser Franz I. Stephan von Lothringen. Er hatte seine jüngste Tochter sehr geliebt, erlebte ihre Abreise nach Frankreich allerdings nicht mehr.

der Darstellung beleidigte ihren Sinn für Moralität und Anstand. Erst später, als Ehefrau, ging Marie Antoinette auf, dass diese Allegorie der männlichen Zeugungskraft kaum Anklang bei ihrer sittenstrengen Mutter finden konnte.

Der Wink wurde in Frankreich wahrscheinlich belächelt, dennoch sandte man in der Folge eine Diamantbrosche mit einer Miniatur des Thronfolgers. Feinst gezeichnete Miniaturbildnisse waren die Vorläufer der Fotografien. Bei fürstlichen Hochzeitsvorbereitungen hatten die Miniaturisten Hochkonjunktur und geschönte Porträts junger, heiratsfähiger adeliger Männer und Frauen wurden in ganz Europa herumgereicht. Toinette tat instinktiv das Richtige, als ihr die Brosche überreicht wurde. Sie heftete sich das Schmuckstück an den Ausschnitt ihres Kleides und verkündete: „Schon jetzt liegt er mir sehr am Herzen.“ Der Botschafter wiederholte diese hoffnungsfrohe Aussage der Erzherzogin und erzielte damit den gewünschten positiven Effekt: In Versailles freute sich der König auf die Wienerin. Man informierte Maria Antonia über die Hobbys des Mannes, den sie bald heiraten sollte: Er restauriere mit Vorliebe alte Schlösser oder schmiede neue. Aha, wird sich Toinette gedacht haben, soll sein. Wie sehr sie sich gegen diese Lieblingsbeschäftigung des Dauphins einmal wird behaupten müssen – davon konnte sie sich noch keine Vorstellung machen.

Noch stand sie ganz am Beginn ihres Weges, doch der zeigte sich schon leidvoll genug: Die neue Zahnspange tat weh und Antonia klagte über Schmerzen im Zahnfleisch. Was keine Rolle spielte. Der Wunsch der Mutter war ein Befehl. Ab sofort wird Maria Antonia Josepha Johanna von Österreich-Lothringen zur Dauphine von Frankreich herangebildet werden. Sie wird französische Kleider und Frisuren tragen, sie wird französische Tänze üben, und sie wird lernen, auf dem Parkett zu gleiten, als würde sie schweben, als würden ihre Füße den Boden gar nicht berühren. Sogar schminken durfte sie sich, was Maria Theresia, die ihre klare Haut von ihrer Mutter, der berühmten „weißen Liesl“ geerbt hatte, für sich selbst ablehnte. Auch ihren anderen Töchtern untersagte sie die Verwendung von Rouge und Bleiweiß. Nach dem Tod ihres Mannes 1765 durften sogar die Damen des Hofes kein Make-up mehr tragen, was eine der

Ex-Geliebten Franz Stephans gar nicht goutierte: „Ja, ist man denn nicht mehr Herrin seiner Gesichtszüge? Ich habe diese doch von Gott erhalten und nicht vom Staat!“ Man erkennt: Der Staat, das war in den Augen des Hofes und der Untertanen eine Frau: Die Übermutter Maria Theresia.

Wenige Monate nach ihrem Eintreffen in Versailles erhielt die Dauphine folgenden Brief ihrer Mutter aus Wien:

„Eure Zähne spielen eine wichtige Rolle dabei, einen guten Eindruck zu machen. Ihr werdet Euch sicherlich daran erinnern, dass wir vor Eurer Abreise aus Österreich viel Zeit damit verbracht haben, Eure Zähne mit Drähten zu richten, was dringend vonnöten war, da Ihr durch die Gnade Gottes und den frühen Tod einiger anderer plötzlich dazu auserkoren wart, den Thronfolger Frankreichs zu heiraten. Da Ihr in keiner anderen Sprache lesen oder schreiben konntet, haben wir auch hier schnellstens begonnen, diesen Zustand zu korrigieren. Als Ihr Österreich verlassen habt, war Euer Äußeres überaus ansehnlich, ja fast anmutig, obwohl diese Tatsache eher Eurem Benehmen zuzuschreiben ist als den Vorzügen, die Euch die Natur beschert hat. Die Zähne sind der springende Punkt im Tempel der Schönheit (…).“

Die reformfreudige Maria Theresia hörte auf ihre aufklärerisch geschulten Berater. Sie wusste vom großen Druck auf junge Französinnen, die mit dem süßen Lächeln von Rousseaus Romanheldin Julie mitzuhalten trachteten. Von der Sorge, keine Freunde, keinen Ehemann zu finden, weil andere Mädchen schönere Zähne hatten. Die Latte, was die individuelle, äußere Erscheinung betraf, lag bereits ziemlich hoch. Ohne Zahnarzt ging nichts mehr. Aus der perfekt lächelnden aufgeklärten Gesellschaft ausgeschlossen zu sein war eine Drohung, die direkt auf das eigene Sein abzielte. Schöne Zähne wurden zur neuen Waffe der Frauen (und durchaus auch der Männer). Was Maria Theresia hingegen nicht richtig einschätzte, war der stetig schwindende Einfluss der zukünftigen Heimat ihrer Tochter, des Hofs von Versailles. Unter Ludwig XIV. hatte dieser Hof alle kulturellen Standards für Frankreichs Elite vorgegeben. Und jetzt war dies immer weniger der Fall. Eine umgekehrte Entwicklung setzte ein. Neue Ideen in Kunst und Kultur oder auch moderne Benimmregeln tröpfelten langsam von der Stadt nach Versailles, vom Marktplatz zum Palast, vom Bürgertum zur Aristokratie. Der Hof war nun ein Ballon, der sich rund um einen Wirbelwind bewegte. Und dieser Wirbelwind hieß Paris.

Viele Höflinge aus Versailles vergnügten sich in der Hauptstadt, sie bekamen mit, was dort vor sich ging. Allen voran Marie Antoinette, die junge Dauphine. Sie wird sich in Paris verlieben, sehr bald, nachdem ihr das erste Mal ein Ausflug in die große Stadt gestattet worden war.

Freundinnen

Im Herbst 1787, als es mit Marie Antoinettes Ruf und ihrem Ansehen in der Öffentlichkeit schon steil bergab ging, lenkte kurzfristig ein anderer Skandal von den angeblichen Machenschaften der Königin von Frankreich ab. Im Salon, der großen Kunstausstellung im Louvre, hing das Porträt einer exotisch gekleideten jungen Frau mit ihrer hübschen Tochter. Unnötig zu betonen, dass die Kleine auf den Modenamen der „neuen Heloise", Julie, hörte. Ihre Mutter, die Künstlerin, war eine bekannte Exzentrikerin, eine modische Trendsetterin, die vor allem den „türkischen" Stil begeistert mitmachte. Man sah sie in „Haremshosen" herumlaufen, auch trug sie schon die antikisierende und daher hochmoderne kurz geschnittene „Titusfrisur". Darauf thronte ein kunstvoll aufgetürmter, bunter Turban. Und sie zeigte auf dem Bild ihre Zähne – gerade, perlweiß, der Blickfang schlechthin. Ein Journalist ereiferte sich: „So etwas hat man noch nie gesehen, und zwar seit der Antike nicht." Das Publikum sei ganz verstört, jeder mit gutem Geschmack habe nichts übrig für das Gemälde. Die Malerin mit ihren sichtbaren Zähnen verspotte zivilisierte Konventionen. Auf den Pariser Straßen durfte man also lächeln. Eine Frau auf einem Kunstwerk durfte das noch nicht. Der Eindruck, den das Porträt erzeugte, war revolutionär. Fortschrittliche Zeitgenossen sprachen vom „Lächeln der Venus", das hier makellos verkörpert sei.

Die so skandalöse, aber auch gefeierte Künstlerin hieß Élisabeth Vigée-Lebrun. Sie war eine Bürgerliche, galt als unkonventionell, unabhängig, lebte von der Arbeit ihrer eigenen Hände. In Neapel, wo Marie Antoinettes Schwester als Regentin amtierte, malte sie die damalige Schönheitskönigin Europas, Emma Hart, spätere Lady Hamilton. Miss Hart kam aus niedrigsten Verhältnissen, ihr Einkommen stammte aus fragwürdiger Schauspielerei und Sexarbeit. Sie wurde die Geliebte des britischen Seehelden Lord Nelson und gilt heute als „Englands Mistress". Emma mit ihren weißen Zähnen strahlte aus dem Rahmen: Als Tarantella-Tänzerin, mit knielangen offenen Haaren und Tambourin in der Hand. Wie ihre Porträtistin trug sie mit Vorliebe die modischen „türkischen" Turbane, etwa im Porträt als verführerische altgriechische Zauberin Kirke. Die Gemälde machten Furore. Jede Frau wollte so ein Bild, jede wollte einen Turban. Jede wollte diese Malerin, der man publikumswirksam Affären mit hochgestellten Männern nachsagte. Die Tochter einer Friseuse und eines Kunstmalers war ein PR-Genie. Gleich alt wie die Königin. Und eine ihrer besten Freundinnen.

II
Teenage Angst – ein Kind an zwei Höfen

„Meine Braceletten sind in Wien angekommen.“

Sophie philippine, Elizabethe, justine de france, de très haut et puissant prince, Louis philippe duc d'orléans premier prince du sang, de très haut, et puissant prince Louis philippe joseph d'orléans duc de chartres prince du sang qui ont signés avec les époux

Louis

Louis Auguste

Marie Antoinette Josephe Jeanne

Louis Stanislas Xavier

Charles Philippe

Marie Adelaide Clotilde Xaviere

Marie Adelaide

Victoire Louise Marie Therese

Sophie philippe elisabeth justine

L. Phil d'Orleans

LPJ d'Orleans

fr charles antoine de la roche aymon archevêque duc de rheims grand aumônier de france

Allart curé

„Sie haben die Liebe (Ihrer Untertanen, Anm.) so vollkommen gewonnen! Verlieren Sie sie nicht, indem Sie das vernachlässigen, was sie Ihnen verschafft hat: Weder Ihre Schönheit, die tatsächlich nicht so groß ist, noch Ihre Talente noch Ihre Kenntnisse (Sie wissen wohl, dass das alles nicht existiert) haben sie Ihnen verschafft; es waren dies Ihre Herzensgüte, Ihre Offenheit (…).“

Marie Antoinette lebte ziemlich genau ein Jahr am Hof in Versailles, als ihr im Mai 1771 dieser Brief ihrer 54-jährigen Mutter ausgehändigt wurde. Meist legte die Dauphine die regelmäßig eintreffenden Disziplinierungsschreiben aus Wien beiseite und las sie erst, wenn sie ahnte, dass bald ein nächster, noch harscherer Brief eintreffen würde, um ihre noch immer ausstehende Antwort einzumahnen.

Opfer der Politik

Einfach war es für sie nie wirklich gewesen. In den Jahren, bevor die Heiratsverhandlungen mit Frankreich als ernsthafte Option ins Auge gefasst wurden, hatte man Antonia, Tonerl oder Toinette meist einfach vergessen oder übersehen. Sie stand erst an zehnter Stelle in der Abfolge diplomatischer Eheschließungen, somit auch erst an zehnter Stelle der machtpolitischen Hoffnungen ihrer allwissenden Mutter, die sich kaum je ein Blatt vor den Mund nahm. Mit Liebe überschüttet wurde das kleine, lebhafte, oft flatterhafte und sprunghafte Mädchen bestimmt nicht. Was es in Zusammenhang mit bevorstehenden Eheschließungen ihrer älteren Schwestern zu hören bekam, war auch kaum geeignet, ein geborgenes, sicheres Aufwachsen zu befördern. Der Spaß, so tönte die Mutter, sei dann zu Ende, wenn es Hochzeiten gäbe und Bündnisse geschlossen werden müssten. Gerade die Töchter betrachte sie als „Opfer der Politik“, erklärte Maria Theresia.

In Bezug auf das zwölfte Kind, Maria Josepha, sprach sie dies vorbehaltlos aus. Die recht ansehnliche Josepha würde an der Seite des bäurischen und flegelhaften Königs Ferdinand von Neapel, der für sie auserwählt worden

S. 34: Heiratsurkunde des Dauphins Ludwig und der österreichischen Erzherzogin Marie Antoinette. Das 14-jährige Mädchen konnte nur schlecht lesen und schreiben und hinterließ einen deutlich sichtbaren Tintenfleck.

Die Macht der Frau: Marie Antoinettes Mutter Maria Theresia hatte nicht nur ihren Mann und ihre Kinder ständig im Blick. Ihr entging auch kein Schachzug der Weltpolitik.

war, keineswegs ihr Lebensglück finden. Doch im Vordergrund stand der Ausbau des habsburgischen Macht- und Einflussbereichs durch eine „umsichtige“ Heiratspolitik, „selbst, wenn sie (Maria Joseph, Anm.) unglücklich wäre“, schrieb die als „Schwiegermutter Europas“ bekannte Maria Theresia. Josepha pilgerte noch nach Mariazell, um auf Geheiß der Mutter reichen Kindersegen zu erflehen. Doch dann steckte sich die 16-Jährige mit den Pocken an und starb wenige Tage vor der geplanten Abreise ins gefürchtete Neapel. Im Himmel werde es ihr ohnehin besser gehen als in Italien, sollen ihre letzten Worte gewesen sein. Kaum dass eine Woche vergangen war, präsentierte Maria Theresia den spanischen Bourbonen in Süditalien schon die nächste Heiratskandidatin: Die nach Josepha nächstjüngere Tochter Maria Carolina (15), drei Jahre älter als Marie Antoinette. Man rief sie Charlotte.

Marie Antoinette hörte mit, die Mädchen mögen es nach dem Tod von Josepha ihrer Mutter bloß nicht noch schwerer machen, geeignete „Partien“ zu finden, etwa durch „Eigenwilligkeiten oder Trotz“. Saß doch die Monarchin oft genug mitten in der Nacht in ihrem Arbeitszimmer und wälzte Folianten mit Stammbäumen katholischer Fürstenhäuser, um für jede Tochter eine ihrem Rang als habsburgische Erzherzogin entsprechende hervorragende Stellung und Zukunft zu sichern. Selbstverständlich liebe sie alle ihre Töchter in gleicher Weise, versuchte sie Zweifel auszuräumen, doch es ginge um mehr: Jede müsse standesgemäß „etabliert“ (verheiratet) werden, und die Verbindung müsse vorteilhaft für die Heimat sein, nicht für die einzelne Person. Hehre Ziele wurden bemüht: Versöhnung alter Feindschaften, private Untermauerung neuer politischer Bündnisse, Beibehaltung der Einflussnahme in ehemaligen habsburgischen Gebieten – all das müsse genauestens bedacht werden. An der Seite der hochwohlgeborenen Heiratsvermittlerin wirkte der kauzige und schrullige Kanzler Wenzel Anton von Kaunitz-Rietberg, in dessen Staatskanzlei über die Schicksale der Kaisertöchter großteils entschieden wurde. Als zunehmend problematisch stellte sich heraus, dass die Töchter Maria Theresias in ihren neuen Ämtern sensibel und leicht verletzbar reagierten, verursacht wohl durch das relativ „bürgerliche“ Aufwachsen während der Wiener Kinderjahre in recht „aufgeklärter“ Umgebung. An den verschiedenen Höfen der von Bourbonen regierten Länder herrschte ein ganz anderes,

Die jüngeren Töchter des Kaiserpaares: Links Maria Carolina,
neben ihr die ein Jahr ältere Maria Josepha und am
Tisch sitzend die etwa fünfjährige Marie Antoinette.

weit raueres familiäres Klima vor, das ausschließlich vom Zeremoniell bestimmt wurde. Privatleben war dort ein Fremdwort.

Die politischen Allianzen, von denen so viel die Rede war, gingen meist zulasten der habsburgischen Frauen; was Toinette nicht verborgen bleiben konnte. Widerspruch oder Einwände gegen einmal getroffene Entscheidungen der Mutter hatten keine Chance – auch diese Erkenntnis trug wohl kaum zum Kinderglück bei. Zu laut geführten Auseinandersetzungen kam es beispielsweise, als die achte Tochter Maria Amalia kurz vor ihrer Hochzeit stand. Das widerspenstige Mädchen hatte sich in den deutschen Prinzen Karl von Zweibrücken verliebt. Ihre Tränen und Bitten verhallten ungehört. Kanzler Kaunitz-Rietberg vertrat die Meinung, der Herr von Zweibrücken sei zu unbedeutend und auch nicht begütert genug für die Tochter eines Kaisers. Der Angebetete sei nicht in der Lage, Amalia das Leben zu bieten, das sie aus Wien gewohnt sei. Dass Amalia eine durchaus intelligente, wenn auch sehr spezielle Person war, wollte Maria Theresia nicht wahrhaben. Die junge Frau wurde wie geplant an einen mehr oder weniger verrückten Herzog nach Parma verschachert und brach schließlich den Kontakt zu ihrer Mutter, die ihr das Leben verpfuscht hatte, gänzlich ab. Es geschah nicht nur einmal, dass Amalias Ehemann Ferdinand betrunken zwischen seinen geliebten Maronibratern oder nach Prügeleien in der Gosse liegend aufgefunden wurde. Zu den Nachfahrinnen der störrischen Amalia gehörte Österreichs letzte Kaiserin: Zita von Bourbon-Parma, Ehefrau des Kaisers Karl, musste 1918 abdanken. Sie starb 1989 und liegt in der Wiener Kapuzinergruft begraben. Ihre Ahnherrin Maria Amalia fand im Prager Veitsdom ihre letzte Ruhestätte.

Gelegentlich beschlich Toinette das Gefühl, Maria Theresia hätte nur eine einzige Tochter, ihren Liebling Marie Christine, genannt Mimi. Diese feierte ihren Geburtstag am selben Tag wie ihre Mutter, am 13. Mai. Es ist wenig bekannt, doch neigte die erzkatholische Maria Theresia durchaus zu Aberglauben und Zahlenmagie. Beides war im 18. Jahrhundert weit verbreitet. Die 13 hielt die Regentin für ihre Glückszahl. Sie nannte es eine besondere „Gnade“, dass Mimi am selben Tag wie sie selbst geboren worden war. Maria Theresia vertraute dieser ältesten ehefähigen Tochter voll und ganz, sie hielt sie für gescheit und spannte sie mit Vorliebe für ihre

Zwecke ein. Mimi verstand es ausgezeichnet, die Zuneigung der Mutter zum eigenen Vorteil auszunutzen. Sie schaffte es, Vergünstigungen herauszuschlagen, von denen weniger geschätzte Geschwister nicht einmal zu träumen wagten. Ihr größter Coup war bestimmt ihre Heirat mit Albert von Sachsen-Teschen. Es war ihr als einzigem Kaiserkind gelungen, ihren Ehemann selbst auszuwählen. Noch aber beaufsichtigte sie die jüngeren Schwestern und Brüder, strafte und schimpfte im Namen der Mutter. Marie Antoinette wurde die in ihre Kindheit zurückreichende Furcht vor zielstrebigen, klugen Frauen auch im Erwachsenenalter nie los; sie umgab sich als Dauphine und als Königin fast ausschließlich mit launenhaften, oberflächlichen, leichtsinnigen Gefährtinnen, die keiner ernsthaften Unterhaltung gewachsen waren.

Dass die Mutter auch die schon verheirateten erwachsenen Kinder ständig bevormundete, ließ sich vor der kleinen „Durchlaucht" – so wurden die Kaiserkinder offiziell angesprochen – ebenfalls nicht auf Dauer verbergen. Alltägliche Sorgen kamen dazu. Die üblichen Schicksalsschläge des 18. Jahrhunderts machten auch vor der ersten Familie im Reich nicht halt: Drei der 16 Kinder des Kaiserpaares starben im Kindesalter, weitere drei noch vor der Heirat. Zwei Töchter mussten aus Krankheitsgründen unverheiratet bleiben. Marie Antoinettes Lieblingsschwester Maria Carolina überlebte alle ihre Geschwister, allerdings schwer leidend und an den Rollstuhl gefesselt. Es war eine Urenkelin Maria Theresias, die schließlich Napoleon Bonaparte heiratete, jenen Kaiser der Franzosen, der als Folge der Französischen Revolution an die Macht kommen wird. Den meisten Kindern Maria Theresias spielte dieses vielleicht wichtigste Großereignis der modernen europäischen Geschichte übel mit: Carolina (in Neapel-Sizilien), Amalia (in Parma), Mimi (im heutigen Belgien) und Maria Elisabeth (in Innsbruck), Leopold (in der Toskana) und Ferdinand Karl (in der Lombardei) mussten ihre Residenzen verlassen. Das jüngste Mädchen, die vielleicht zarteste, vor allem aber die für ihre Mission voller Stolpersteine am wenigsten befähigte Tochter, verlor nicht nur ihre Stellung, sondern auch ihr Leben.

Lehrjahre

Unglücksfälle innerhalb der Familie nahm sich Maria Theresia trotz ihrer Herrschsüchtigkeit, Schroffheit und der Neigung, sich in alle Belange der

Kinder einzumischen, sehr zu Herzen. Sie suchte in solchen Fällen Trost in der Religion, was sie auch dem Nachwuchs zu vermitteln trachtete. Alle Kinder wurden ab ihrem sechsten Lebensjahr in der katholischen Religion unterwiesen, Lesen und Schreiben standen schon ein Jahr früher auf dem Lehrplan. Jedes Kind lernte Deutsch und Französisch parallel, jedoch mussten nicht alle mit der gleichen Intensität über den Büchern sitzen. Geschrieben wurde privat und offiziell auf Französisch, wobei sich oft zahlreiche Germanismen in die französisch verfassten Briefe der Habsburger einschlichen. Marie Antoinette vergaß in Frankreich zwar vieles, was sie in ihrem Deutschunterricht gelernt hatte, doch auch korrektes Französisch in Wort und Schrift lernte sie bis zu ihrem Tod im Alter von 37 Jahren nicht. Der Thronfolger Joseph wurde mit viel härterer Hand angefasst als das „unwichtige" Mädchen Toinette. Leider zeigte Joseph wenig Interesse am Französischen – was er vielleicht später in der Konversation mit seinem großen Vorbild, dem Preußenkönig Friedrich II., bereut haben mag. Denn dieser besondere Freund der fortschrittlichen „philosophes" sprach praktisch ausschließlich Französisch. Die „Aufklärung von oben" war ganz sein Metier: „Räsoniert, so viel ihr wollt, worüber ihr wollt. Nur: Gehorcht!" Bei seinem Bewunderer Joseph II. hörte sich das dann so an: „Alles für das Volk. Nichts durch das Volk."

Obwohl Maria Theresia den Großen Fritz nicht leiden konnte: Gehorchen stand auch bei ihren Kindern ganz oben auf der To-do-Liste. Der spätere Kaiser Joseph II. soll als Kind so ungezogen gewesen sein, dass die Mutter den Erzieher anwies, den Buben mit der Peitsche zu verdreschen. Es sei aber noch nie vorgekommen, dass ein Erzherzog und Kronprinz eine solche Behandlung über sich ergehen lassen müsste, wandte der überrumpelte Pädagoge ein. Maria Theresia hielt an ihrem Entschluss fest: „Mag sein. Es ist aber auch noch nie vorgekommen, dass sich ein Erzherzog und Kronprinz so danebenbenommen hat."

Heute würde man Maria Theresia als praktisch alleinerziehende, überforderte Mutter bezeichnen, die allen an sie gestellten Anforderungen gerecht werden wollte und dabei selbst auf der Strecke blieb. Ihr Mann, der Kaiser, war mit Finanzgeschäften und seinen der Aufklärung verpflichteten naturwissenschaftlichen Studien beschäftigt. Auch Liebschaften hatte er einige am Laufen. Der preußische Gesandte Otto von Podewils hörte Maria Theresia einmal sagen, auf keinen Fall wolle sie noch einmal zur Welt kommen. Sie leistete auch abgesehen von den schon ungeheuerlichen 16 Geburten unsagbar viel. Sie stand sehr früh auf, las, hörte oft zwei Messen schon am Vormittag – wobei die Messen des 18. Jahrhunderts nicht mit den heutigen katholischen Gottesdiensten verglichen werden können. Mittags speiste sie allein oder zusammen mit verschiedenen Beratern. Waren keine Festivitäten angesagt, so ging sie um neun Uhr abends zu Bett, stand aber in der Nacht wieder auf und arbeitete weiter an ihrem Schreibtisch. Da sie bis zum 40. Lebensjahr fast ununterbrochen schwanger war, hatte sie sich ein tragbares Schreibpult konstruieren lassen, das sie bei Spaziergängen an der frischen Luft um den Hals hängen konnte. Das Pult mit den Aktenstapeln ruhte dann auf ihrem Bauch, während sie an sonnigen Tagen durch ihren geliebten Schönbrunner Schlosspark flanierte. Begleitet wurde sie von ihren Ministern und Diplomaten. Richtige Erholungspausen gönnte sie sich kaum. Die Erziehung aller ihrer Sprösslinge überwachte sie tatsächlich selbst, auch kontrollierte sie, ob ihre Vorgaben eingehalten wurden, wie zum Beispiel: Nach dem Aufstehen ist das Bett zu machen, in der Früh und am Abend sind Mund und Hände zu waschen, jede kleinste körperliche Veränderung ist sofort dem Arzt zu melden. Der Zahnarzt kam zwei Mal pro Woche (!) zur Inspektion der „durchlauchtigsten" Kinderzähne – was wiederum die enorme Bedeutung veranschaulicht, die Angehörige höherer Stände gesunden und schönen Zähnen im Zeitalter der Aufklärung beimaßen.

Die „Allianz"

In diesen Jahren veränderte sich die österreichische Außenpolitik grundlegend. Maria Theresias Außenminister Fürst Kaunitz-Rietberg agierte als ihr wichtigster Berater in Fragen von Kriegen und Allianzen. In seinen Augen hieß der Hauptgegner Preußen. Daher schlug er der Monarchin vor, eine Annäherung an den bisherigen Erzfeind Frankreich zu wagen. So kämpfte im Siebenjährigen Krieg (1756–1763) ein ungewöhnliches Bündnis aus Österreich, Frankreich und Russland auf der einen Seite gegen Preußen und dessen Verbündeten Großbritannien auf der anderen Seite. Diese Auseinandersetzung spielte sich in den ersten Lebensjahren der kleinen Toinette ab, doch versuchte Maria Theresia, so gut es eben ging, die angespannte Lage des Landes sowie ihre eigenen staatsfraulichen Sorgen vor den Kleinsten zu verbergen. Die Kinder sollten so unbeschwert wie möglich aufwachsen, was nicht immer durchzusetzen war. Wieder einmal waren die europäischen Herrscherdynastien dabei, ihre Einflussbereiche neu zu regeln. Diese Eitelkeiten der mächtigen Familien trugen schließlich einen Flächenbrand in die Welt hinaus, der bereits auf drei Kontinenten und auf den Weltmeeren wütete.

Beim Siebenjährigen Krieg handelte es sich um den ersten globalen Konflikt mit nachhaltigen Auswirkungen, läutete er doch den Anfang vom Ende der Königsdynastien ein. Die österreichisch-französische Allianz, die Marie Antoinettes Schicksal sein wird, gab es erst seit 1756. Am 1. Mai dieses Jahres wurde der Erste Versailler Vertrag unterzeichnet, was international als politische Sensation wahrgenommen wurde. Die Jahrhunderte der Gegnerschaft konnte man in der französischen Bevölkerung jedoch nicht so leicht vergessen machen, und nur weil die jeweiligen Herrscher plötzlich ein Bündnis geschmiedet hatten, gelang es ihnen noch lange nicht, alte Vorurteile aus der Welt zu schaffen.

Der langwierige Krieg endete unter großen Verlusten mit einem Sieg des Preußenkönigs, der sein ursprünglich kleines Land zu einer vor allem militärischen Größe geführt hatte, mit der man rechnen musste. Die Militarisierung des preußischen Alltags nahm beständig zu. Maria Theresia musste das umkämpfte Schlesien endgültig verloren geben und erklärte vor ihren Ministern, sie beabsichtige, keine Kriege mehr zu führen. Der preußisch-österreichische Dualismus führte letztendlich zum Zerfall des Deutschen Bundes und zur Gründung des Deutschen Kaiserreiches 1871. Weltpolitisch betrachtet, stieg Großbritannien endgültig zu einer dominanten Macht auf. Russland spielte im mitteleuropäischen Bereich nun eine bedeutende Rolle. Und aus französischer Sicht gestaltete sich der Krieg an Habsburgs Seite zu einem einzigen Debakel: Frankreich verlor fast das gesamte Kolonialreich, das es über ein Jahrhundert hinweg in Übersee aufgebaut hatte, an die Engländer.

Auch sonst war nichts geschehen, was Frankreich und das Habsburgerreich einander emotionell hätten näherbringen können. Ludwig XIV.

Marie Antoinettes Amtsvorgängerin Maria Leszczyńska, Ehefrau Ludwigs XV. und Königin von Frankreich. Da die Franzosen ihren Namen nicht aussprechen konnten, nannte man sie nur „die Polin".

hatte seine Familie noch auf dem Totenbett (1715) beschworen: Keine Verbindung mit Habsburg! Nun jedoch tat Maria Theresia alles, um ihre neuen Verbündeten in Versailles bei Laune zu halten. Schon im Jahr von Marie Antoinettes Geburt, 1755, also ein Jahr vor Abschluss der „Allianz", sprach der französische Botschafter bei Maria Theresia vor, ob sie vielleicht in Erwägung ziehen möge, ihren Thronfolger Joseph mit einer Enkelin des französischen Königs zu vermählen? Sie versprach, dem Vorschlag so entgegenkommend wie möglich zu begegnen. Eine familiäre Festigung des politischen Vertrags war ein vorrangiges Ziel der Bemühungen Maria Theresias. Die Hochzeit Josephs mit der unkonventionellen Isabella von Parma im Jahr 1760 stimmte Ludwig XV. in Versailles gefällig und machte der Regentin in Wien Hoffnung auf weitere Verbindungen mit dem mächtigen Partner. Marie Antoinettes Vorgängerin, die französische Königin Maria Leszczyńska, schickte zur Heirat des habsburgischen Thronfolgers mit ihrer Enkelin drei textile Wunderwerke: Mantelkleider aus gelbem, rötlich-braunem und schwarzem Samt sollten die Braut erfreuen. Isabellas Mutter war die Lieblingstochter Ludwigs XV. gewesen, da mussten die Geschenke besonders kostbar ausfallen. Grundsätzlich spielte sich Maria Leszczyńska Leben meist sehr zurückgezogen ab. Die Königin führte eine Schattenexistenz, während die jeweils aktuelle Lieblingsmätresse ihres Mannes das Rampenlicht für sich beanspruchte.

Am „bürgerlichen" Kaiserhof

Isabella, die einmal an der Seite Josephs II. Kaiserin werden sollte, hatte es ebenso wie später die kleine Marie Antoinette gleich geschafft, ihre neuen Untertanen für sich einzunehmen. Auf die deutschsprachige Begrüßung in Bozen antwortete sie zur Freude der Zuhörer auf Deutsch. Von diesem guten Beispiel wird man Toinette vor ihrer Abreise nach Versailles bestimmt berichtet haben. Isabella zeichnete sich durch hohe Intelligenz aus und begriff sofort, was in Wien von ihr erwartet wurde. Über ihre Schwiegermutter schrieb sie: „Was ihre Kinder betrifft, so liebt die Kaiserin dieselben, aber sie geht von einem falschen Grundsatz aus,

„Nikolausi“: Isabella von Parma, die Ehefrau Josephs II., hielt diese familiäre Szene fest. Das Kaiserpaar mit „Mimi“, Maximilian Franz und Marie Antoinette, die ihre neue Puppe präsentiert.

der in allzu großer Strenge besteht." Isabella war es auch, die uns eine familiäre Szene aus dem Alltag in der Hofburg überliefert hat: Wüsste man nicht, dass es sich um die Kaiserfamilie handelt – die hier verewigte Nikolausbescherung könnte in jedem gutbürgerlichen Haushalt so stattgefunden haben. Ein gemütliches Kaminfeuer prasselt in einem recht einfach eingerichteten, gar nicht großen Zimmer. Im Vordergrund steht Isabellas Herzensfreundin Mimi in einem rosa Kleid. Sie droht ihrem greinenden Bruder Ferdinand mit der Rute. Auf dem Boden krabbelt das jüngste und letzte Kind des Herrscherpaares, der kleine Maximilian Franz, auf den Lebkuchenteller zu. Er hat einen Spielzeugsoldaten zu Pferd erhalten. Im Hintergrund mit ihrer neuen Puppe erkennen wir die etwa siebenjährige Toinette. Am ungewöhnlichsten ist wohl die Darstellung des Kaisers und seiner Frau. Franz Stephan sitzt im Schlafrock und ohne Perücke am Tisch und liest offenbar einen Brief. Seine Frau, die sich gern Kaiserin nennen ließ, es aber nicht war, nimmt in einem einfachen blauen Kleid wie immer den zentralen Platz ein. Maria Theresia war zwar zum „König" von Ungarn und Böhmen gekrönt worden (eine „Königin" sah das geltende Recht nicht vor), die Kaiserwürde überließ sie gerne ihrem Mann. Auf dem Papier. Regieren tat „Frau Kaiser" tatsächlich wie eine Kaiserin.

Als bei Marie Antoinette in Versailles die Mahn- und Benimmbriefe der Mutter eintrudelten, war die künstlerisch und musikalisch begabte Isabella schon viele Jahre tot. Sehr zum Leidwesen ihres Ehemannes Joseph starb sie nach nur drei Jahren am Wiener Hof an den Pocken. Der Schicksalsschlag machte ihren Witwer reizbar und zornig, auch gegenüber seiner dominanten Mutter, die zwei Jahre später Witwe wurde und ebenso verbitterte Wesenszüge annahm. Beide, Maria Theresia genauso wie Joseph, konnten sehr wütend werden, wenn sie das Gefühl hatten, dass ihre Anordnungen nicht befolgt würden. Obwohl Joseph nach dem Tod seines Vaters den Kaisertitel trug, war er in Wahrheit nur „Mitregent". Seine Mutter funkte ihm beständig dazwischen, sodass er wiederholt mit „Rücktritt" drohte, was seine Mutter als Pflichtvergessenheit ansah und ihm ausgesprochen übel nahm. Das Mutter-Sohn-Herrschergespann entpuppte sich als eher ungünstige Regierungskoalition. Haupthindernisse für eine gedeihliche

Zusammenarbeit waren aufseiten der Mutter ihr Festhalten an ihren religiösen Überzeugungen und katholisch geprägten Moralvorstellungen. Sie hielt ihren Sohn für überambitioniert, lehnte das Tempo ab, in dem er neue Dekrete und Verordnungen erließ, und kritisierte, dass er dem wenig gläubigen Preußenkönig in allen Belangen nachzueifern suchte. Friedrich der Große war in Maria Theresias Augen „kein weiser Salomon, sondern ein rechter Charlatan", wie sie sagte. Joseph II. hingegen ersparte Österreich gewissermaßen eine Revolution, wie sie Frankreich bald erschüttern wird. In seiner Person saß der größte Revolutionär schon auf dem Kaiserthron. Als etwa Joseph den Prater für alle Bevölkerungsschichten öffnen ließ und sich mehrere Adelige bei ihm bitter darüber beklagten, weil sie nun inmitten des „Mobs" ausreiten müssten, wies er das Gejammere brüsk ab: „Wenn ich mich nur unter meinesgleichen bewegen wollte, so bliebe mir als einziger Aufenthaltsort die Kapuzinergruft."

Dort lag mittlerweile die verstorbene Isabella. Die „Blatternkrankheit", die der jungen Ehefrau und Mutter zum Verhängnis geworden war, suchte Mitglieder des Kaiserhauses häufig heim. Viele Habsburger starben an der Seuche, doch existierte bereits eine Pockenimpfung, wenn diese auch noch in den Kinderschuhen steckte. Nach zahlreichen Beratungen mit dem Ärztekollegium und nach Abwägung der Vor- und Nachteile ordnete Maria Theresia an, dass alle Familienmitglieder geimpft würden. Sie traf damit eine schwere, aber richtige Entscheidung. Man hätte an der Impfung sterben können, was in der übernächsten Generation noch immer passierte. Zwei Enkel der Regentin, Söhne der Königin Maria Carolina von Neapel, überlebten ihre Impfung nicht. Den Buben war irrtümlich ein Serum aus Menschenpocken verabreicht worden und nicht eines aus ungefährlichen Tierpocken.

Auch Carolina selbst und die drei Jahre jüngere Maria Antonia – sie wurden wegen des geringen Altersunterschieds zusammen erzogen – erkrankten als kleine Mädchen schwer. Im Jänner 1758 mussten die zweijährige Toinette und die fünfjährige Charlotte in Quarantäne, um ein weiteres Grassieren der Pocken zu verhindern. Sie wurden abgesondert, durften außer den Kinderärzten niemanden sehen. Maria Theresia war in großer Sorge um ihre Töchter, denn selbst wenn sie wieder gesund wurden, konnte es möglich sein, dass ihre Gesichter durch Pockennarben für immer entstellt blieben. Eine Verheiratung würde dann schwierig bis unmöglich werden, wie etwa im Fall der älteren Schwester Maria

Seine Bedeutung für Marie Antoinettes Leben in Versailles kann gar nicht unterschätzt werden: Ihr großer Bruder Kaiser Joseph II. Hier dargestellt als Feldherr von der Hand des Porträtisten Heinrich Friedrich Füger.

Elisabeth, die Maria Theresia allen Ernstes nach dem Ableben der französischen Königin Maria Leszczyńska 1768 mit dem alten, nun verwitweten Ludwig XV. vermählen wollte. Die bedauernswerte Elisabeth mutierte jedoch von einer „Koketten der Schönheit" (© Maria Theresia) zur „Kropferten Liesl", musste Äbtissin in Innsbruck werden und lebenslang für ihren daselbst verstorbenen Vater Franz Stephan beten. Sie beschloss ihr Leben in Linz.

Die beiden kleineren Kinder hatten Glück. Toinette blieb hübsch und herzig, sie war von Anfang an recht klein gewesen, aber schon am Abend ihrer Geburt am 2. November 1755 hielt der hohe Hofbeamte Johann Joseph Fürst von Khevenhüller-Metsch fest, dass ihre Mutter, deren 15. und vorletztes Kind sie war, noch nie nach einem Kindbett so frisch ausgesehen habe wie nach der Geburt der jüngsten Tochter. Es war das erste Mal, dass es bei einer Niederkunft anfangs Schwierigkeiten gegeben hatte. Normalerweise brachte die erfahrene Mutter ihre Kinder bereits im Bett zur Welt – wie es die (von Männern geprägte) Medizin der Aufklärung forcierte. Doch aufgrund von Komplikationen kehrte Maria Theresia dieses Mal zurück auf den Gebärstuhl. Die traditionellen, meist von Hebammen überlieferten, aber nicht schriftlich festgehaltenen Lehren empfahlen Frauen das Gebären im Sitzen. So konnten die gelehrten Doktoren aber nichts sehen … Gerade im Bereich der Gynäkologie brachte das 18. Jahrhundert gravierende Veränderungen. Helfende weibliche Hände wurden aus den Geburtszimmern verdrängt. Die Frauen sollten im Krankenhaus gebären, liegend, im wahrsten Sinn des Wortes unter den Augen der männlichen Ärzte.

Nesthäkchen

Maria Theresia war für ihre Zeit eine bereits sehr spät Gebärende, sie zählte 38 Jahre. Nichts deutete in diesen glücklichen Tagen darauf hin, dass das soeben geborene Baby dieses Alter gar nicht erreichen würde. Das Aussehen der Neugeborenen wurde von Anfang an gerühmt. Ihre Aja Marie Judith von Brandeis gab allen Gelüsten und Launen der von klein auf unbeständigen Toinette fast in jedem Fall nach, denn sie wusste, wie sehr sich das kleine Mädchen vor der durchsetzungsfähigen großen Schwester Mimi und der allmächtigen Mutter fürchtete. So war die Gräfin

Brandeis zwar eine liebevolle Bezugsperson, aber keine Erwachsene, die Toinette zu einer verantwortungsvollen, umsichtigen Frau und Fürstin hätte heranbilden können. Der Charme der Kleinen führte dazu, dass man ihr Faulheit und Desinteresse im bald einsetzenden Unterricht durchgehen ließ und ihre Bildung in den einfachsten Grundlagen wie Lesen, Schreiben und Rechnen bei Weitem nicht an den Standard der älteren Mädchen heranreichte. Ihre Lern- und Konzentrationsschwächen lächelte sie einfach weg. Es funktionierte. Noch.

Der überbeschäftigten Mutter fielen die Defizite zu spät auf. Das Tonerl scheint erst so richtig mit Schreibübungen begonnen zu haben, als der Heiratsvertrag mit dem Dauphin bereits ausverhandelt war. Lesen in deutscher und französischer Sprache konnte sie mehr schlecht als recht, auch aus diesem Grund dürfte sie vermieden haben, ihre Freizeit mit dem Lesen guter Literatur zu verbringen, wie es die Mutter später unablässig von ihr forderte. Erst im Alter von etwa elf Jahren begann der Nachzügler in den Blickpunkt der mütterlichen Pläne zu rücken. Bisher war lediglich auf Religion viel Wert gelegt worden. Gleich zwei Beichtväter mussten sich um das seelische Wohl der späteren Königin von Frankreich kümmern. Toinette war ein unstetes, aber kein dummes Kind. Die Kleine hatte längst bemerkt, welch große Rolle die Kirche im Leben ihrer Mutter spielte, und da sie diese auf keinen Fall verärgern wollte, gab sie sich bei den Heiligenlegenden und Kindergebeten besondere Mühe. Sie tat jedoch kaum etwas aus eigenem Antrieb, sondern suchte immer nur, ihrer Umgebung zu gefallen, um jeglicher Art von Tadel mit vorauseilendem Gehorsam aus dem Weg zu gehen. Diese Eigenschaft sollte ihr noch eine Menge Schwierigkeiten einhandeln.

Etwas mehr Begeisterung zeigte sie im Musikunterricht beim damals gefeierten deutschen Opernkomponisten Christoph Willibald Gluck. Talent wies sie nicht wirklich auf. Alle kleineren Kaiserkinder wirkten bei den vor allem während des Siebenjährigen Krieges häufig veranstalteten Konzerten, Theateraufführungen und Kinderballetten mit. Der Nachwuchs sollte auf spielerische Weise lernen, sich auf dem diplomatischen Parkett anmutig zu bewegen und die aktuelle Hofmusik und Bühnenkunst kennenlernen. Auch sollte dieses Unterhaltungsprogramm von der Kriegsrealität ablenken. Marie Antoinette liebte alle Freizeitbeschäftigungen, in denen sie sich als Schauspielerin und Tänzerin betätigen konnte. Zusammen mit ihrer Schwester Carolina ahmte sie aber auch Hofbeamte und Erzieher nach, machte sich über bestimmte Eigenschaften von Erwachsenen lustig und stiftete andere zu Spöttereien an. Klugheit, selbstständiges Denken und Urteilen wurden ihr unzureichend beigebracht. Vom Leben außerhalb des von Reisenden oft als recht bürgerlich beschriebenen, sparsamen, manchmal etwas schlampig wahrgenommenen Wiener Hofes hatte das Mädchen nicht die geringste Ahnung. Maria Theresia verfügte, dass ihre „für den Dauphin in Frankreich destinierete" Tochter einen französischen Ballettmeister erhielt, der ihr die in Versailles üblichen Tänze beizubringen hatte. Auch ließ sie aus Frankreich zwei Schauspieler kommen, die die Zwölfjährige in französischer Aussprache nach Möglichkeit ohne Wiener Akzent unterweisen sollten – ein aussichtsloses Unterfangen. Als Ludwig XV. von Maria Theresias Vorbereitungsrepertoire für die zukünftige Schwiegerenkelin erfuhr, rümpfte er die Nase. Irgendwelche Hanswurste, Komödianten vom Theater, das er ohnehin nicht leiden konnte, als Lehrer für eine zukünftige Königin von Frankreich? Einfach undenkbar. Und dann noch ein dahergelaufener Tanzmeister ohne bekannten Namen ... Die hausbackene Provinzialität des Wiener Kaiserhofes muss auf den Herrscher in Versailles ernüchternd gewirkt haben. Kein Zeremoniell, keine Etikette, wie man sie am französischen Hof seit über hundert Jahren praktizierte ... das konnte ja heiter werden.

Schließlich kam im Winter 1768 ein für Versailler Begriffe relativ fortschrittlich gesinnter Geistlicher in Wien an, der Abbé Mathieu-Jacques de Vermond. Er war Gelehrter und Bibliothekar, wurde von Zeitzeugen als intrigant und von sich eingenommen beschrieben, außerdem als abgrundtief hässlich. Der Wiener Hof empfing ihn mit offenen Armen, er durfte an Abendessen und an Gesprächen im Kreis der habsburgischen Familie teilnehmen und bildete sich viel darauf ein. Derartiges war nur im vergleichsweise „bürgerlichen" Alltag unter Maria Theresia möglich, was dem Abbé sehr gefiel. In Versailles wäre es unvorstellbar gewesen, dass ein wenig berühmter Ausländer gleich so nah an die Monarchenfamilie hätte heranrücken können. Durch bestimmte Vorschriften der Etikette war es am französischen Hof nur ganz wenigen, streng aufgrund ihres Ranges und ihrer adligen Abstammung ausgewählten Personen gestattet, das Wort an ein Mitglied des Herrscherhauses zu richten. Vermond sah sich schon in lichte Höhen aufsteigen, als persönlicher Freund der zukünftigen Königin von Frankreich. Hier in Wien gestaltete sich alles so einfach.

Das diplomatische Umfeld Maria Theresias hatte Vermond geschickt, um die Braut des Dauphins mit den Grundlagen französischer Kultur vertraut zu machen, ihr die Herkunft der prominenten Adelsfamilien in Frankreich zu erklären, damit sie sich deren Namen einprägte und darüber informiert war, wer ihr in den ersten Tagen nach der Heirat vorgestellt werden würde. Vor allem ging es um eine Einführung in die französische Geschichte des 18. Jahrhunderts, Toinette sollte verstehen, welche Bedeutung Frankreich im politischen Machtgefüge Europas zukam, damit sie in ihre Rolle als Repräsentantin der Monarchie hineinwachsen konnte. Es ging um Hofämter, Auszeichnungen, Verdienste der Berater des Königs, Edeldamen und deren Bedeutung im Hofstaat der Königin. Nichts davon interessierte das Mädchen. Dieses war ein Kind, bequem, ungebildet, undiszipliniert. Der Kirchenmann realisierte rasch, dass er bei seiner Herrin in spe nur punkten konnte, wenn er alles, was er ihr zu sagen hatte, in eine amüsante Anekdote verpackte. So konnte er sie zumindest dazu bringen, ihm vielleicht fünf Minuten zuzuhören. Ob sie irgendetwas davon im Gedächtnis behielt – das war eine andere Frage.

Toinette gegenüber verhielt sich der Abbé warmherzig und bemüht – er hoffte, so die Gunst des Mädchens zu gewinnen, das ihn als höchst einflussreiche Frau einmal fürstlich belohnen würde. Eine aufmerksame Schülerin dürfte er sich anders vorgestellt haben. Toinette erwies sich als unbegabt und ohne Unterlass abgelenkt. Der französische Gast war von Schönbrunn jedoch sehr angetan und fütterte seinen jungen Schützling mit Geschichten über das Protokoll in Versailles, was Toinette unterhielt und sie zum Lachen brachte. Sie glaubte, der Abbé sei ihr Vertrauter und würde ihr am Hof unter Ludwig XV. hilfreich zur Seite stehen. In Wirklichkeit dachte er an seinen eigenen Vorteil. Durch seine spöttischen Erzählungen hatte er den vergnügungssüchtigen Teenager lediglich dazu angestiftet, sich von Anfang an über Eigenheiten der

Menschen am französischen Hof lustig zu machen, was für die unbedarfte Dauphine einer Katastrophe gleichkommen sollte. Vermond wird auch in Versailles als persönlicher Berater am Alltag Marie Antoinettes teilnehmen. Und er wird Maria Theresia über alle seine Beobachtungen in Kenntnis setzen.

Schon jetzt sandte er seine optimistischen Berichte nach Paris – schließlich bezahlten ihn die österreichischen Diplomaten und Außenpolitiker, die die Allianz mit Frankreich eingefädelt hatten. Man durfte sie nicht enttäuschen. Also richtete der Abbé de Vermond sein Augenmerk auf die äußerlichen Vorzüge der Erzherzogin: Eine reizende Figur habe sie, ein außergewöhnlich anziehendes Wesen, lediglich sei zu hoffen, dass sie noch etwas wachsen würde. Sie habe einen ausgezeichneten Charakter, nur sei sie oft um die passenden Worte verlegen. Maria Theresia hingegen beherrsche es perfekt, den Leuten in jeder Situation die verbindlichsten Dinge zu sagen – eine staatsfrauliche Kunst, die Marie Antoinette verwehrt bleiben wird.

Dass die Sorgen Maria Theresias um die „Karriere“ ihrer Tochter immer drängender wurden und ihr über den Kopf zu wachsen drohten, zeigte sich unter anderem darin, dass die nun 14-Jährige in die Appartements ihrer Mutter übersiedeln musste. Die Regentin fand verständlicherweise tagsüber kaum Zeit, sich ausführlich mit ihrer Jüngsten auszutauschen, der Termin der Abreise nach Frankreich rückte jedoch unablässig näher. Toinette musste die Nächte nun in einem Bett neben dem ihrer Mutter verbringen. Mit banger Erwartung sah die Kleine jeden Tag die Dämmerung kommen. Aber es half nichts. Abend für Abend bekam sie Vorschriften und Maßregelungen zu hören, wie sie sich in Versailles betragen sollte. Am meisten hörte sie über Fragen der Religion, welche Gebetbücher zu konsultieren seien, wie oft sie zur Messe und zur Beichte gehen solle. Ihrem Mann habe sie sich zur Gänze unterzuordnen, aus politischen Diskussionen möge sie sich heraushalten. Vor allem dem König, Ludwig XV., solle sie zu gefallen trachten. Er sei nun ihr Herr und Vormund.

Da Maria Theresia im Privaten nicht prüde war, hat sie Toinette bestimmt auch über einige Tatsachen der „ehelichen Pflichten“ aufgeklärt. Es dürfte nicht deutlich genug gewesen sein, wie sich nur allzu bald herausstellen sollte. Die Herrscherin hatte sicher gehofft, dass sich der „Vielgeliebte“ diesbezüglich um seinen Enkel kümmern würde. Trotz

Marie Antoinette am Spinett kurz vor ihrer Abreise nach Frankreich. Die 14-Jährige war wenig begabt, doch musste sie dem strengen Stundenplan der Mutter folgen.

aller Herausforderungen, derer sich die Herrscherin vollkommen bewusst war, überwog noch der Stolz, die jüngste Tochter am glänzendsten Hof des gesamten Kontinents untergebracht zu haben. Man sah es an den märchenhaft prunkvollen Staatskarossen mit ihren roten Dächern, die der französische König geschickt hatte, um die Erzherzogin Maria Antonia an ihren Bestimmungsort zu bringen. Als die österreichischen Wagenbauer die Gefährte in Augenschein nahmen, konnten sie nur vor Neid erblassen.

Was sich das junge Mädchen gedacht haben mag, als es der goldglänzenden, mit Samt und Seide ausgeschlagenen Kutschen ansichtig wurde, gefedert, um möglichst komfortabel zu reisen, aber trotzdem so unnahbar in ihrer Ausstrahlung? So weit weg von allem, was Toinette in Wien je gesehen hatte oder sich überhaupt hatte vorstellen können? Die Wagen standen für den französischen Führungsanspruch in Kunst und Handwerk, für ein Überlegenheitsgefühl und einen Stolz, der in Wien als Arroganz bekrittelt worden wäre. Marie Antoinette versuchte, alles als neues, unterhaltsames Spielzeug zu betrachten. Sonst hätte sie wohl Angst bekommen. Dass sie nach der langen, mühsamen Brautfahrt in diesem Prachtwagen ihre Heimat kein einziges Mal wiedersehen würde – diesen Gedanken hat sie vermutlich zu verdrängen gesucht.

Gleich zwei Hochzeiten

Alles andere als märchenhaft war eine althergebrachte Zeremonie, die noch vor dem Abschied absolviert werden musste, denn Marie Antoinette reiste an sich als bereits verheiratete Frau nach Frankreich. Eine königliche Hochzeit im 18. Jahrhundert basierte nicht auf romantischen Gefühlen von Zuneigung oder Liebe – ein solches Heiratsverständnis war durch die anrollende Sentimentalitätswelle gerade erst im Entstehen. In adeligen und großbürgerlichen Kreisen wird sie noch lange keinerlei Einfluss haben. Eine Ehe wurde durch einen Vertrag, einen Notariatsakt besiegelt, und als solcher galt die „Stellvertreter"- oder „Prokurahochzeit", wie sie auch in Marie Antoinettes Fall am 19. April 1770 über die Bühne ging. Sinn dieser Art der Eheschließung war die endgültige Absegnung der schon geschlossenen politischen Allianz bereits vor dem Moment, in dem sich die künftigen Ehegatten zum ersten Mal gegenüberstanden. Dies war im Regelfall einige Stunden vor der Trauung und erst nach einer langen Anreise der Braut der Fall. Im Allgemeinen fand eine solche Hochzeit in der Heimat der Frau statt, sodass diese anwesend sein konnte, während der abwesende Bräutigam durch einen Verwandten oder Vertrauten der Braut vertreten wurde. In einem silbernen Kleid mit langer Schleppe schritt die kindliche Toinette zum Altar der Augustinerkirche, wo sie von ihrem ein Jahr älteren Bruder Ferdinand erwartet wurde. Er steckte ihr einen kleinen goldenen Ring an. Dabei hatte sie noch Glück: Wäre sie hundert Jahre früher verheiratet worden, hätte sie mit ihrem Bruder vor dem versammelten Hofstaat zu Bett gehen und jeder der „Ehegatten" hätte ein Bein entblößen müssen – was für die vollzogene Hochzeitsnacht stand. Noch früher hätte das Paar mit einem Schwert zwischen sich eine Nacht im Ehebett verbringen müssen. Das Jahrhundert der Aufklärung hatte dafür gesorgt, dass solche Rituale passé waren. Jedoch galt weiterhin das kirchliche Recht, wonach auch nach einer Prokura-Hochzeit die Ehe annulliert werden konnte, solange kein Geschlechtsverkehr zwischen den Ehepartnern stattgefunden hatte, also die Ehe nicht vollzogen war. Diese Regelung wird Maria Theresia bald viele schlaflose Nächte bereiten.

Auf die Stellvertreter-Hochzeit folgten zur Freude der Wiener üppige Festivitäten, die bis zum 21. April andauerten. An diesem Tag um neun Uhr früh drückte Maria Theresia ihre hemmungslos heulende Tochter an sich und sagte: „Seien Sie gut zum französischen Volk, damit man sagen kann, ich hätte ihm einen Engel geschickt." Wieder ging es nur um sie, die Herrscherin. Es war das letzte Mal, dass Maria Antonia die Stimme ihrer Mutter hörte. Sie stieg in die französische Prunkkarosse und dachte an jenen Tag im August vor fünf Jahren, als ihr Vater seine Staatskutsche nach ein paar Metern plötzlich wenden ließ. Er meinte, er wolle seine geliebte jüngste Tochter noch einmal in den Arm nehmen. Der Kaiser hatte sich auf den Weg zur Hochzeit seines Sohnes Leopold nach Innsbruck gemacht und kehrte im Sarg zurück. Er starb unerwartet an einem Herzinfarkt. Leopold heiratete die spanische Infantin Maria Ludovica und wurde der Nachfolger von Kaiser Joseph II. Das Paar wird wie Mutter und Vater 16 Kinder bekommen, darunter den nächsten Kaiser Franz II./I. Die

Maria Theresia verabschiedet ihre jüngste Tochter nach Frankreich. Sie gab ihr unzählige Benimmregeln mit auf den Weg, die sie als frischgebackene Dauphine täglich memorieren sollte.

beiden kaiserlichen Brüder Marie Antoinettes, Joseph II. und Leopold II., als auch ihr Neffe Kaiser Franz werden maßgebliche Auswirkungen auf ihr Schicksal als Königin von Frankreich haben.

Lange hatten Maria Theresia, ihre Berater, die österreichischen und französischen Diplomaten darüber gestritten und debattiert: Wie sollte die Übergabe der Erzherzogin an Frankreich erfolgen? Und vor allem: Wo? Es musste ein neutraler Ort gefunden werden, weder Österreich, noch ein deutsches Fürstentum noch Frankreich durften auf welche Art auch immer einen Vorteil aus dieser Brautübergabe ziehen. Die Einigung sah vor, dass extra ein solcher neutraler Ort geschaffen werden sollte, und zwar nahe bei Kehl, wo man heute in Deutschland in den Zug einsteigt, um in wenigen Minuten Straßburg in Frankreich zu erreichen. Kehl liegt direkt am Rhein, und so wurde auf einer unbewohnten Insel mitten im Fluss ein pompöser Pavillon errichtet, den Marie Antoinette symbolisch als Erzherzogin von Österreich betrat und als Dauphine von Frankreich wieder verließ – ein Initiationsritual. In vielen Biopics über das wechselvolle Leben der Königin wird gezeigt, wie sie alle ihre aus Wien mitgebrachten Kleider in diesem Pavillon ablegen muss. Die neuen französischen Damen überreichen der völlig nackten Dauphine Seidenkleider aus Lyon und sie erhält die Diamanten ihrer Vorgängerin Maria Leszczyńska. Tatsächlich war diese Neueinkleidung in früheren Jahrhunderten bei der Übergabe französischer Königinnen aus dem Ausland üblich gewesen. Doch die neue Ära der Vernunft hatte auch diesem voyeuristischen, „mittelalterlichen“ Brauch den Garaus gemacht. In den Archivberichten über den Tag auf der Rheininsel ist lediglich zu lesen, dass Marie Antoinette und ihr Gefolge die schmutzige Reisekleidung gegen eine dem Anlass entsprechende Galagarderobe tauschten. Die Festkleider gehörten zum Gepäck aus Wien. Ihren Wiener Schmuck durfte sie ebenso behalten. Es ist richtig, dass ihr Ludwig XV. in Versailles den Diamantschmuck und die Edelsteine seiner verstorbenen Frau überreichte. Dies alles gehörte nun ihr. Auch eine Perlenkette aus dem Besitz der Anna von Österreich durfte sie tragen. Diese Anna hatte einst Ludwig XIII. geheiratet und war somit eine gemeinsame Vorfahrin von Marie Antoinette und ihrem Zukünftigen, dem Dauphin. Auf ausdrücklichen Wunsch des Königs von Frankreich sollte Marie Antoinette jene Stücke tragen, obwohl sie noch keine Königin war. Einerseits wollte Ludwig XV. sie so vor dem Hof auszeichnen, andererseits gab es keine andere Königin.

Der hölzerne Pavillon, aus dem die in strahlende Roben gekleidete junge Dauphine heraustrat, war mit Tapisserien aus Straßburg geschmückt worden, die die Familie Rohan für den Staatsempfang geliehen hatte. Davon wusste Marie Antoinette nichts, bestimmt hatte sie in all dem Trubel auch gar nicht darauf geachtet, welche Szenerien auf den Wandbehängen dargestellt waren. Antike Mythologie gehörte nicht gerade zu ihren Stärken. Ein paar deutsche Studenten hatten es gegen ein kleines Entgelt geschafft, am Tag vor der Ankunft der österreichischen Delegation den Pavillon zu besichtigen, der soeben – gerade noch rechtzeitig – fertiggestellt wurde. Die Anreise der zukünftigen Königin von Frankreich war in der Gegend das Tagesgespräch, jeder wollte wissen, wann sie kam, wie sie aussah, was sie anhatte, was in dem Pavillon genau geschah usw. Den 20-jährigen Johann Wolfgang von Goethe aus Weimar interessierte das alles genauso, und er mischte sich unter die jungen Leute, die den Pavillon inspizierten. Geschockt stand er vor den Rohan'schen Tapisserien. Solche Szenen sollten eine 14-jährige Braut begrüßen? Zu sehen war die Geschichte der schaurigsten Horror-Hochzeit der altgriechischen Sagen- und Götterwelt: Es ging um Jason und Medea. Als der mit Medea verheiratete Held Jason seine Geliebte, die Königstochter Kreusa, heiraten wollte, schickte die eifersüchtige Medea einen vergifteten Schleier, der Kreusa innerlich verbrannte. Auf einem der Wandteppiche erblickte man die Braut in ihrem Todeskampf sowie den entsetzten Vater Jason mit den von Medea ermordeten gemeinsamen Kindern zu seinen Füßen. Der im Gegensatz zu Marie Antoinette bestens gebildete Goethe hielt die Dauphine für „eine schöne wie man hört, lebenslustige Dame", die durch den fragwürdigen Wandschmuck wohl kaum ein Trauma davongetragen hat.

Als Nächstes stand die Verabschiedung von ihrem österreichischen Hofstaat auf dem Programm. Nachdem sie tränenreich alle Mitreisenden umarmt und ihnen eine gute und rasche Rückreise gewünscht hatte, warf sie sich, noch immer weinend und nun auch erschöpft, in die Arme einer soeben vorgetretenen französischen Dame. Vor zehn Jahren hatte ihre Mutter bei einer ähnlichen Gelegenheit die neue Schwiegertochter

Isabella von Parma ebenfalls herzlich in die Arme geschlossen. Doch die Französin erschrak zusehends und wich zurück, sodass sich die verdutzte Marie Antoinette mit leeren Händen im Regen stehend wiederfand. Der Außerordentliche Gesandte Graf von Noailles fasste sich ein Herz, marschierte auf die verwirrte kleine Madame zu und reichte ihr die Hand. Er führte sie, beruhigende Worte murmelnd, zu seiner Frau, der Gräfin von Noailles, zurück. Diese etwa 50-jährige Adelige war noch dabei, ihr Gesicht abzutrocknen. Die erste Schrecksekunde für alle Beteiligten war vorüber. Marie Antoinette blickte in die verhärmten, mit „le fard“ geweißten, faltigen Gesichter der Damen, die schon zum Hofstaat der vor zwei Jahren verstorbenen Königin Maria Leszczyńska gehört hatten. Niemand verzog eine Miene. Fast lauter Großmütter sollten ab sofort ihr täglicher Umgang sein? Die Dauphine lächelte höflich. Man sah ihre Zähne.

Noch zweimal die 386 Pferde wechseln bis zum Ziel in einem der königlichen Jagdreviere, dem Wald von Compiègne. Dieses Jagdschloss lag etwa hundert Kilometer entfernt von Versailles. Ob der Dauphin dem Porträt auf der Miniatur, die Marie Antoinette von ihm erhalten hatte, ähnlich sah? Nur ein Jahr trennte den 15-Jährigen von Marie Antoinette. Er war ziemlich kurzsichtig und ein wenig rundlich – wie viele in seiner Familie. Ein feister Säugling soll er gewesen sein, im Jahr 1754, als er geboren wurde. Immer ruhig und zufrieden. Sein älterer Bruder hatte ihn „Kröte“ genannt. Doch der war tot, wie viele Bourbonen der Familienkrankheit Tuberkulose erlegen. Ludwig XV. war auch schon der Urenkel von Ludwig XIV. Alle anderen Prinzen waren ebenso gestorben. Ludwig XVI. hätte eigentlich nie König werden sollen. Er, ein Enkel Ludwigs XV., hatte diesbezüglich überhaupt keine Ambitionen gezeigt. Nur die Königstöchter lebten noch, eine ganze Menge Schwiegertanten kamen da auf Marie Antoinette zu. Alle unverheiratet, da sie nie bereit gewesen waren, Schloss Versailles zu verlassen. Alle fast in den Vierzigern, betont religiös. Die Jüngste, Louise, war sogar in ein Kloster eingetreten, um lebenslänglich für die Sünden ihres libertären Vaters zu büßen. Seine Lieblingstochter Adélaïde nannte Ludwig XV. „Loque“, Lumpen, weil sie sich als Kind immer auf den Boden geworfen hatte, wenn sie ihren Erzieherinnen nicht gehorchen wollte. Dann „Cochon", das Schweinchen, die dicke Victoire. Und Sophie, genannt „Miette", das Krümelchen, hässlich und uninteressant.

Nun standen sie alle zusammen mit ihrem immer noch gutaussehenden Vater Spalier, um den Neuankömmling ins Visier zu nehmen. Schon jetzt hatten sie nichts übrig für die jugendliche Ausländerin. Grundsätzlich standen sie der „Allianz" mit Österreich ablehnend gegenüber. Von den Habsburgern werde nie etwas Gutes für Frankreich kommen, da waren sie felsenfest davon überzeugt. Und schon gar nicht von einem verwöhnten, ahnungslosen, so jungen Mädchen. Die „Mesdames Tantes", wie Marie Antoinette sie nennen musste, waren die Ersten, die von der Dauphine als „L'Autrichienne" sprachen. Es war klar, dass sich die Aussprache kaum von „L'autre chienne", die andere Hündin, unterschied – und genau das war die Absicht der intriganten Schwestern von Versailles. Abgesehen davon hatten hämische Höflinge auch Königin Maria Leszczyńska abfällig „die Polin" genannt, da niemand im Schloss ihren Namen richtig aussprechen konnte …

Frauen am französischen Hof

Maria Theresia hatte die französischen Tanten anlässlich der instruktiven Abende in ihrem Appartement erwähnt. Marie Antoinette solle sich an ihre Gesellschaft halten, sie seien fromm und dem König ergeben. Durch die Damen würde sie öfter Zutritt zu Ludwig XV. bekommen, und das sei über alle Maßen wichtig, denn solange er die Macht innehabe, sei es von Vorteil, ihn gut kennenzulernen, sich bei ihm sehen zu lassen und alles zu unternehmen, um seine Gunst zu erringen. Das war gar nicht nötig, denn der König nahm die Braut seines Enkels gutmütig auf. Freundlich starrte er auf ihren nicht vorhandenen Busen. Die Kleidermode gestattete gerade in Frankreich extrem große Ausschnitte, was bei Marie Antoinette vergeblicher Liebesmüh' gleichkam. Ihre Flachbrüstigkeit wurde sogleich negativ kommentiert. Sie sei klein, schmächtig und sehe aus wie zwölf, sagten die Französinnen. Noch dazu trug sie unter dem Kleid eine Art Fichu um den Hals, was in der neuen Heimat bereits vollkommen démodé war und vonseiten der anwesenden supereleganten Damen mit Kopfschütteln quittiert wurde. Eine Beobachterin meinte auch, Reste

Sie war eine der einflussreichsten Personen am Hof, als Marie Antoinette in Versailles eintraf: Madame du Barry, geboren als Jeanne Bécu, die blonde Mätresse Ludwigs XV.

von Pockennarben im Gesicht der Dauphine erkennen zu können. Alles sehr sittsam, ja. Aber chic sah anders aus. Das junge Mädchen erinnerte Ludwig XV. an seine Eroberungen im Haus „Hirschpark“ und somit konnte die kleine Wienerin ohnehin nicht viel falsch machen. Ihr Teenager-Alter war ihr größter Bonuspunkt in den Augen des Königs. Er war durchaus erfreut angesichts der Braut seines Enkels.

Wovon Marie Antoinette keine Ahnung hatte: Am Hof in Versailles gab es den offiziellen Posten einer „Maîtresse-en-titre“, und dieser war besetzt mit einer Frau, die von den Tanten voller Abscheu betrachtet wurde. Vom ersten Tag an legten es die Damen Adélaïde, Victoire und Sophie, die dauernd zusammensteckten, darauf an, „die Neue“ in den „Krieg“, der rund um die Mätresse Madame du Barry tobte, hineinzuziehen. Die Frau aus der Gosse, die vor ihrer Einführung am Hof als Jeanne Bécu in einem Bordell gearbeitet hatte, war den Betschwestern ein Dorn im Auge. Sie fürchteten um das Seelenheil ihres alten Vaters und lagen ihm ständig in den Ohren, er möge die uneheliche Tochter einer Weißnäherin endlich in die Wüste schicken.

Die blonde, vollbusige du Barry war viel attraktiver, viel eleganter und viel weltgewandter als Marie Antoinette, und vor allem hatte sie Macht über einen Mann, der sehr in sie verliebt war. Von alledem konnte Marie Antoinette nur träumen. Ihre Mutter hatte sie auf diese französische Gepflogenheit nicht aufmerksam gemacht, und als sie die aufgetakelte, mit Rouge bemalte und mit Diamantschmuck überreich behängte, von oben bis unten glitzernde Frau beim Empfang in Versailles erstmals erblickte und sich bei Madame de Noailles erkundigte, wer die Dame neben dem König denn sei, bekam sie zuerst gar keine Antwort. Die Gräfin war insgeheim erstaunt und ziemlich entgeistert, dass die Dauphine nicht Bescheid wusste. Sie war davon ausgegangen, dass die uneingeschränkt informierte Regentin in Wien ihre Tochter über gewisse Gegebenheiten nicht im Unklaren gelassen hatte. Der Blick Marie Antoinettes zeigte ihr jedoch, dass das Kind nicht schauspielerte, und so flüsterte sie ihr peinlich berührt leise ins Ohr: „Die Dame gehört keiner Adelsfamilie an. Sie ist anwesend, um den König zu amüsieren.“ Worauf Marie Antoinette unpassenderweise laut auflachte und für alle hörbar antwortete: „Ah! Dann bin ich ihre Rivalin. Ich möchte den König ebenfalls amüsieren.“ Die adelige Menge um die beiden Frauen schwieg betreten.

Jagdsaison

Abgesehen vom König und den Tanten wartete am verregneten Waldrand in Compiègne auch noch die Hauptfigur des Königsdramas auf die bereits etwas zerzaust wirkende jugendliche Braut. Marie Antoinette, die vor jeder der ihr uralt erscheinenden Königstöchter artig in den täglich geübten, französischen Hofknicks gesunken war, hatte den linkisch und nervös von einem Bein aufs andere tretenden, großen, plump und unausgeschlafen wirkenden jungen Mann schon entdeckt, als sie noch dabei war, ihrer Wiener Entourage Adieu zu sagen. Sie trat vor und lächelte ihr seit dem Auftritt in Straßburg berühmtes offenes Lächeln. Der Dauphin schmollte. Sein Großvater hatte ihn ermahnt, er solle seine Braut liebevoll auf die Wange küssen, was er gerade noch zustande brachte, mit sichtbarer Überwindung. Innerlich war Ludwig XV. bereits in Aufruhr: Sein Enkel war so schrecklich unbeholfen; alles an ihm wirkte gezwungen, krampfig und starr. Es war zum Verzweifeln mit dem Jungen.

In der Versailler Schlosskapelle wurde es noch schlimmer. Ein silberner Baldachin war errichtet worden, um einen verdrossenen Buben in einem Galakostüm um umgerechnet Tausende Euros und eine unerfahrene Jungfrau in einer edelsteinübersäten Hofrobe, gigantisch wie ein Zelt, zu verheiraten. Die für das Brautkleid verantwortliche Hofdame hatte auf eine Leiter steigen müssen, um dem kleinen Mädchen in das schwere Gewand zu helfen. Viele Geladene hatten den Eindruck, der zukünftige König Ludwig XVI. würde weiterhin lieber auf den Dachböden des Riesenschlosses herumstromern und von dort mit seinen Fernrohren gen Himmel gucken. Seine Steckenpferde waren Geografie und Entdeckungsreisen. Von seinen Lehrern hatte er erfahren, dass man sich bei Seefahrten am Lauf der Gestirne orientierte. Oder er würde es vorziehen, in der eigens über seinem Appartement eingerichteten Schlosserei mit für ihn abgestellten Schlossermeistern Schlüssel und Schlösser herzustellen. Er besaß eine ganze Wand voller Meisterwerke der Schlosserkunst, die er Marie Antoinette später zeigen und ihr Stück für Stück erklären wollte. Sie wandte sich zu Tode gelangweilt ab.

Mit vor Nervosität feuchten Fingern streifte er nun seiner Verlobten den Ehering über. Sie dankte und lächelte ihn auffordernd an. Doch er zwinkerte nur gewohnheitsmäßig mit den Augen, um aufgrund seiner Kurzsichtigkeit überhaupt etwas wahrzunehmen. Sein schlenkernder Gang wirkte neben dem graziösen Mädchen noch unvorteilhafter, und der König blickte resigniert zur Decke der Kapelle. Er hatte eine Märchenhochzeit der Superlative an einem Hof der Superlative in die Wege geleitet. Doch der Bräutigam reichte einfach nicht an die Erwartungen heran. Über 5000 Leute lebten in Versailles. Viele davon wurden Zeugen des erbarmungswürdigen Auftritts ihres zukünftigen Monarchen bei seiner Hochzeit. Sie standen für die Millionen, die nun von Kriegen verschont bleiben sollten. Österreich und Frankreich hatten sich verbündet, trotz des misslungenen Auftritts des Thronfolgers. Umso mehr scharte sich alles um die neue Dauphine.

Dem ungebildeten Mädchen war es mittlerweile gelungen, den Ehevertrag ordentlich zu verunzieren. Marie Antoinette konnte noch immer nicht flüssig schreiben und ihre Nerven lagen blank. Zuerst hatte der König unterschrieben: Louis. Dann ihr Ehemann: Louis Auguste. Danach kam sie an die Reihe, und in diesem Moment fiel ihr etwas ein, das sie wieder einmal vergessen hatte: Nämlich ihren Namen auch auf Französisch einzuüben: Marie Antoinette Josephe Jeanne steht auf dem wertvollen Papier. Recht schief. Darunter klafft ein monströser Tintenfleck. Beim Betrachten der Urkunde entsteht der Eindruck, nicht eine Braut und baldige Königin, sondern eine Taferlklasslerin sei hier am Werk gewesen. Marie Antoinette dachte besorgt an ihre strenge Mutter. Diese hätte sie ordentlich gerügt.

Eine Schimpftirade der Mutter wäre allerdings eine Lappalie gewesen im Vergleich zu der Blamage, die der jungen Ehefrau als Nächstes bevorstand. Nach dem Galabankett, bei dem sich der Dauphin Ludwig wieder einmal bis zum Anschlag vollgestopft hatte – Essen zählte neben den Fernrohren und Schlössern zu seinen geliebten Hobbys –, nahte die Hochzeitsnacht. Alles folgte streng dem Reglement der Etikette. Es begann mit dem königlichen Hochzeitsgeleit: Der König, alle Verwandten und Hunderte Höflinge begaben sich in den Raum, in dem der Dauphin geboren worden war. Vor dem pompösen Zug schnüffelten einige Spaniels herum. Die extra dafür abgerichteten Hunde suchten nach Fremden, die untertags ins Schloss gekommen waren und sich in leeren Zimmern oder Schlupfwinkeln verstecken könnten.

Ein Staatsereignis der Extraklasse:
Die österreichische Erzherzogin Marie Antoinette heiratet in der Schlosskapelle von Versailles den zukünftigen König von Frankreich und Navarra, Louis Auguste.

Inzwischen wurden die Brautleute entkleidet, die prunkvollen Textilien in Verwahrung genommen. Sie gehörten zum Staatsschatz. Der Bräutigam gähnte. Die Braut versuchte zu lächeln. Ludwig XV. und die ranghöchste anwesende Dame, in Ermangelung einer Königin war dies die Ehefrau des späteren Philippe Égalité, die Herzogin von Chartres, überreichten dem jungen Paar die traditionelle seidene Schlafkleidung. Der Erzbischof der französischen Krönungsstadt Reims besprengte das Ehebett mit Weihwasser, was für reichen Kindersegen sorgen sollte. Ludwig und Marie Antoinette mussten sich vor allen Zeugen gemeinsam ins Bett legen. Nicht umsonst hieß es „eheliche Pflichten". Der Vollzug einer arrangierten Königsehe war aus erb-, standes- und güterrechtlicher Sicht von größter Bedeutung, ging es doch um einen juristischen Akt von staatspolitischem Interesse. Marie Antoinettes Fruchtbarkeit war nicht Teil ihres privaten Lebens, sondern eine Angelegenheit der gesamten Monarchie. Das Königshaus beruhte in seiner Legitimität unter anderem darauf, dass die Blutlinie weitergeführt würde. Zum Abschluss wünschte daher der in solchen Dingen geübte Ludwig XV. „gute Verrichtung" und zog die Vorhänge des Himmelbettes zu.

Der französische Außenminister Étienne-François de Choiseul verließ gemeinsam mit dem König das Gemach. Er hatte seine Schuldigkeit getan. Einst war er mit Unterstützung der verstorbenen Lieblingsmätresse von Ludwig XV., der Madame de Pompadour, nach Wien gereist, um die soeben besiegelte „Allianz" weiter voranzutreiben. Auch in den Siebenjährigen Krieg war er als Außenminister Frankreichs an der Seite Maria Theresias involviert gewesen. Als einer der „Stifter" der nun erfolgten Heirat konnte er vorläufig zufrieden sein. Seine schwierige Mission, das Bündnis zwischen Österreich-Lothringen und den Bourbonen, war glücklich auf dem Weg. Was sollte jetzt noch schiefgehen? Alles, ist man versucht zu antworten.

Marie Antoinette zwinkerte Choiseul zu. Sie wusste, dass sie ihm viel zu verdanken hatte. Alle Türen schlossen sich. Kerzen wurden gelöscht. Getuschel und Gelächter verstummten. Es wäre angebracht gewesen, dass der alte König seinen Enkel detailgenau für diese Nacht instruiert hätte. Davon war auch Maria Theresia ausgegangen. Sie hatte ihrer Tochter erklärt, was von einer Ehefrau im Schlafzimmer erwartet wurde, auch über Empfängnis und Geburt hatte sie mit ihr gesprochen. Aber dass ein frischgebackener Ehemann keine Vorstellung von seinen Pflichten haben könnte, das wäre ihr nicht in den Sinn gekommen.

Eine „Josephsehe"

Draußen regnete es in Strömen. Die Braut wartete im Dunklen. Würde der Dauphin ihre Hand nehmen? Würde er sie küssen? Die Mutter hatte ihr erklärt, eine gute Ehefrau dürfe ihren Mann nie zum Liebesakt ermuntern, sondern lediglich seine Bedürfnisse befriedigen. Sie selbst dürfe kein Verlangen zeigen. Wissenslücken in Bezug auf Körperlichkeit und Sexualität galten bei Frauen als Zeichen besonderer „Reinheit". In den abendlichen Gesprächen hatte Maria Theresia der Tochter eingeschärft, ihre einzige Aufgabe sei es, so rasch wie möglich schwanger zu werden. Doch dafür benötigte sie die Mitwirkung des 15-jährigen Jungen an ihrer Seite. Bald hörte sie neben sich Schnarchgeräusche. Hatte ihr Mann „Bonne nuit, Madame" gemurmelt? Sie hatte gehofft, es sich nur eingebildet zu haben. Ludwig war eingeschlafen, praktisch ohne ein Wort an sie zu richten, geschweige denn, sie zu berühren oder sie gar zu seiner Frau zu machen, wie sie es sich vorgestellt hatte. Maßlose Enttäuschung und Furcht ergriffen Marie Antoinette. Gefiel sie dem Dauphin nicht? Der König hatte doch gemeint, sie sehe sehr hübsch aus. Wie sollte sie dieses Fiasko ihrer Mutter erklären? Was würde Ludwig XV. sagen? Würde man sie schon bald unverrichteter Dinge in Schimpf und Schande nach Wien zurückschicken? Wäre die „Allianz" gescheitert? Das Mädchen zermarterte sich das Gehirn und schlief irgendwann voller Befangenheit ein. Als Marie Antoinette aufwachte, war ihr Mann verschwunden. Er sei zur Jagd aufgebrochen, sagte man ihr. Marie Antoinette zog sich frustiert zurück. Der neue Tag brachte bald neues Ungemach.

Rasch begriff die Dauphine, dass sie ab sofort keine Minute mehr für sich allein hatte und ununterbrochen Damen in ihrer Nähe sein würden, die alles Mögliche für sie erledigen sollten. Anfangs versuchte sie, sich dennoch einen Tagesablauf nach ihren Wünschen zurechtzulegen. Was gründlich misslang. Es wuchs sich zu einer Art Spießrutenlauf aus, wenn sie nur nach einem Getränk verlangte. Natürlich durfte sie nichts selbst holen. Aber es war auch nicht selbstverständlich, dass sie Limonade oder Kakao rasch und frisch erhielt. Wie immer mussten alle Details der Etikette befolgt werden, denn nur so fühlten sich die Leute in ihrer

Umgebung sicher. Viele Instanzen und Personen waren damit befasst, der Thronfolgerin einen (Bären-)Dienst zu erweisen. Sollte eine Erledigung flotter vonstatten gehen, müsste jemand aus dem Ablauf ausgeschlossen werden, und dieser Jemand würde dann beleidigt sein und beginnen, andere gegen Marie Antoinette aufzuhetzen. So musste sie damit leben, dass die Limonade temperiert, der Kakao kühl und mit einer Milchhaut und sogar ein Krug Wasser oft erst dann geliefert wurden, wenn sie schon am Verdursten war.

Jeder im Schloss zeigte sich äußerst empfindlich und besorgt, dass die Herrlichkeit seines oder ihres Amtes von der zugereisten Ausländerin womöglich angetastet werden könnte. Wer wusste schon, wie die in Wien lebten! In einem deutschsprachigen Land! Barbaren allesamt. Haben bestimmt keine Vorstellung von einem kultivierten Leben an einem auf Sorgfalt bedachten Hof … Viele Angestellte waren untereinander spinnefeind und zögerten nicht, bei Streitigkeiten rund um Fragen der Etikette uralte Gebräuche aus dem 15. Jahrhundert zu bemühen. Da hatte Jeanne d'Arc noch gelebt, die heute in Frankreich übrigens die Liste der bekanntesten historischen Frauengestalten des Landes anführt. Der im Jahr 1431 jungfräulich verbrannten „Ketzerin" im Männerharnisch folgt an zweiter Stelle Marie Antoinette.

In Wien hatte Maria Theresia in allen ihren Residenzen auf Sparsamkeit im Haushalt großen Wert gelegt. Bei ihrem Regierungsantritt 1740 war die Staatskassa leer wie nie gewesen, und auch wenn Kaiser Franz Stephan ein ausgezeichnetes Händchen für Geschäfte und wirtschaftliche Belange hatte, so fraßen doch die kostspieligen Kriege, die repräsentative Hofhaltung, die Aussteuer für die Kinder und viele andere notwendige Ausgaben beständig Löcher ins Budget. In ihren ersten Tagen in Versailles fiel Marie Antoinette auf, dass alle Kerzen gelöscht wurden, sobald sie ein Zimmer verließ. Kehrte sie zurück, steckten in allen Leuchtern frische Kerzen, selbst dann, wenn die vorigen nur ein paar Minuten gebrannt hatten. Als sie Order geben wollte, die teuren Wachskerzen der bis heute bestehenden Pariser Wachsmanufaktur Cire Trudon stehen zu lassen und sie einfach wieder anzuzünden, bis sie heruntergebrannt waren, löste sie damit einen Sturm der Entrüstung aus. Schließlich klärte ihre Ehrendame, die Madame de Noailles, ihren Schützling über diesen Fauxpas vonseiten der Dauphine auf. In den königlichen Gemächern verwendete Kerzen würden nach dem ersten Gebrauch entfernt und Mitarbeitern des Schlosses übergeben. Diese

Dienerinnen und Diener durften die Second-Hand-Kerzen verkaufen und den Erlös als Teil ihres Lohnes einbehalten. Mit ihrem Wunsch nach Sparsamkeit hatte Marie Antoinette also versucht, der Belegschaft Geld aus der Tasche zu ziehen, wie der Vorfall nur Minuten später in Versailles kolportiert wurde. Das „Anrecht auf Kerzen", wie dieses Privileg genannt wurde, brachte einer Kammerfrau etwa 50.000 Livres Jahreseinkommen (ein Livre sind rund zehn Euro; für ein modisches Schönheitspflästerchen bester Qualität, etwa aus schwarzem Taft, musste man 35 Livres berappen). Es gab fünf Kammerfrauen.

Der Kerzenverbrauch war freilich nur ein Posten unter unzähligen ähnlichen Aufwendungen des täglichen Bedarfs. Der Alltag im Schloss zeichnete sich für die dort lebenden Höflinge und ihre Bediensteten durch eine schier unüberschaubare Menge an Begünstigungen und/oder Benachteiligungen aus. Marie Antoinette hatte Schönbrunn als ein Gebäude in Erinnerung, das auf die dort lebenden Menschen zugeschnitten war. Im Vergleich zu Versailles musste es derb und geradezu rustikal wirken. In der neuen Bleibe war alles auf Macht und Herrschaft zentriert. Es gab nichts, was als Statussymbol ausgeschlossen werden konnte: Da wäre einmal die Lage des jeweiligen Appartements. Je näher es sich bei den königlichen Räumen befand, desto höher stand der Eigentümer in der Gunst des Königs. Wer saß – wenn überhaupt – in Anwesenheit des Königs auf einem Sessel mit Lehne? Wer musste mit einem Hocker vorliebnehmen? Oder gar mit einer abgewetzten Holzbank? Wer durfte gar nicht sitzen? Wer besaß eine Wohnung ohne rauchenden Kamin? Mit ausreichender Möblierung? Wer verfügte über wie viele nicht tropfende Kerzen? Wer erhielt nur die billigen, tranigen Talglichter? Wer aß in der Nähe des Herrschers und bekam somit genug von den fürstlichen Speisen ab? Fragen über Fragen.

Gleichzeitig wurden selbst die allerhöchsten Herrschaften mit den Niederungen des Daseins konfrontiert. Liselotte von der Pfalz, die mit dem schwulen Bruder Ludwigs XIV. verheiratet worden war, berichtete ohne Umschweife, sie habe keinen Schritt aus ihren Zimmern gehen können, „ohne jemanden pissen zu sehen". Es gab zwar eine Rangordnung, die besagte, wer wann einen Abtritt benutzen durfte. Doch an

Sie berichtete konkurrenzlos über den Alltag in Versailles:
Liselotte von der Pfalz, Ehefrau des schwulen Bruders Ludwigs XIV.,
beschrieb in vielen Briefen die Zustände am Hof des „Sonnenkönigs“.

allen Orten in Versailles verrichteten Tausende Menschen ihre Notdurft überall hin: Hinter den Vorhängen, in sämtlichen Ecken, in vorübergehend leerstehenden Räumen, auf dem Dachboden, in Wäscheschränken, die für die Arbeit der Zimmermädchen in den Gängen bereitstanden ... Den Geruch im Schloss möchte man sich trotz der unzähligen schweren Parfüms, die alle adeligen Damen und Herren am berühmten „parfümierten Hof" überreich benutzten, nicht vorstellen. Einen Vorteil hatte eine hohe Stellung allerdings: Man besaß einen „Kackstuhl", wie Liselotte das verzierte Möbelstück nannte, in welches ein Nachttopf eingebaut war. Auch der König von Frankreich frequentierte dieses hölzerne Luxusgut vor den Augen aller Anwesenden. Es galt wie sämtliche alltäglichen Verrichtungen des Monarchen als Teil der offiziellen Repräsentation.

Tag und Nacht überwacht

Marie Antoinette hatte indessen einen neuen Unterstützer an ihrer Seite, der sie durch den Dschungel der Hofetikette lotsen und ihr auch in Fragen der französischen und österreichischen Politik beratend zur Seite stehen sollte. Wie immer engagiert von ihrer Mutter, beobachtete der Graf Florimond Mercy d'Argenteau als kaiserlicher Botschafter in Paris das Tun und Lassen der Dauphine genauestens und rapportierte befehlsgemäß jede Regung Marie Antoinettes an den Hof nach Wien. Die junge Dauphine ließ man über diese Spitzeldienste im Ungewissen. Sie hatte keine Ahnung, dass jede Unterhaltung, jede Geste, jedes Lachen, mit dem sie Leute bedachte, die ihr spontan zusagten, und vieles mehr sogleich den Weg zu Maria Theresia fanden. Wie etwa, dass sie ihre regulierten Zähne nicht ordentlich putze. Nichts war zu unbedeutend. Die Regentin betonte fortwährend, sie wolle über alles rasch informiert werden. Sie hatte keinerlei Vertrauen in die meist unüberlegten Handlungen des kleinen Mädchens mit der großen Aufgabe. Marie Antoinettes Benehmen war viel zu emotional und somit viel zu modern für den Hof in Versailles. Laufend umarmte und küsste sie ihr kaum bekannte Leute, die sie hübsch und/oder nett fand – ein Affront in den Augen der starrgesichtigen, niemals lächelnden Hofgesellschaft. In jedem Brief ermahnte Maria Theresia die Tochter, an den Ehevollzug zu denken: „Alles hängt von der Frau ab, wenn sie nachgiebig, gut und amüsant ist." Oder: „Keine üble Laune deswegen (sondern Zärtlichkeiten und Schmeicheleien, denn zu viel Eifer würde alles verderben). Sanftmut und Geduld sind die einzigen Mittel, derer Sie sich bedienen dürfen. Es ist noch nichts verloren. Sie sind beide noch so jung."

Maria Theresia dürfte die Erziehung des Dauphins eventuell nicht korrekt eingeschätzt haben. Besonders einflussreich in dieser Hinsicht war der Herzog de La Vauguyon gewesen, der Ludwig XVI. vom Tag der Verlobung an vor Marie Antoinette gewarnt hatte. Sie käme von einem Hof voller „Weiberwirtschaft" und werde – wie angeblich ihre Mutter – alles daransetzen, um ihn, ihren Mann, zu unterjochen und fremden Interessen zum Durchbruch zu verhelfen. Der antiösterreichisch eingestellte de La Vauguyon und Marie Antoinettes Unterstützer Choiseul stritten in den zugigen Gängen von Versailles nicht nur einmal lautstark miteinander. In den ersten Tagen nach der Hochzeit wurde de La Vauguyon sogar dabei ertappt, wie er an der Tür des jungen Ehepaares lauschte. Das Klima am Hof hatte sich mit der Ankunft der Dauphine verändert, und zwar zum Schlechteren. Mercy schrieb nach Wien: „Versailles ist der Ort der Perfidie, des Hasses und der Rachegefühle geworden. Alles geschieht hier durch Intrige." Wegen einer dieser Kabalen verfeindeter Hofparteien stürzte das Ministerium Choiseul Ende des Jahres 1770. Der Marie Antoinette wohlgesonnene Politiker musste sich auf seinen Landsitz zurückziehen, worüber Maria Theresia sich besorgt zeigte. In ihren Augen war der ehemalige Außenminister ein verlässlicher Partner gewesen.

Die Tanten, die viel Zeit mit dem Dauphin verbrachten, stimmten in das Klagelied über die für Frankreich unangemessene habsburgische Thronfolgerin mit ein und verunsicherten den bescheidenen jungen Mann, der über keinerlei Selbstvertrauen verfügte, noch weiter. Auch später, als König von Frankreich, ließ Ludwig XVI. jegliches Durchsetzungsvermögen vermissen.

Maria Theresia wurde nicht müde, ihre Jüngste ununterbrochen zu drangsalieren: Der Dauphin hatte schließlich noch zahlreiche Geschwister. Eine Schwester, die vier Jahre jünger war als Marie Antoinette und „Gros Madame" (dicke Madame) genannt wurde. Das unförmige Mädchen hieß Clotilde. Man verheiratete sie bald und sie fungierte später als Königin von Sardinien-Piemont. Wesentlich wichtiger waren die zwei jüngeren Brüder Ludwigs XVI., der fettleibige Graf von Provence und der schelmische, verschlagene Graf von Artois. Provence, wie Ersterer gerufen wurde, hatte ebenso wie seine Schwägerin aus Wien im November 1755 das Licht der Welt erblickt. Artois war 1770, als Marie Antoinette an den Hof von Versailles kam, noch ein Kind, zwei Jahre jünger als sie. Doch Ludwig XV. schmiedete für die Buben bereits Heiratspläne mit den Verbündeten in Savoyen: Nur ein Jahr nach der Eheschließung des Dauphins wurde Provence mit Maria Josepha aus Turin verheiratet. Es folgte 1773 die Hochzeit des Grafen Artois mit Maria Josephas Schwester Maria Theresia.

In Wien wurden diese Teenager-Hochzeiten mit großem Argwohn beobachtet. Denn Marie Antoinette war noch immer nicht schwanger geworden, ihre Ehe war nicht einmal das Papier wert, auf dem der formidable Tintenklecks prangte. Der Dauphin kam nur selten in ihr Bett, und sie bemühte sich auch kaum mehr darum. Die Ungeschicklichkeit ihres Mannes und seine mangelnde Aufmerksamkeit hatten bei der mittlerweile 16-jährigen Dauphine einen Widerwillen gegen Ludwig entstehen lassen, den sie nur schwer überwinden konnte. Ihre Mutter fürchtete, dass die frisch eingeheirateten Turiner Prinzessinnen Marie Antoinette zuvorkommen und vor ihr einen Sohn gebären könnten – was als schlechtes Omen für die „Allianz" angesehen worden wäre. Außerdem wäre Marie Antoinettes Stellung am Hof stark geschwächt worden. Die Thronfolge könnte auf die Kinder der Brüder des Dauphins übergehen. Doch konnte Marie Antoinette in dieser Hinsicht Entwarnung geben. Sie schrieb über ihre neue Schwägerin Provence: „Sie liebt mich sehr und hat großes Vertrauen in mich (Sie hat mir selbst gesagt, dass ihre Ehe keineswegs vollzogen wurde.)" Viel später wurde der Gräfin Provence eine Liaison mit einer Frau nachgesagt. Es hat wohl nicht gestimmt, war aber typisch für die Gerüchteküche am Hof und auch für die sexuellen Gepflogenheiten der Epoche, zumindest was den hohen Adel betraf.

Der Graf von Artois, aus etwas anderem Holz geschnitzt, dürfte die savoyardische Prinzessin relativ bald nach der Hochzeit zu seiner Ehefrau gemacht haben. Sie brachte einen Sohn zur Welt, als Marie Antoinette noch immer jungfräulich war. Das Ehepaar Provence blieb ohne Nachkommenschaft. Die beiden Prinzessinnen von Savoyen spielten am Hof kaum eine Rolle, sie waren von wenig vorteilhaftem Aussehen, unauffällig und eher reizlos. Artois besuchte seine Frau zwar regelmäßig, um Nachkommen zu zeugen, vergnügte sich sonst aber lieber als Lebemann mit Damen aller Stände. Gerne und viel tanzte, jagte, wettete und spielte er durchaus auch mit seiner Wiener Schwägerin, die sich mitten in einer Metamorphose befand und bald als Mittelpunkt eines ganz besonderen Freundeskreises strahlen sollte.

Die ihr noch versagte Mutterrolle lebte Marie Antoinette in jenen ersten Jahren mit einer weiteren Verwandten ihres Mannes aus, und zwar mit dessen jüngster Schwester, Madame Élisabeth, wie sie genannt wurde. Das Mädchen war neun Jahre jünger als Marie Antoinette, also gerade einmal sechs Jahre alt, als die Dauphine in Frankreich eintraf. Sie schloss die sehr fromme Kleine von Anfang an ins Herz und verbrachte viel Zeit mit ihr.

Die meisten Stunden des Tages saß Marie Antoinette jedoch mit den alten Tanten zusammen. Es ging bei ihren Gesprächen immer wieder um die Favoritin des Königs, Madame du Barry. Die Dauphine hatte noch kein Wort mit ihr gewechselt. Obwohl sie ihr fast täglich begegnete, war sie doch meist in der Nähe des Königs anzutreffen, und dieser war häufig das Ziel von Marie Antoinettes Besuchsgängen – wie ihre Mutter es angeordnet hatte. Widersprüchliche Ratschläge, wie sie mit der königlichen Bettgenossin umgehen sollte, prasselten auf die Thronfolgerin ein. Der König wünschte nichts sehnlicher, als dass die Dauphine ein offizielles Wort an Madame du Barry richtete. So wäre sie vom neuen Mitglied der Herrscherfamilie offiziell anerkannt und alle in Versailles würden Bescheid wissen. Davon hatte Marie Antoinette jedoch keine Ahnung. Im Gegenteil: Die Tanten und andere antiösterreichische Parteien in Versailles beschworen Marie Antoinette regelrecht, auf keinen Fall die du Barry zur Kenntnis zu nehmen. Ein Großteil des Adels blieb habsburgfeindlich eingestellt und intrigierte vom ersten Tag an gegen das junge Mädchen aus Wien. Eine Dauphine müsse sich doch ihres Standes bewusst sein! Madame du Barry sei eine Frau aus einem Freudenhaus, die mit einem Mann verkehre, ohne mit ihm verheiratet zu sein. Eine solche Person könne nicht von der Tochter eines katholischen, römisch-deutschen Kaisers angesprochen werden. Sie möge sich vor der du Barry

Marie Antoinettes erste Spielgefährtin in ihrem neuen Zuhause:
Sie freundete sich rasch mit Madame Élisabeth, der jüngsten Schwester ihres Mannes, an.

hüten und trachten, ihr am besten gar nicht zu begegnen. Auf diese Weise sollte ein Keil zwischen Ludwig XV. und die fremde Thronfolgerin getrieben werden.

Die Anti-Habsburg-Gruppierung nutzte weiters die Schwäche des Dauphins im Ehebett schamlos aus. Es gab niemanden in Versailles, der über die traurigen ehelichen Verhältnisse des zukünftigen Königspaars nicht Bescheid wusste. In einem Land, dessen Sprache gefühlte tausend Ausdrücke für sexuelle Handlungen kennt, wurde dies als Unmännlichkeit par excellence ausgelegt. Man kritisierte zwar den alten „Vielgeliebten" für seine erotischen Ausschweifungen, doch die Unfähigkeit des Dauphins in Liebesdingen gab Anlass zu viel mehr und viel böserem Gerede. Es war in absehbarer Zukunft kein Kind des Kronprinzenpaares zu erwarten und wer weiß, wenn man beim König genug Stimmung gegen die Österreicherin machen würde – vielleicht würde er sie doch noch wegen Unfruchtbarkeit heimschicken?

Marie Antoinettes Alltag in dieser turbulenten Zeit zeugt deutlich von ihrer Naivität. Sie durchschaute das perfide Spiel der Tanten und des antiösterreichischen Hofklüngels in keiner Weise. Auf Nachfrage ihrer Mutter verfasste sie im Schloss Choisy unterwürfigst einen wohl etwas geschönten Tagesablauf. Nach Choisy, nur zehn Kilometer von Paris entfernt gelegen, zog sich Marie Antoinette gerne zurück. Einst hatte die heute nicht mehr existierende Schlossanlage Madame de Pompadour als Wohnsitz gedient. Die Dauphine musste sich daran gewöhnen, ihre Toilette in der Öffentlichkeit vorzunehmen. Als Frau eines zukünftigen Königs gehörte sie nicht sich selbst, sondern dem Staat, der das Recht hatte, am Leben dieser öffentlichen Person von morgens früh bis abends spät teilzunehmen. Darauf hatte man Marie Antoinette zwar vorbereitet, das Ausmaß dieser gravierenden Einschränkung ihrer persönlichen Freiheit überraschte sie dennoch jeden Tag auf Neue. Sie nahm sich also ausreichend Zeit für ihren Brief an die Mutter, setzte sich an ihren Schreibtisch und bemühte sich um leserliche Buchstaben. Das Dokument ist erhalten und strotzt im Original vor Fehlern.

„Eure Majestät ist zu gütig, sich für mich zu interessieren (…). Ich will Ihnen also sagen, dass ich um zehn oder neun oder neuneinhalb Uhr aufstehe. Nachdem ich mich angekleidet habe, sage ich mein Morgengebet. Dann frühstücke ich und gehe darauf zu meinen Tanten, wo ich

gewöhnlich den König finde. Das dauert bis zehneinhalb Uhr. Darauf, um elf Uhr, gehe ich mich frisieren. Mittags ruft man den Hofstaat, und nun kann jedermann eintreten, ausgenommen jene, die nicht zum Adel gehören. Ich lege mein Rouge auf und wasche meine Hände vor aller Augen. Hierauf entfernen sich die Herren, die Damen bleiben und ich kleide mich vor ihnen an.
Um zwölf Uhr ist die Messe. Wenn der König in Versailles ist, gehe ich mit ihm, meinem Gemahl und meinen Tanten zur Messe. Ist er nicht da, gehe ich allein mit dem Dauphin, aber immer zur gleichen Stunde. Nach der Messe dinieren wir beide vor den Leuten.
Aber das ist um halb zwei Uhr zu Ende, denn wir essen beide sehr schnell. Nachher gehe ich zum Dauphin. Wenn er etwas zu tun hat, gehe ich in mein Appartement zurück und lese, schreibe oder arbeite. Ich mache nämlich ein Wams für den König (…). Ich hoffe, dass es mit Gottes Hilfe in einigen Jahren fertig wird.
Um drei Uhr gehe ich nochmals zu meinen Tanten, wohin der König zu dieser Stunde kommt. Um vier Uhr kommt der Abbé (de Vermond, Anm.) zu mir, jeden Tag um fünf Uhr der Klavierlehrer oder der Gesangslehrer bis sechs Uhr. Um halb sieben Uhr gehe ich fast immer zu meinen Tanten (…). Sie müssen wissen, dass mein Gemahl fast immer mit mir zu den Tanten geht. (…) Um neun Uhr soupieren wir. Wenn der König nicht da ist, kommen die Tanten zu mir soupieren. Wenn der König aber da ist, gehen wir nach dem Abendessen zu ihnen. Wenn er nicht da ist, gehen wir um elf Uhr schlafen. Das ist unser ganzer Tag. (…)
Ferner bitte ich um Verzeihung, weil mein Brief schmutzig ist. (…) Es gereicht mir zur Ehre, Ihre gehorsamste Tochter zu sein.“

Vor der Abreise aus Wien musste Marie Antoinette ihrer Mutter versprechen, alle Briefe, die sie aus der alten Heimat erhielt, sofort zu verbrennen. Maria Theresia witterte überall Verrat und hatte damit nicht ganz unrecht. Die Tanten hätten sich über unverfälschte Habsburg-Interna bestimmt außerordentlich gefreut. Auch ließ Marie Antoinette nie einen Brief in einem unversperrten Sekretär oder gar offen herumliegen. Es ging das Gerücht, Spione hätten Schlüssel nachmachen lassen, um in ihre Räume zu gelangen. Feinde machte sie sich genug. Ihre Mutter erfuhr zu ihrem Entsetzen, dass die Tochter das Tragen des „grand corps" abgelehnt habe. Dieses sehr spezielle Korsett war französischen Prinzessinnen vorbehalten und stand somit für eine ganz besondere Auszeichnung ihrer Stellung und ihres Ranges. Mit der Weigerung, sich dieses Kleidungsstück anlegen zu lassen, brüskierte Marie Antoinette nicht nur die adeligen Damen, die mit großer Sorgfalt für diese höchst ehrenvolle Aufgabe ausgewählt worden waren. Sie beleidigte damit den französischen Hofstaat, die französische Monarchie, deren lange Tradition und Etikette, einfach den ganzen Staat, dessen oberste Repräsentantin sie bald sein sollte. Marie Antoinette war unfähig, die Tragweite ihres Boykotts zu erkennen. Ob mit Diamanten besetzt oder nicht, sie fand das Teil unbequem. Schnürbrüste war sie aus Wien gewohnt, aber das „grand corps" sollte eine sehr enge Taille erzeugen, deren Sinn sich der Dauphine nicht erschloss. Sie erkundigte sich auch nicht danach.

Die Hofgesellschaft hatte ein solches Benehmen einer Ausländerin noch nie erlebt und war vollkommen vor den Kopf gestoßen. Mercy teilte der Mutter mit, dass ihre Tochter zwar mittlerweile gewachsen sei und zugenommen habe, aber man „tratsche" auch über ihre angeblich schiefe Hüfte und eine hängende rechte Schulter. Diese körperlichen Mängel führte ihre Umgebung in Versailles auf die Vernachlässigung der Formung des Oberkörpers durch das „grand corps" zurück. Maria Theresia warnte wieder einmal: „(...) ich fürchte, dass Sie, wie man im Deutschen sagt, auseinandergehen und schon die Taille einer Frau haben, ohne es zu sein. Ich bitte Sie, sich nicht gehen zu lassen oder zu vernachlässigen. Das gehört sich nicht für Ihr Alter und Ihre Stellung."

Einen weiteren Skandal verursachte Marie Antoinette, als sie sich auf einem Gemälde wie Ludwig XIV. oder Ludwig XV. zu Pferd darstellen ließ, in Jagdkleidung mit Reithosen (!), wie ein Mann oder König. Auch das war in solcher Form noch nie vorgekommen. Man sah die Dauphine, wie sie in Herrenreithosen an Jagdausflügen teilnahm. Der König war recht überrascht, doch insgeheim gefiel es ihm. Maria Theresia war nicht begeistert und teilte ihrer aufmüpfigen Tochter mit: „Ich erwarte mit großer Ungeduld ein neues Gemälde von Euch, aber weder im Negligé noch in Herrenkleidung."

Man redete viel über Frauen in Männerkleidung im Frankreich des 18. Jahrhunderts. Ein großformatiges Werk über die „Größten Geheimnisse

Dass die fremde Dauphine gelegentlich in Hosen ausritt und sich wie ein König zu Pferd in Männerkleidung darstellen ließ, schockierte die traditionsbewusste Hofgesellschaft in Versailles.

der französischen Geschichte", das in zahlreichen Pariser Museumsshops angeboten wird, zeigt als Titelbild die „Madame d'Éon", eine Gestalt halb Mann, halb Frau. Marie Antoinette nahm regen Anteil an dieser Neuigkeit, die eine Zeit lang das ganze Land in Atem hielt: Madame d'Éon" war ein (männlicher?) Geheimagent im Dienst von Ludwig XV. und operierte in London. Er/Sie sollte im Siebenjährigen Krieg die britische Küste für französische Invasionspläne auskundschaften – als Frau verkleidet. Regelmäßig kamen hohe Rechnungen für Ausstattung, Kleidung etc. der „Madame d'Éon" in Versailles an, wofür Ludwig XV. aufkommen musste. Als er dies irgendwann nicht mehr wollte, wurde „Madame d'Éon" offiziell gerügt und musste mit Degradierung oder gar Haft nach einer eventuellen Rückkehr in die Heimat rechnen. So kam es, dass „Madame d'Éon" erst 1777, als Marie Antoinette schon ihr Königinnenamt angetreten hatte, wieder am Hof auftauchte. Weiterhin zerriss man sich das Maul, ob die „Dame" aus London tatsächlich eine solche sei oder doch ein Chevalier Éon de Beaumont, wie viele meinten. Das Rätsel löste sich erst nach dem Tod der meisten Beteiligten, nämlich im Jahr 1810, als „Madame d'Éon" verstarb. Laut Totenbeschauprotokoll handelte es sich bei der „Madame" „vollständig um einen Mann". Die Story beschäftigte die Leute dennoch weiter und reicht bis in die Gegenwart. Noch heute heißt die Neigung, sich als Angehörige/r des jeweils anderen Geschlechts zu kleiden, auf Französisch „L'éonisme".

Grundsätzlich machte Marie Antoinette jede der vielen Moden ihrer Epoche leidenschaftlich mit. Dazu gehörte auch das Cross Dressing, das auf Maskenbällen und Privatpartys mit Sex-Charakter seit der freieren Régence-Zeit beim libertären Adel eher die Regel als die Ausnahme war. Dass die Dauphine an Sex-Partys teilnahm, wie ihr bald vorgeworfen wurde, ist jedoch ins Reich der Fake News zu verweisen. Sie hatte in ihren Teenagerjahren keine Vorstellung davon, was sich tatsächlich hinter den verschlossenen Türen der Pariser Adelspalais und Sommerschlösser abspielte. Dabei hätte sie nicht weit zu gehen brauchen. Durch die nächtlichen Versailler Schlossgänge huschten Sex-Arbeiter und -Arbeiterinnen. Der Graf von Artois vergewaltigte Dienstmädchen in Wäscheschränken, hinter denen sich eine Tür und eine Kammer befanden.

Die „Vergnügungssucht" der Thronfolgerin beschränkte sich aufs Tanzen und Herumtollen mit den jungen savoyardischen Schwägerinnen und der kleinen Madame Élisabeth. Man rümpfte die Nase über ihre

Gesprächsthema Nr. 1: Wer oder was ist „Madame d'Éon?" So viel man über „die Spionin" auch tratschte, Cross-Dressing erfreute sich in der hohen Gesellschaft großer Beliebtheit und war nichts Ungewöhnliches.

zerknitterten Seidenkleider, wenn sie wieder einmal hinter Paravents Verstecken gespielt hatte. Selbstverständlich gehörten die Aufgaben von Kindermädchen nicht zu denen einer künftigen Königin. Das alles und noch viel mehr bereitete der Mutter in Wien Sorgen. Marie Antoinette solle ihre Aufmerksamkeit ihrer Ehe widmen: „Ihr müsst mehr Zärtlichkeit (für den Ehemann, Anm.) zeigen, meine Liebe, mehr Zärtlichkeit!" Dass das überhaupt nichts genutzt hätte, konnte selbst Maria Theresia nicht ahnen. Sie ging von ihren eigenen Erfahrungen mit dem Frauenhelden Franz Stephan aus. Doch wenn der Dauphin mit einem Typ Mann nicht vergleichbar war, dann mit einem Womanizer. Der Brief ihrer Tochter, aus dem hervorging, dass sie mehr oder weniger den ganzen Tag an den Rockzipfeln der „Mesdames Tantes" hing, aber auch die Informationen des Botschafters Mercy in Bezug auf die altjüngferlichen Königstöchter hatten der Herrscherin in Wien die Augen geöffnet. Sie appellierte nun an ihre Tochter:

„Den Ratschlägen (…) Eurer tugendhaften Tanten sollt Ihr dagegen nicht so sehr folgen und Euch gegenüber der Madame du Barry ausschließlich neutral verhalten, niemals jedoch ablehnend. (…) Lasst Euch nicht von den Mesdames beeinflussen und verhaltet Euch keineswegs unwirsch oder ablehnend denen gegenüber, die der König favorisiert."

Marie Antoinette folgte nun gegen ihre eigene persönliche Überzeugung den mütterlichen Empfehlungen. Sie wollte es hinter sich bringen. Madame du Barry war in ihren Augen eine ekelhaft laute und vulgäre Professionelle. Das mochte alles stimmen, aber die Dame hatte einen sehr sicheren Stand am Hof – jedenfalls solange der König lebte. Und von einem solchen war Marie Antoinette, Jungfrau ohne Kind, überaus weit entfernt. Sie fürchtete sich auch vor der mächtigen Mätresse, die ihr haushoch überlegen war. In ihrer Unbedarftheit berichtete Marie Antoinette den Tanten nicht nur peinliche Details über die missglückten Versuche des Ehevollzugs; sie erwähnte auch, dass sie demnächst einige unverbindliche Worte an die Favoritin zu richten gedachte. In den Augen der Tanten war nun Feuer am Dach. Sie trachteten, diesen symbolischen Kniefall der Dauphine vor dem König auf jeden Fall zu verhindern. Madame Adélaïde, die älteste Tante, war etwas rascher von Begriff als ihre Schwestern. Sie hatte beobachtet, wie Marie Antoinette bei einem

Empfang bereits begonnen hatte, auf die du Barry zuzugehen. In diesem Moment rannte Adélaïde los und schnitt der Dauphine den Weg ab. Sie rief: „Wir werden bei Madame Victoire vom König erwartet. Wir müssen sofort gehen." Und schon hatte sie das Mädchen beiseitegezogen. Die du Barry starrte perplex auf die Königstochter und die Thronfolgerin. Marie Antoinette gehorchte den Tanten wie eines der am Hof zahlreich vorhandenen Schoßhündchen, erst recht, wenn eine von ihnen den König ins Spiel brachte. Natürlich wartete Ludwig XV. nicht bei seiner Tochter Victoire.

Lust und Macht

Beim Neujahrsempfang in Versailles Anfang Jänner 1772 fiel der Dauphin wieder einmal negativ auf. Die versammelten Menschen tuschelten, dass er erneut zugenommen habe. Er stand desinteressiert neben seiner Frau und glotzte. Marie Antoinette hatte ohnehin kein Auge für ihn, sie blickte zur Flügeltür und erwartete den Auftritt der Madame du Barry. Als sie die wie gewohnt sehr aufgeputzte, üppige, mit viel Goldhaar gesegnete Frau erblickte, schenkte sie dieser ihr süßestes Lächeln. „Es sind heute viele Leute in Versailles", sprach die Thronfolgerin zur Mätresse. Zum Glück war diese ohne ihr Hausäffchen erschienen. Ihre großen Augen glänzten. Der König weinte Freudentränen und umarmte seine Schwiegerenkelin. Die du Barry nickte hingerissen. Sie war in ihrer Stellung bei Hof zur Kenntnis genommen worden. Endlich machte es „klick" bei Marie Antoinette: Mercy und ihre Mutter hatten recht gehabt. Sie selbst war im Irrtum gewesen. Die Tanten hatten sie mit voller Absicht hinters Licht geführt. Ludwig XV. hatte seit ihrem ersten Tag in Versailles darauf gewartet, dass seine Freundin von der nächsten Königin wahrgenommen würde. Marie Antoinette begriff, wie ahnungslos sie über die Verhältnisse am Hof gewesen war, als man ihr erklärt hatte, die Aufgabe der schillernden Dame sei es, den Herrscher zu unterhalten. Doch bald obsiegte der hoffärtige Habsburgerinnenstolz, den Maria Theresia allen ihren Töchtern eingeimpft hatte. Marie Antoinette sagte Mercy klipp und klar, dass die Angelegenheit hiermit für sie erledigt sei. Nie wieder werde die Erste königliche Mätresse, diese „impertinente Kreatur", wie die Tanten und auch Marie Antoinette die du Barry nannten, den Ton ihrer Stimme hören.

Der du Barry war auch eine Nebenrolle in der ersten Teilung Polens zugekommen, die in ebendiesem Jahr über die Bühne ging. Im Königreich Polen herrschten innerstaatlich chaotische Zustände, adelige Parteien bildeten wechselnde Koalitionen, der König war weitgehend machtlos. Das Land wurde zu einer leichten Beute der machtbesessenen Nachbarn, die die instabile Lage Polens ausnutzten. Für Maria Theresia in Wien war es von zentraler Bedeutung, dass Frankreich, die zeitweilige Schutzmacht Polens, außen vor blieb, wenn Österreich im August 1772 den Teilungsvertrag zusammen mit Preußen und Russland unterzeichnete. Immerhin war die verstorbene Königin an Ludwigs Seite Polin gewesen. Es kamen beschwörende Briefe in Versailles an. Marie Antoinette solle an „ihr Vaterland und ihre Familie" denken. An sich war ihr Vaterland nun aber Frankreich und ihre Familie die ihres Mannes – was Maria Theresia in anderen Schreiben oft genug betonte. Im Moment standen aber ihre Interessen im Mittelpunkt und diese hatten selbstverständlich absolute Priorität. Marie Antoinette solle „durch häufige Besuche und Freundlichkeit die Wohlgewogenheit des Königs pflegen, ihn durch nichts schockieren und die Favoritin gut behandeln. (...) Vielleicht hängt davon die Allianz ab." So der Wille Maria Theresias. Die französische Politik intervenierte bei Streitigkeiten grundsätzlich nur, wenn die eigenen Staatsgrenzen betroffen waren und lediglich zum eigenen Vorteil. So verlor Polen durch diese „erste Teilung" 30 Prozent seiner Fläche und 35 Prozent seiner Einwohnerinnen und Einwohner. Die Starken würden sich an den Schwachen bedienen, lamentierte Maria Theresia über die Ungerechtigkeit der Welt(politik). Ihr Sohn und Kaiser Joseph II. hatte zu dieser Lösung gedrängt. Und sie beteiligte sich willig daran. Ostgalizien und Lodomerien wurden Österreich angegliedert. Friedrich II. spottete in Potsdam über die angeblich zerknirschte österreichische Regentin: „Sie weinte, aber sie nahm." Für Wien war es hilfreich, wenn Ludwig XV. nicht gerade im Clinch lag mit der Habsburgerin an seinem Hof. Diese sollte ihm alles recht machen, damit er die „Allianz" auch ernst nahm und der Hofburg keine zusätzlichen Schwierigkeiten bereitete.

Marie Antoinette gehorchte brav, doch es gab ihr näherliegende Probleme. Sowohl der König als auch sie selbst sprachen den Dauphin kontinuierlich darauf an, wann er die Hochzeitsnacht nachzuholen gedenke. Zu seinem Großvater sagte er, er habe Schmerzen, deswegen zögere er noch. Ein daraufhin angeordneter Arztbesuch ergab jedoch keine Anomalien. Docteur Lassone empfahl, man möge Geduld mit dem tapsigen Jungen haben. Marie Antoinette wurde von ihrem Mann von einem zum anderen Mal vertröstet: Beim nächsten Ausflug ins Jagdschloss Compiègne werde sie seine Frau werden. Beim nächsten Vollmond ganz bestimmt. An ihrem baldigen Geburtstag. Es geschah nichts. Die immer verzweifeltere Dauphine hörte Ludwig XVI. des Morgens in seiner Schlosserei hämmern. Bekleidet mit einer strapazfähigen Lederschürze, stand er an einem Amboss und ging seinen über alles geliebten Schmiedearbeiten nach. Zwischen den funkensprühenden Zangen sei für ihn der schönste Ort, an dem er sich aufhalten könne, sagte er mit gerötetem Gesicht und im fleckigen Gehrock zu seiner Frau. Zwischendurch half der zukünftige König auch Maurern beim Steineschleppen, sobald er Handwerker auf dem Schlossgelände erblickte. Nach stundenlanger Schufterei verschlang er hingebungsvoll zahlreiche Gänge beim Souper. Schüssel um Schüssel schüttete er butterbeflockte Brühe in sich hinein. Danach ging er zu Bett und begann augenblicklich laut zu schnarchen.

Marie Antoinette bedrückte die Fresssucht ihres Ehemannes und schließlich riss ihr der Geduldsfaden. Sie überschüttete ihn mit Vorwürfen: Er käme überanstrengt durch manuelle Arbeit, die nicht zu seinen Aufgaben gehörte, zu ihr zurück; das beständige Jagen schade seiner Gesundheit; er trage ein verlottertes Äußeres zur Schau; seine Manieren litten, da er sich nur unter Jägern und Schlossern bewege. Beschämt schlug Ludwig XVI. die Augen nieder und lief davon in seine Gemächer. Doch seine Frau folgte ihm, wiederholte ihre Tiraden und verlangte eine Stellungnahme.

Die Monate vergingen; immer häufiger fürchtete sich Ludwig vor den Ausbrüchen seiner unbefriedigten, gestressten Ehefrau, die maßlos litt unter dem Druck, endlich in andere Umstände zu kommen oder womöglich als „Mängelexemplar" nach Wien „retourniert" zu werden.

Sie konnte nichts für die Misere, und trotzdem hatte sie beständig den Eindruck, ihre Rolle als „Unterpfand der Allianz" nicht vertragsgemäß erfüllt zu haben. Unterdessen kursierten in Paris Spottschriften, die die „Menage" (Ehe) der jungen Thronfolger aufs Korn nahmen: Beschwere sich jemand beim Dauphin, dass er seine Pflichten vernachlässige, so gäbe er keine Antwort, grinse blödsinnig und watschle davon in seine Schmiede, um ein Vorlegeschloss fertigzustellen, mit dem es doch allergrößte Eile habe …

Die Pariser mochten Versailles nicht, seit Ludwig XIV. den Hof „ins Grüne" verlegt hatte. Das war allgemein bekannt. In Versailles mochte man auch Paris nicht, was Marie Antoinette seit Jahren zu spüren bekam. Schon bei ihrem allerersten Ausflug in die Hauptstadt am 30. Mai 1770, als die Pariser noch ihre Hochzeit mit dem Dauphin feierten, war ihr Mann nicht mitgefahren. Nur Madame Adélaïde hatte Marie Antoinette begleitet, die unbedingt das nächtliche Fest zu ihren Ehren miterleben wollte. Als die Karosse gerade erst am Stadtrand angelangt war, stoppten plötzlich die Wachen. Marie Antoinette blickte aus dem Fenster und sah schreiende, weinende Menschen, die ihr aus der Stadt entgegenstolperten. Soeben hätte das Feuerwerk beginnen sollen, doch es war eine Massenpanik ausgebrochen. 300.000 Schaulustige hatten sich in der Stadt versammelt und wollten einen Platz mit freier Sicht ergattern. Aufgrund von Kompetenzstreitigkeiten bei der Stadtverwaltung gab es keine Ordnungskräfte, die bei einem so riesigen Fest Kontrollaufgaben hätten wahrnehmen können. Es fanden zu dieser Zeit Straßenbauarbeiten statt, die kaum abgesichert waren, und einige Feiernde stürzten in der Dunkelheit in die Gräben. Sogar Pferde wurden von den Massen erdrückt. Am nächsten Tag bestattete man 132 Todesopfer auf dem Friedhof de la Madeleine. Die 14-jährige Marie Antoinette konnte nicht ahnen, dass nur 23 Jahre vergehen würden, ehe auch ihre eigenen Überreste innerhalb dieser grasbewachsenen Umfriedung liegen würden.

Erste Befreiungsversuche

Der erste Besuch in Paris war in jeglicher Hinsicht einer Katastrophe gleichgekommen. Marie Antoinette empfand das Unglück als schlechtes Vorzeichen für ihre Zukunft und stieg nach der Rückfahrt ins stockdunkle Versailles heulend aus der Kutsche. Ihr Mann spendete am Folgetag eine große Summe für die Hinterbliebenen des Massenchaos. Doch seither waren drei Jahre vergangen. Die Dauphine hatte begonnen, sich von den verräterischen Tanten zu lösen, die sie nur noch „les siècles“ (die Jahrhunderte) nannte. Sie bat den König inständig, endlich ihren offiziellen Einzug in Paris abhalten zu können. Immerhin lebte sie schon drei Jahre in Frankreich und hatte ihre Hauptstadt noch nie gesehen. Der König hatte diesem Ersuchen bekümmert entgegengesehen. Er war sich im Klaren darüber, wie sehr ihn die Pariser längst hassten. Die Atmosphäre war aggressiv, hatten doch einige Adelige jüngst mehr Rechte und Einfluss verlangt, woraufhin Ludwig XV. auf Anraten der du Barry die Parlements, eine Gerichts- und Verwaltungsinstanz, einfach aufgelöst hatte. Worte wie „Despotismus“ und „Tyrannei“ waren gefallen. Er werde eine andere, weniger langsame und korrupte Instanz anstelle der Parlements installieren, ließ Ludwig ausrichten. In den Provinzen tobten die Mehlaufstände, während sich die hohen Herrschaften ihre zahlreichen Perücken mit einem hellen Puder, das zu einem Großteil aus Mehl bestand, mehrmals täglich auffrischen ließen. Mercy erläuterte Marie Antoinette vor dem großen Auftritt in Paris, dass ihre Bedeutung steigen und das Ansehen des Königs weiterhin sinken werde. Das Volk sei entsetzt über die anrüchigen Zeitvertreibe des Monarchen. Jugend, Schönheit, Unschuld: Diese Werte verkörpere sie als Dauphine, und genau diese Tugenden würden die Franzosen jetzt ersehnen.

La Vie en Rose

Ein junges, hübsches Paar, das sich seinen Untertanen vorstellen würde, ginge auf jeden Fall zulasten seiner eigenen, kaum noch vorhandenen Popularität, das wusste der König. Aber es war schwer, der ohnehin leidgeprüften Dauphine einen Wunsch abzuschlagen, und so präsentierten sich die beiden Teenager am 8. Juni 1773 unter großem Hallo der begeisterten Menge. Der Gouverneur der Hauptstadt, der Herzog de

Brissac, sagte leise auf dem Balkon des alten Tuilerien-Palastes zu Marie Antoinette: „Madame, es möge seiner Hoheit, dem Dauphin, nicht missfallen, aber Sie sehen hier 200.000 Menschen, die in Sie verliebt sind." Marktfrauen riefen dem Thronfolger zu: „Mach uns ein Kind, Ludwig!" Eine Gruppe von Fischverkäuferinnen ließ ebenso nicht locker: „Besorg es ihr, Ludwig! Sie ist doch eine schöne Frau!" Marie Antoinette hatte noch nie so viele Leute gesehen. Sie winkte schüchtern. Und lächelte. Tout Paris geriet vor Freude außer Rand und Band. Die Zuneigung des Volkes war ein Eindruck, der das junge Mädchen schier überwältigte. Es schrieb sichtlich bewegt an seine Mutter: „Indessen gibt es nichts Kostbareres. Ich habe es wohl empfunden und werde es niemals vergessen." Mercy bekräftigte: „Es herrscht Entzücken in Paris über die Frau Erzherzogin." Zwar musste Marie Antoinette auch nach dem erfolgreichen Einzug in Paris den König immer um Erlaubnis fragen, wenn sie an einem Ball oder einer Einladung in der Stadt teilnehmen wollte. Im Allgemeinen gab Ludwig XV. gnädig seine Zustimmung.

Marie Antoinette verzehrte sich nach dem Antrieb und Ansporn der Großstadt. Sie tanzte mit Leidenschaft und Energie ganze Nächte durch, was man von ihrem Mann nicht behaupten konnte. Dieser machte bestenfalls ein paar unbeholfene Schritte, wenn es eine Repräsentationspflicht erforderte. Am liebsten blieb er dem Tanzvergnügen gänzlich fern, seine gedrungene Statur half vielleicht beim Steineschleppen, bestimmt nicht auf dem glatten Parkett. Die Dauphine liebte die glamourösen Pariser Opernbälle, an denen viele Pariser maskiert und in langen schwarzen Mänteln, den Dominos, teilnahmen. Unter die Adeligen mischten sich hier reiche Bürger wie Bankiers, Kaufleute und Anwälte sowie die angesagten Sängerinnen und Schauspielerinnen. Edelkokotten in der neuesten Mode waren wohlgelitten. Der Tanz der Stunde hieß Sarabande, die Gäste wiegten dabei ihre Hüften im Takt der Musik. Zu Beginn war die Sarabande ein Tanz der Sexarbeiterinnen gewesen, wie im 20. Jahrhundert der Tango. Maria Theresia lehnte die Sarabande als lüstern und unzüchtig ab. Doch Wien war weit. Marie Antoinette genoss ihre Freiheit und schwang perfekt die Hüften. 600.000 Menschen lebten in Paris, in dieser Metropole der Fröhlichkeit, dem Zentrum Europas.

Im Jänner steuerte die Ballsaison ihrem Höhepunkt entgegen. Marie Antoinette besuchte so viele Bälle wie nur möglich, und auf einem davon begegnete ihr unverhofft der Held ihrer Träume. Er war ohne Maske unterwegs und ähnelte einer der männlichen Hauptfiguren aus den beliebten moralisierenden Briefromanen, die auch Marie Antoinette mit Vergnügen las. Es stellte sich heraus, dass er einiges mit ihr gemeinsam hatte: Er war ein Fremder in Frankreich, hatte keine adelige französische Familie im Hintergrund, keine Bindungen, auf die ständig Rücksicht genommen werden musste. Sein Name lautete Hans Axel Graf von Fersen, 18 Jahre jung, nur zwei Monate älter als Marie Antoinette. Der große, schlanke Jüngling fiel überall auf – ein Sunnyboy-Wikinger, blond und blauäugig, wie aus einer 90s-Boyband. Eine blendende Erscheinung. Das pure Gegenteil ihres sterbenslangweiligen, spießigen Ehemanns. Sie begann, hinter ihrer Maske und ihrem mit Diamanten verzierten Fächer unternehmungslustig mit ihm zu flirten. Der junge Mann dürfte anfangs nicht gewusst haben, wen er da vor sich hatte. Marie Antoinette spürte, wie ihr warm wurde. Schweiß durchtränkte ihre Chemise. Die Hofdamen registrierten die auffallend rosigen Wangen und das hektische Gekichere der Dauphine. Sie stuften diese ersten Anzeichen von Verknalltheit richtig ein, umringten ihre Herrin und machten sich zusammen mit ihr auf den Weg in die königliche Loge. Marie Antoinette winkte dem Herrn zum Abschied keck zu und plapperte ihren Hofdamen aufgeregt die Ohren voll.

Der beeindruckende Graf stammte aus Schweden und befand sich auf seiner „Grand Tour“. Sein Vater, ein schwerreicher Diplomat und Politiker, hatte ihn auf die für junge adelige Männer obligatorische Reise durch Europa geschickt, um Kunst und Kultur Italiens und Frankreichs zu studieren und persönliche Kontakte mit einflussreichen Männern zu knüpfen, die ihm später bei seinem Beruf als Staatsmann dienlich sein könnten. Italienisch, Englisch und Deutsch sprach er gut, Französisch sowieso. Es war nicht weiter schwierig, ihn mit Erlaubnis des Königs in Versailles einzuführen, doch bemerkte Fersen selbst die Gefahr, die für ihn davon ausging, wenn die Dauphine ihre Emotionen nicht unter Kontrolle halten konnte. Sie lud ihn zu ihren privaten „Bals à la Dauphine“ ein. Ihr Gesicht glühte und ihre schweißigen Hände zitterten in den Spitzenhandschuhen, sobald der junge Schwede in der Nähe war. Jeder bekam es mit. Die Thronfolgerin war Hals über Kopf verliebt, und zwar nicht in ihren Ehemann. Der Tratsch summte durch sämtliche Flügel des Schlosses und gelangte bald in die Hauptstadt. Ein gefährliches Spiel mit dem Feuer hatte begonnen.

Ton-Angebend

Das neue Lebensgefühl wirkte sich auf das Selbstbewusstsein Marie Antoinettes positiv aus. Als eine der typischen Pariser Opernfehden ausbrach, stellte sie sich ostentativ auf die Seite ihres alten Musiklehrers aus Wien, „le bon Gluck", der seine neue Oper „Iphigenie in Aulis" in der französischen Hauptstadt präsentieren wollte. Doch ihre Gegnerin, Madame du Barry, protegierte den Liebling aller Pariser, den ansehnlichen Niccolò Piccini, der bisher den Operngeschmack in der Metropole bestimmt hatte. Große Oper – diese Kunst konnte doch nur aus Italien kommen. Was wollte da ein pockennarbiger Deutscher aus der Oberpfalz, dessen Musik klinge ja wie das „Jaulen von 10.000 Hunden und Katzen", so die Gegner Glucks. Während die beiden Komponisten Gluck und Piccini einträchtig in Paris zusammen speisten und sich prächtig verstanden, schlugen sich ihre Fans die Schädel ein. Wie immer reichten Kulturagenden der Hauptstadt weit hinein an den Hof nach Versailles. Die Primadonna Rosalie Levasseur – eine umschwärmte Diva – sollte die Titelpartie der Iphigenie übernehmen. Sie galt als Geliebte von Marie Antoinettes Berater Mercy und setzte sich – mithilfe der Dauphine – gegen die Wünsche der maßgeblichen Herren an der Pariser Akademie durch, die schon den ersten Akt von Glucks „Iphigenie" abgelehnt hatten. Kurz vor der Uraufführung erkrankte auch noch der Sänger Joseph Legros, dem der Part des Achilles zugedacht war. Zweitbesetzungen im heutigen Ausmaß gab es damals noch nicht, und so befasste sich Marie Antoinette wieder höchstpersönlich mit den Problemen „ihres" Ritters von Gluck. Sie erreichte eine Verschiebung der ersten Vorstellung und – die verspätete Premiere wurde ein Bombenerfolg.

Während der Ouvertüre gähnte zwar die mit Diamanten behängte Favoritin ausgiebig, was gegen die Etikette war, aber allen Gelegenheit bot, ihre geraden Zähne zu bewundern. Marie Antoinette hatte indessen bei Hof eine neue Sitte eingeführt: das Händeklatschen. Nach jeder Arie erhob sie sich, knickste vor ihren Untertanen wie eine Bühnendarstellerin und applaudierte lächelnd. Am Ende umfing dröhnender Beifall die junge Österreicherin und ihren deutschsprachigen Opernkomponisten. Die beiden hatten über die du Barry und ihre Günstlinge gesiegt. Marie Antoinette verbeugte sich mit Tränen in den Augen, als wäre sie selbst auf der Bühne. Ihre Anhänger bedrängten sie in ihrer Kutsche, jeder wollte ihre Hand küssen. Das verwöhnte Pariser Publikum strömte nur so in die Oper, um sich an den Qualen der tragischen Heldin Iphigenie zu delektieren. Der leidige Opernstreit hatte sich zu einem Triumph für die Dauphine ausgewachsen.

Was vielen entging: Glucks Oper stand für die neue Zeit. Unter Piccini waren der Kehlkopf des Sängers und die Spagatsprünge der Tänzer im Vordergrund gestanden. Die Handlung war nebensächlich. Bei Gluck ging es um die Darstellung menschlicher Gefühle. Die Musik war wichtig, aber sie sollte die sentimentale Story unterstützen, nicht diese verdrängen. Jean-Jacques Rousseau war zu einer „Iphigenie"-Probe gekommen und gratulierte der Dauphine, die ein so eigenwilliges Stück aufführen lasse. Weder König noch Dauphin erschienen zur Uraufführung. Ein Generationenwechsel hatte stattgefunden, doch ohne die Männer des Hofes. Es war die junge Ausländerin mit der reformorientierten Mutter und dem revolutionären Bruder, die instinktiv den Zeitgeist erfasst hatte. Wie sehr Ludwig XV. Rousseau ablehnte, war ihr zwar bekannt, doch es blieb ihr unverständlich. Für Marie Antoinette war die neue Empfindsamkeit eine Modeerscheinung wie die Turmfrisuren oder die schwarz-roten Rougekreise auf den Wangen der adeligen Männer und Frauen. Die weitreichende, umstürzlerische Bedeutung des neuen Denkens und Fühlens blieb ihr noch lange verborgen. Der Herrscher Frankreichs hatte selbstverständlich die Gefahr der modernen Schriften für den Absolutismus genau erkannt.

Von der „Ehefront" konnten dem König Neuigkeiten berichtet werden. Marie Antoinette erklärte vor Ludwig XV. wie ein Feldherr nach geschlagener Schlacht ihre Ehe mit seinem Enkel für vollzogen. Der alte Monarch beglückwünschte sie und zeigte sich gerührt und zufrieden. Es war ihm zugetragen worden, man nenne das einfältige Paar in Versailles „Venus und Vulcanus“, nach den römischen Gottheiten der Schönheit und Liebe sowie des Feuers und der Schmiede. Nur leider: Vulcanus war hässlich. Und lahm. Was Ludwig XV. ebenfalls mitgeteilt wurde: Die Brüder des Dauphins und ein paar Höflinge hätten versucht, bei diesem Interesse für eine Mätresse zu wecken, die ihn in die Sexualität einweisen sollte. Man sei jedoch an seinem Widerwillen gescheitert – obwohl sogar Marie Antoinette den Vorschlag unterstützt hätte. Ihr wäre eine Schauspielerin am liebsten gewesen.

Venus und Vulcanus

Gebraucht hätte der Dauphin den guten Rat dringend. Marie Antoinettes Nachricht an den König beruhte nämlich auf einem Irrtum. Wir wissen heute nicht, was passiert (oder eher nicht passiert) ist, aber vielleicht hat Marie Antoinette in diesen Tagen eine Ahnung bekommen, wie ein Sexleben aussehen könnte. Ihr Wesen veränderte sich, sie wurde rastlos, suchte noch mehr nach Ablenkung und Zerstreuung. Dass der eingebildete Geschlechtsakt keine Auswirkungen nach sich zog, bemerkte sie alsbald an der Ankunft der „Generalin Krottendorf“, wie Maria Theresia und ihre Töchter die Menstruation intern nannten. War eine Prinzessin einmal in den Ehestand getreten, wurde ihr Zyklus vom Kammerpersonal, den Ärzten und Verwandten mit Argusaugen beobachtet. Anzeichen für eine Schwangerschaft, die sich so rasch wie möglich einstellen sollte, wären sofort bemerkt worden. Marie Antoinette litt vor und nach ihrer Heirat unter Zyklusschwankungen, worüber sie ihre Mutter ständig unterrichtete. Auch ihre Schwestern in halb Europa mussten Maria Theresia diesbezüglich jeden Monat auf dem Laufenden halten. Nach der Hochzeit in Versailles setzte Marie Antoinettes Regel für viele Wochen aus, doch nicht aus dem dafür gängigen Grund. Es waren eher die ungewohnte Umgebung und die Belastung durch die nicht vollzogene Ehe, die der jungen Frau zusetzten. Die „Generalin“ indes gab es tatsächlich. So informierte Maria Theresia ihre Tochter im Jahr 1780, als diese endlich zumindest ein Kind geboren hatte: „Die Generalin Krottendorf ist eben gestorben. Ich hoffe, dass ihre Besuche bei Ihnen aufhören werden.“ Als Marie Antoinette in der Kutsche nach Frankreich Platz genommen hatte, war ihre Mutter davon ausgegangen, dass sie neun Monate später Großmutter des neu geborenen französischen Thronfolgers sein werde. Nichts hätte der Realität ferner liegen können.

Der Kampf um die erste Nacht war also nicht ausgestanden. Marie Antoinette musste weiterhin versuchen, ihren gleichgültigen Mann ins Ehebett zu bekommen. Ihre Mutter schlug mittlerweile einen beschwörenden Tonfall an. Das Ehepaar solle doch ein Bett zusammen benützen, wie sie selbst und Franz Stephan es ihr Leben lang getan hätten. Die nächtliche Intimität würde sexuelle Kontakte fördern und auch im Alltag emotionale Nähe schaffen. Das war freilich ganz undenkbar. Ein französisches königliches Paar schlief nicht wie jedes Bauernehepaar in einem Bett. Das hätte massiv gegen die Etikette verstoßen. Ein Dauphin oder König suchte seine Frau zur Zeugung von Nachkommen auf, und das war's. Im Übrigen hatte ganz Europa über die Resl, wie man Maria Theresia nannte, und ihren Mäusl, den römisch-deutschen Kaiser Franz I. Stephan von Lothringen, in ihrem gemeinsamen Ehebett gelacht. Es hieß, die herrschsüchtige Matriarchin habe ihren kaiserlichen Schürzenjäger sogar in der Nacht unter Kontrolle haben wollen. Es war bis ins 20. Jahrhundert vollkommen unüblich, dass ein Herrscherpaar im selben Bett schläft. Auch bei Kaiser Franz Joseph und seiner Frau Elisabeth wäre das nie vorgekommen. Maria Theresia und ihr Mann waren die absolute Ausnahme gewesen.

„Der König ist tot …"

Zu allem Überfluss wurde nun auch noch der König krank, nur acht Tage nach dem fulminanten Gluck-Abend in der Pariser Oper. Alle weiteren Aufführungen der „Iphigenie" und auch sämtliche anderen Unterhaltungen wurden abgesagt. Bedienstete trugen den leidenden 64-Jährigen aus dem Trianon, wo er mit der du Barry geweilt hatte, zurück ins Schloss von Versailles. Egal, wo ein König sich am liebsten aufhielt: Sterben musste er auf jeden Fall in Versailles. So verlangte es die Etikette.

Ludwig XV. fühlte sich miserabel und innerhalb weniger Stunden stellte sich heraus, dass man mit dem Schlimmsten zu rechnen hatte. Der medizinisch gebildete König erfasste seinen Zustand selbst am besten. Es war eine besonders aggressive Form der Pocken. Die Seuche fraß ihn bei lebendigem Leib auf. Der infernalische Gestank rund um den Kranken waberte durch die Räume. Er verwest, dachte Marie Antoinette. Der Boden war mit duftenden Gewürzen bestreut worden, doch es half kaum. Herbeigerufene Mönche weigerten sich, ins Krankenzimmer zu kommen und für den König zu beten. Madame du Barry und die Tanten harrten bei dem Siechen aus. Die Perlen ihrer Rosenkränze klapperten. Der ungeimpfte Dauphin und seine ebenso ungeschützten Brüder mussten sich vom Feldbett ihres Großvaters entfernen. Sie durften nicht wiederkommen. Sechs Ärzte, fünf Chirurgen (Operateure, Bader), drei Apotheker und 16 Pfleger kümmerten sich um den Todkranken.

Schließlich nahm der König die Hand der du Barry und flüsterte ihr zu, sie möge sich bitte ebenfalls entfernen. Es war dies die härteste Prüfung für Ludwig XV., denn er hatte eine solche Situation bereits einmal durchgemacht. 30 Jahre war es her, seit er seine einstige Geliebte, die Duchesse de Châteauroux, fortgeschickt hatte. Und eine einmal „abgesägte" Mätresse konnte auch ein König nicht zurückholen, zu groß war seine Furcht, Gott noch weiter zu erzürnen. Ludwig XV. war damals überzeugt gewesen, seine schwere Krankheit sei eine von Gott gesandte Strafe für wiederholten Ehebruch. Es hätte sich vielleicht doch gelohnt, gelegentlich bei den religionskritischen „philosophes" hineinzuschauen … Vor vielen Jahres genas der König zur Überraschung des gesamten Hofes. Nun ging es definitiv zu Ende. Der König weinte und konnte kaum noch sprechen, als Madame du Barry hinauskomplimentiert wurde. Seinem Wunsch gemäß fuhr man die Ex-Mätresse in ein abgeschiedenes Kloster.

Ebenfalls Tränen in den Augen bemerkten die Höflinge beim Enkelsohn, der riesige Angst vor seinem Großvater gehabt hatte und den angesichts der neuen Aufgabe Panik erfasste. Der alte König hatte seinen Nachfolger nie in die Staatsgeschäfte einbezogen. Genauso wie in Bezug auf das Ehebett hatte er ihn auch in Sachen Politik vollkommen außen vor gelassen. Als man ihn einmal fragte, wie er sich die Zukunft des bereits krisengeschüttelten Frankreichs vorstelle, soll Ludwig XV. geantwortet haben: „Nach mir die Sintflut." 38 Jahre lang war er nie zur Beichte gegangen, doch in den letzten Momenten siegte erneut die Angst vor dem lieben Gott. Der König ließ seinen Beichtvater kommen und erhielt am 7. Mai 1774 die Sterbesakramente. Es dauerte noch drei schreckliche Tage, dann hieß es: „Der König ist tot. Es lebe der König!"

Élisabeth Vigée-Lebrun revolutionierte Marie Antoinettes Blick auf sich selbst. Die von Maria Theresia geschätzten offiziellen Staatsporträts in vollem Ornat lehnte die Königin bald von ganzem Herzen ab. Sie bevorzugte Porträts, die sie mehr oder weniger als Privatperson zeigten – wie es die Künstlerin vormachte.

Die Leiche hatte einen gänzlich schwarzen Hautton angenommen, der Körper war bereits vor dem letzten Atemzug verrottet. Der unnatürlich angeschwollene Kopf schreckte sogar die Mediziner ab. Die Lippen klafften grässlich auseinander. Eine Leichenöffnung wurde aufgrund des Zustandes des Toten nicht in Erwägung gezogen. Man wollte ihn nur so schnell wie möglich aus dem Schloss haben. Pfleger umwickelten den Leichnam mit Binden, nachdem dieser mit Alkohol und Kräuteressenzen desinfiziert worden war. Ludwig XV. sah wohl aus wie ein toter Pharao. Die „Mumie" wurde rasch auf eine Kutsche verladen und bei Nacht und Nebel in die Gruft von Saint-Denis, die königliche Grablege vor den Toren von Paris, gefahren. Eine nicht gerade glanzvolle Ära war zu Ende gegangen.

Madame Campan, die erste Kammerfrau Marie Antoinettes, berichtete in ihren Memoiren rührselig, die neue Königin und der neue König, Ludwig XVI., seien auf die Knie gesunken und hätten zusammen weinend ausgerufen: „Gott beschütze uns! Wir sind viel zu jung, um zu herrschen!" Diese Überlieferung mag für ein royalistisches Kinderbüchlein geeignet sein, mit den Geschehnissen rund um den Tod Ludwigs XV. hat sie nichts zu tun. Jeder in Versailles stand seit Tagen mit der Taschenuhr auf den Gängen und erwartete den letzten Seufzer des todgeweihten Herrschers. Ludwig XVI. kann sich also nicht so überrascht gezeigt haben, noch dazu war er ein recht emotionsfreier Mann. Er hat die Nachricht stoisch zur Kenntnis genommen. Und Marie Antoinette? Sie wartete schon lange darauf, endlich Königin zu sein. Sie wollte sich aus der Umklammerung der Alten befreien und einen frischen, jungen, modernen Hofstaat um sich scharen, der sich mit zeitgemäßen Dingen umgab und beschäftigte. Keineswegs wollte sie wie die alte Herrscherin Katharina von Russland oder gar wie ihre Mutter enden. Politische Ambitionen fühlte sie keine. Den Tod des Königs nahm sie als Geschenk der Stunde an. Sie war 18 Jahre alt. Sie war Königin von Frankreich. Und Navarra.

III
Die Königin, ihr Mann, ihre Freundinnen und ihr Liebhaber – les liaisons très dangereuses

„Der arme Mann!“

Um Frankreich stand es schlecht. Der verstorbene König hatte mehrfach versucht, die Staatskasse zu sanieren und zu diesem Zweck die Steuerlast gerechter zu verteilen. Doch er hatte gegen die vereinte Macht des Adels keine Chance gehabt – schließlich war das Feudalsystem auf die Unterstützung dieser Klasse angewiesen. Die Finanzlage des Landes konnte nur als erbärmlich bezeichnet werden. Trotzdem kam niemand auf die Idee, aus gegebenem Anlass vielleicht das Trauerzeremoniell zu reformieren. 320.000 Livres kosteten allein die schwarz ausgeschlagenen Trauerkarossen der königlichen Prinzen und der Privilegierten sowie die des neuen Königs und der neuen Königin. Diese beiden Gefährte waren innen mit der königlichen und kirchlichen Trauerfarbe Violett ausgestattet. Dieselbe Summe musste man für den Trauerschmuck der Pferde aufwenden, die schwarz gefärbte Straußenfedern auf dem Kopf trugen, sowie für die Funeralkleidung des Toten: Helm, Panzerhemd, Panzerhandschuhe, Sporen – alles meisterhaft gefertigt, nur, um mit der Leiche in Saint-Denis bestattet zu werden. Wie im alten Ägypten galt auch im Frankreich des Ancien Régime: Einen solchen Totenprunk musste man sich erst einmal leisten können. Zusätzlich wurde es als dringend notwendig angesehen, 1365 neue Trauergewänder anzuschaffen, da „aufgeputzte", also farbige und bunt geschmückte Livreen in den nächsten Monaten nicht getragen werden durften. Ganz Versailles hatte sich in ein schwarz gleißendes Mausoleum verwandelt.

Emanzipationsbestrebungen

Vor allem rühmten viele Höflinge die drei ausgezeichneten Tanten, die so selbstlos am Sterbebett des Vaters ausgeharrt hatten und bei denen nun ebenso die Pocken diagnostiziert worden waren. Marie Antoinette mag insgeheim gehofft haben, dass „les siècles" dem Papa alsbald nachfolgen würden. Doch da hätte sie sich zu früh gefreut, denn die Damen wurden

S. 99: Der Mann, den sie liebte. Mit 18 begegnete Marie Antoinette dem gleichaltrigen schwedischen Adeligen Hans Axel von Fersen. Sie versuchte, so viel Zeit wie möglich mit ihm zu verbringen.

wieder gesund. Marie Antoinette und Ludwig XVI. waren wegen der Seuchengefahr nach Choisy gebracht worden. Es dauerte sechs Monate, bis alle Spuren von Krankheit und Tod aus Versailles getilgt waren und das Schloss wieder als Residenz benutzt werden konnte. Ludwig XVI. sowie seine Brüder Provence und Artois ließen sich gegen die Pocken impfen, wurden aber krank und bekamen Fieber. Auch entwickelten sich vorübergehend Pusteln auf den Armen und im Gesicht.

Die schon als Kind geimpfte Marie Antoinette trug anlässlich dieses „Großereignisses“ eine soeben kreierte auffallende Haartracht zur Schau, den Pouf. Dieser bestand aus einem Drahtgestell mit eingebauten Kissen, die als Grundstock für die eigenen Haare sowie fremde Haarteile dienten. Das Gestell, sobald vollständig mit Pferdehaaren und viel Pomade umwickelt, konnte zum Schluss mit Mehlpuder bestäubt und mit allen nur denkbaren Verzierungen geschmückt werden. Im Moment war der „Pouf à la Impfung“ gefragt, eine mehr als einen Meter hohe Frisur mit thematisch passenden Accessoires. Auch hier befand sich Marie Antoinette am Puls der Zeit: Man sah auf ihrem Pouf einen Olivenbaum, umwunden von einer Schlange, die von einer mit Blüten umrankten Keule bedroht wird. Im Hintergrund erstrahlte eine aufgehende Sonne. Die Kreation stand für den Sieg der Wissenschaft über die Krankheiten – die Sonne deutete das erleuchtete, aufgeklärte neue Zeitalter an. Impfskeptikerin war die Königin keine. Außerdem war es so wahnsinnig modern, modern zu sein.

Kutschenfahrten allerdings entwickelten sich mit der neuen In-Frisur zu einem Abenteuer. Die Herrscherin und ihre Begleiterinnen mussten auf dem Boden knien, um den Pouf nicht durch ein Anstoßen an der Wagendecke zu ruinieren. Man erhöhte die Türstöcke in Versailles; keine Dame sollte gezwungen sein, sich unelegant zu bücken. Der bürgerliche Theaterfriseur Léonard-Alexis Autier hatte alles Denk- und Machbare übertroffen, sofern es Haartürme betraf. Tagtäglich fuhr er in seiner sechsspännigen Karosse bei Marie Antoinette vor, die er in stundenlangen Sitzungen zu einer zweibeinigen Gazette dekorierte: Landschaften, Häuser, Kriege, Schiffe – jedes Thema, das die Öffentlichkeit gerade beschäftigte, wurde kleinteilig in die Frisur gesetzt. Kein Tagesereignis von Rang, das nicht in den Haartrachten seinen Niederschlag gefunden hätte. Zur Aufführung von Glucks „Iphigenie“ gab es eine Coiffure mit schwarzen Trauerbändern, zum amerikanischen Unabhängigkeitskrieg eine „Freiheitsfrisur“.

„VOGUE“: Was die Königin von Frankreich trug, war stilbildend. Frauen von Russland bis Amerika studierten die überall verbreiteten Modekupfer und imitierten d e Looks von Marie Antoinette, so gut sie konnten.

Besondere Bekanntheit erreichte die „Schiffsfrisur" der Königin. Frauen trugen die Ereignisse des Tages wie die neueste Gazette auf dem Kopf.

Maria Theresia zeigte sich erneut enerviert: „Eine junge und hübsche Königin voller Charme benötigt keine solchen Verrücktheiten. Im Gegenteil, einfache Kleidung ziemt sich für eine Königin am besten." Marie Antoinette konterte, dass alle Frauen in Paris den Pouf trügen, und es wäre doch seltsam, wenn sie als einzige keinen vorzuweisen hätte ... Ansonsten äußerte sich die gestrenge Mutter ausnahmsweise einmal sehr stolz auf ihre Tochter: „Die ganze Welt ist in Ekstase!", schrieb sie in den Tagen nach dem Ableben Ludwigs XV. Frankreich glänzte mit seinem jungen Königspaar, und „die Welt" erhoffte sich ausgerechnet von einem laschen Vielfraß und einer kindlichen Jungfrau, die vier Jahre verheiratet und noch nicht einmal Mann und Frau geworden waren, offenbar Wunderdinge. Marie Antoinette hatte in den letzten Jahren öfter von einem Geheimnis gehört, den sogenannten Millionen des Königs. Der alte Ludwig soll irgendwo eine Schatulle voller Geld versteckt gehabt haben, damit sich sein Nachfolger um den Staatshaushalt kümmern könne. Es fiel kaum ins Gewicht, dass Ludwig XVI. bei der Thronbesteigung auf die traditionelle „freiwillige" Steuerabgabe verzichtete und Marie Antoinette auf eine außerordentliche „Schenkung", die sich „Gürtel der Königin" nannte. „Man trägt heute keine Gürtel mehr", wurde ihr Kommentar im ganzen Land verbreitet. Die Leute jubelten über die großzügigen, jungen Monarchen. Leider existierten nicht nur keine „Millionen", sondern hauptsächlich Schulden. Maria Theresia meinte, dass ihre Ratschläge weiterhin willkommen seien: „Religion und Sittlichkeit werden Eure Parole sein!" Sie hoffe, nun, da er König sei, von ihrem Schwiegersohn mehr Post zu erhalten. Ludwig schrieb seiner Schwiegermutter praktisch nie. Marie Antoinette hatte die gönnerhaften Mahnungen aus Wien einfach nur satt.

Ludwig verkündete, unter seiner Regierung werde es keine Skandale mit Mätressen und Favoritinnen geben. Sein ganzes bisheriges Leben war von Sexskandalen rund um den Herrscher Frankreichs überschattet gewesen – hier wird auch der Grund für seine eigene, schwere sexuelle Gehemmtheit und seine Angst vor Frauen zu suchen sein. Wer im Schloss von Versailles aufwuchs, war Tag und Nacht von Sexarbeit, Männern, die ihre Frauen betrügen, Frauen, die ihre Männer betrügen, schwulen Höflingen, missbrauchten Stallburschen und Dienstmägden umgeben. Ganz zu schweigen von den Gerüchten rund um das Haus „Hirschpark". Den jungen Ludwig, dessen Eltern früh starben, hatte dies alles in Panik versetzt. Nun glaubte er, unter einem König, der kein Geld für fragwürdige Affären aufwende, werde Frankreich ganz von allein in neuem Glanz erstrahlen.

Das Gegenteil war der Fall. Die uneingeschränkt libertär lebenden Adeligen, die die Österreicherin auf dem Thron als Gefahr betrachteten, machten sich ungeniert über Ludwig XVI. lustig, bezahlten Pamphletdichter und Drucker, die immer aggressivere, gegen das Königspaar gerichtete Flugschriften auf den Markt warfen. Es herrsche das „Regime der royalen Null", wurde zum Amüsement der Menge auf den Pariser Plätzen laut vorgelesen. Es regiere ein Mann, der nichts zu beichten habe, keine einzige fleischliche Sünde begehe, keiner Versuchung erliege. Der Tradition nach war ein König von Frankreich doppelt verheiratet: Zuerst mit seinem Land, dann mit seiner Ehefrau. In der Vorstellung der Untertanen musste ein Herrscher ein kraftvoller, großzügiger, vielleicht auch promisker Liebhaber sein. Mit seinem Königreich teilte er seine Souveränität, mit seiner Gattin das Bett. Im Allgemeinen gab es dann noch mehrere Mätressen, was immer wieder einmal heftig kritisiert wurde. Aber ein König ohne Frauen – das hatte es hierzulande noch nie gegeben und das passte den Nörglern auch nicht. Denn: Eine zufriedene Ehefrau, eine stetig wachsende Kinderschar und schöne Mätressen signalisierten Potenz, Macht und somit Herrschaft. Der neue König konnte nichts davon vorweisen. Bei seiner Frau zeigten sich keine Anzeichen einer Schwangerschaft. Niemals hörte man auch nur ein Wort über eine Favoritin. Mehr brauchte man über einen König nicht zu wissen. Ludwig XVI. war in kurzer Zeit zum Gespött des gesamten Landes geworden.

Die „royale Null"

Da der neue König die Minister, die zu einem Großteil mithilfe von Madame du Barry in ihre Ämter gehievt worden waren, loszuwerden trachtete, suchte er sich einen erfahrenen Ratgeber und fand diesen im schon über 70-jährigen Grafen von Maurepas, der von Ludwigs verstorbenem Vater geschätzt worden war. Der Hauptgrund, Maurepas zum Staatsminister zu machen, dürfte aber die gemeinsame Abneigung von König und Minister gegen Mätressen und deren Einfluss am Hof gewesen sein. Maurepas, der einst verschiedene wichtige Posten innegehabt hatte, war über seine Aversion gegen die Vorgängerin der du Barry, Madame de Pompadour, gestolpert. Der Vater von Ludwig XVI. hatte die Pompadour verabscheut, von ihr nur als „Mama Hure“ gesprochen. Wegen ihrer gynäkologischen Beschwerden gehörte ihre Affäre mit Ludwig XV. damals schon der Vergangenheit an, doch dieser fragte sie weiterhin in politischen Fragen um ihre Meinung. Das Verhalten des Königs war dem Grafen Maurepas ein solcher Dorn im Auge, dass er in einem seiner obszönen Spottverse gegen die Pompadour (genannt „Poissonades“, nach ihrem Geburtsnamen Jeanne-Antoinette Poisson) „weiße Blumen“ erwähnte, die die leidende Mätresse auf ihren Wegen zurücklasse. Das ging gar nicht. Maurepas musste demissionieren und wurde verbannt. Unter dem Enkel kam er nun zu neuen Ehren.

Als Finanzminister wurde der fortschrittliche Adelige Turgot berufen und zum Außenminister der habsburgerfreundliche Diplomat Vergennes ernannt. Von den beiden Männern wurden Reformen ausgearbeitet und dem König präsentiert, doch dieser fürchtete wie sein Großvater Ludwig XV. die Macht und Gegnerschaft des Adels und war nicht imstande, das abgewirtschaftete Land auf einen zukunftstauglichen Weg zu führen. Grundrechte für Protestanten? Säkularisierung der Schulen und der öffentlichen Hilfeleistungen? Mutige neue Ideen, denen der König in seinem verbohrten Katholizismus bzw. wegen seiner Sorgen, althergebrachte Privilegien zu beschneiden, die Zustimmung verweigerte. Turgots Parole lautete in erster Linie: Sparsamkeit. Stellen am Hof sollten eingespart, Pfründe gegen Entschädigung beseitigt werden. Dementsprechend schlug er vor, die geplante Krönung in Reims wegen der hohen Kosten abzusagen und die Zeremonie ins nahe Paris zu verlegen. Doch dort waren erneut Mehlunruhen ausgebrochen, die Ludwig XVI. durch die Entsendung von Truppen niederzuschlagen versuchte. Als ihm in Paris das angeblich verschimmelte und teure Brot präsentiert wurde, das vermeintlich betrügerische Bäcker verkaufen wollten, stellte sich heraus, dass es mit grüner Farbe beschmiert worden war, um den König zu täuschen. Der grundehrliche Ludwig XVI. zeigte sich entsetzt über so viel Falschheit und hatte keine Ahnung, wie er gegen bezahlte Aufständische, die sich vorgeblich kein Brot leisten konnten, in Wirklichkeit aber auf Säcken voller Geld saßen, vorgehen sollte. Er konnte sich die Ränkespiele von Leuten, die nach politischem Einfluss gierten und denen jedes Mittel recht war, um ans Ziel zu gelangen, nicht vorstellen. Obwohl er in Versailles aufgewachsen war und alles über Machenschaften dieser Art wissen sollte.

Die zwei Körper der Königin

Um ein weiteres Mal darauf hinzuweisen, dass er sich bestimmt keine Geliebte nehmen werde, tat Ludwig XVI. sehr bald nach seiner Regierungsübernahme etwas Unerhörtes. Gewissermaßen als eine seiner ersten Amtshandlungen schenkte er das Petit Trianon seiner Frau Marie Antoinette. Und sogar die Königin musste zugeben, dass Madame de Pompadour, für die das zierliche, rechteckige Gebäude im Park von Versailles errichtet worden war, einen perfekten Geschmack gehabt hatte. Der verstorbene König hatte dort zwar auch mit der du Barry geweilt, aber diese war nun weit weg. Marie Antoinette nahm also dankend an. Sie erhielt einen diamantverzierten Schlüssel mit ihren Initialen zu ihrem neuen Eigentum und erklärte dem großzügigen Spender sogleich, er könne sie gerne besuchen, aber nur gegen Voranmeldung. Dass eine französische Königin Privateigentum besaß, das auf ihren Namen lautete, war eine Novität in der Geschichte Frankreichs. Es ziemte sich nicht für eine Monarchin, als Privatperson Besitztümer anzuhäufen. Alles sollte dem Ehemann, also dem Staat gehören. Marie Antoinette nahm sich weitere Extravaganzen heraus. Sie wolle sich im Trianon kleiden, verkündete sie, wie es ihr beliebte, und sie wolle nur Leute einladen, die sie selbst auswählte. Stellung, Name und Rang würden in ihrer privaten Umgebung keine Rolle spielen. In den Augen der Hofgesellschaft eine bodenlose Frechheit!

Marie Antoinette mit ihren eigentümlichen Vorhaben vergaß etwas ganz Entscheidendes: Eine Königin von Frankreich war keine Privatperson. Nicht, wenn sie einen Ball besuchte, nicht, wenn sie in die Oper ging, nicht einmal, wenn sie schlief, und auch nicht, wenn sie sich ankleidete. Die zentrale Bedeutung von Marie Antoinettes Kleidung kann gar nicht überbetont werden. Zu Hause in Wien hatte sie praktisch nichts über den Symbolwert französischer Herrscherroben erfahren. Ihre Schwester in

Blick auf Marie Antoinettes privaten Rückzugsort, das Petit Trianon. Dass das entzückende Gebäude früher als Treffpunkt Ludwigs XV. mit seinen Mätressen gedient hatte, half nicht wirklich.

Neapel klagte, sie habe alles über Kleider und Kosmetik erst im Ausland lernen müssen. Anfangs habe sie sogar ihren Mann abgeschreckt, weil sie so wenig Wert auf Pflege, Schminke, Frisuren etc. gelegt hatte. Die bigotte Maria Theresia hatte immer nur gepredigt: Einfachheit, Schicklichkeit, bloß keine modischen Exzesse. Lediglich Marie Antoinette erhielt – nachdem die „Allianz" unterzeichnet worden war – französische Seidenkleider, die ein bisschen nach Mode und nicht nur nach Kleidung aussahen.

Doch von Anfang an fehlte Marie Antoinette das Verständnis dafür, dass es hier nicht um „schicke Kleider" ging, sondern um den symbolischen Prozess des Ankleidens der Königin. Es ging nicht um ihren Körper als Frau, sondern um den Symbolkörper einer Monarchin, der nach ganz bestimmten Regeln zu behandeln war und nur von nach ihrem Rang ausgesuchten Aristokratinnen betrachtet und berührt werden durfte. Personen mit höherer Stellung durften dem ideellen Körper einer Königin näherkommen als andere, was einer besonderen Auszeichnung gleichkam. Somit übergab immer die ranghöchste Frau im Raum der Königin ihre Kleidung. Es wäre Marie Antoinettes Pflicht gewesen, das „grand corps" aus den Händen der damit betrauten Dame respektvoll entgegenzunehmen und auch für alle sichtbar zu tragen. Vom Leben einer französischen Königin wurde eine permanente Selbst-Ausstellung ihres Körpers mit allen Zeichen ihres königlichen Amtes erwartet. Diese Zeichen wurden ihr einerseits vom Hof übergeben, andererseits sollte sie diese vor dem Hof repräsentieren. Der königliche Körper war ständig in Sichtweite zu halten und dessen stilisierte Präsenz inkarnierte die politische und zeremonielle Bedeutung der Königin. Nach Beendigung der – öffentlich stattfindenden – Toilette sollten die Körper von König und Königin in ihrem königlichen Prunk strahlen als Produkte einer alten kosmischen Ordnung, verkörpert auf Erden durch das Herrscherpaar.

Marie Antoinette, die im Trianon ihre Kleider und die sie umgebenden Personen selbst auswählen und nicht von Etikette und Protokoll diktieren lassen wollte, entledigte sich somit aller symbolischen Regeln, die ihre Stellung mit sich brachte. Es war, als würde dieses Teenager-Mädchen die Weltordnung auf den Kopf stellen. Es beging einen Affront nach dem anderen, indem es sich selbst nicht als modische Königin darstellte – was unter Umständen noch toleriert worden wäre –, sondern als Königin der Mode. Ihre unbändige Leidenschaft, private Gelüste und Interessen über die Erfordernisse ihres Amtes zu stellen, führte schließlich zu Beurteilungen wie dieser: „Die eleganteste Hure in Paris könnte nicht aufgetakelter sein als die Königin von Frankreich", hieß es sinngemäß in einem Spottgedicht.

Die vergangenen Jahrzehnte, der Einfluss der Aufklärung und das neue Denken hatten gravierende Änderungen in der Sichtweise auf absolutistisch regierende Monarchen mit sich gebracht. Marie Antoinette reagierte durchaus auf diese neuen Ansprüche – doch als Privatperson und nicht als Königin. Sie spürte, dass der tradierte Glaube in die althergebrachte Ausstellung des königlichen Körpers am Zerbrechen war. Die 18-jährige Königin kann als Symptom und auch als Vorreiterin dieses Zerbrechens interpretiert werden. Niemand hätte es mehr ernst genommen, wenn sich Ludwig XVI. wie sein Ahnherr, der Sonnenkönig, präsentiert hätte. Es galt bereits als hoffnungslos altmodisch, seinen Körper im höfischen Zeremoniell als Sinnbild der göttlichen Ordnung vorzuzeigen. Doch die konservativen Chargen in Versailles nahmen dies so nicht zur Kenntnis. Aus der feudalen Gesellschaftsordnung mit ihrer Starrheit und Unveränderlichkeit bezogen viele Unterstützer der Monarchie ihr Sicherheitsgefühl. Es ging um Distinktion, eine ganz bestimmte soziale Zugehörigkeit und Seinsverfassung, die den Inhaber dieser „Auszeichnung" über andere Menschen erhob. Die neue Königin definierte sich jedoch über etwas sich stets Veränderndes, nämlich die Mode, die durchaus launenhaft, kapriziös und „verrückt" sein konnte. Die Mode, das war das Chaos. Und welche Bedeutung sollte ein Staat noch haben, in dem das Chaos regierte?

Eine Monarchin, die sich als Frau, nicht als Königin präsentieren und auch in erster Linie als Frau wahrgenommen werden wollte, untergrub mit dieser Sichtweise ihr eigenes, reaktionäres, streng royalistisches Selbstverständnis. Wie sie sich gab und herrichtete, wie sie sich mit fremden Leuten ohne Klassenschranken ungezwungen unterhielt, wie sie Hofleuten zulächelte oder dass in ihrer Gegenwart mitunter Flüche zu hören waren, etwa bei Kleideranproben, wenn etwas nicht sofort passen wollte: Das alles stand für eine moderne, bürgerliche, schon postfeudale Ordnung. Für ein neues Klassensystem, eine neue Geschlechteridentität, ein neues Verhältnis zwischen öffentlicher Person und Privatheit. Man würde es heute Work-Life-Balance nennen. Marie Antoinette wollte eine privilegierte Königin sein, aber leben wie eine vermögende Bürgersfrau. Diese unvereinbaren Gegensätze drifteten in den Jahren nach der Krönung ihres Mannes immer weiter auseinander.

50 Shades of Brown

Hatte sich die junge Dauphine schon kurz nach ihrer Ankunft in Frankreich den Händen der Hofgesellschaft entzogen, indem sie sich nicht in das „grand corps" schnüren ließ und Männerkleidung trug, so entzog sie sich nun auch deren Blicken, indem sie sich mit ihren Bewunderern und Bewundererinnen ins Petit Trianon zurückzog. Die Königin wohnte in einem Schlösschen, das königlichen Sexarbeiterinnen gehört hatte, und ließ sich von einer Schneiderin einkleiden, deren Hauptkundinnen Damen von der Bühne waren – Schauspielerinnen und Tänzerinnen, die sich von reichen Adeligen aushalten ließen. Das Gerede und Getuschel ließ sich kaum ignorieren, doch es brachte die neue Monarchin nicht aus der Fassung. Natürlich wusste sie, dass die von ihr so hochgeschätzte Mademoiselle Rose Bertin auch schon für die du Barry gearbeitet hatte. Wie diese hatte auch die Näherin ihren plebejischen Vornamen Marie-Jeanne abgelegt. Doch die du Barry war in der Bedeutungslosigkeit versunken, während Rose Bertin sich zur angesagtesten Designerin dieser Tage gemausert hatte. Marie Antoinette würde bestimmt nicht zurückstehen, wenn über das Outfit dieser oder jener Sängerin in der Presse groß berichtet wurde. Und war es nicht die Herzogin von Chartres gewesen, immerhin eine der höchstgestellten adeligen Frauen im Königreich, die ihr zur Bertin geraten hatte? Dass diese Dame, deren Ehemann über das Palais Royal herrschte, von dem so viele gegen die Königin gerichteten Intrigen ihren Ausgang nahmen, vielleicht eigene Interessen verfolgen könnte, kam Marie Antoinette nicht in den Sinn. Ihr Ehrgeiz war es, die hübscheste Dame im Land zu sein. Über sie sollte man berichten.

Eines Tages fragte die Königin ihren Mann um seine Meinung zu einem goldbraunen Seidentaft. „Braun wie ein Floh", soll er wenig interessiert geantwortet haben. Doch das Wort des Königs war immer noch Gesetz, und schon hatte der neue Farbton einen Namen: Flohbraun. Der – verhältnismäßig – ungewöhnliche Farbname kam groß in Mode und fand Eingang in die zeitgenössische Romanliteratur. Im 18. Jahrhundert existierten für viele Farbnuancen zahlreiche Abstufungen, und so sprach man von der „Couleur de Puce“ (Flohfarbe) je nach Helligkeitsgrad auch als „Flohbauch“, „Flohschenkel“, „Flohbein“, „Flohhintern“ etc. Sogar der an sich nur für Preußischblau zu begeisternde Große Fritz in Potsdam wurde von der topaktuellen Farbe inkommodiert. Casanova kreuzte nämlich in einem flohfarbenen Gehrock in Sanssouci auf.

Die Mode in Person

An Garderobenbudget standen der Königin von Frankreich 150.000 Livres im Jahr zur Verfügung. Durchschnittlich bestellte sie alljährlich zwölf Staatskleider, zwölf sogenannte Fantasieroben (etwa für die angesagten Partys im „chinesischen“ oder „türkischen“ Stil), zwölf Zeremonienkleider und, am allerwichtigsten, mindestens hundert Privatkleider zum täglichen Gebrauch. Innerhalb kurzer Zeit beliefen sich Marie Antoinettes Schulden bei Rose Bertin auf etwa 500.000 Livres. Zur Veranschaulichung neuer Trends hatte es bisher kleine Modepuppen gegeben, die „Pandoras“. Sie genossen diplomatische Immunität und waren von Paris aus an alle Höfe Europas geschickt worden, auch in Kriegszeiten, damit die ausländischen Damen die neueste französische Mode begutachten konnten. Doch mit Marie Antoinette änderte sich alles. Sie war nicht nur ein Modevorbild. Sie war die Mode. Rose Bertin fertigte auf große Nachfrage eine lebensgroße Puppe mit Marie Antoinettes Maßen und ihrem Aussehen an. Die bestangezogenen Frauen zwischen London und St. Petersburg wollten die neuesten Haar- und Kostümdesigns am ursprünglichen Modell sehen können. Sie kamen in Rose Bertins Geschäft und ließen sich dort die Modelle auf der Marie-Antoinette-Figurine zeigen. Es war ein spektakulärer Triumph der Königin, allerdings mit schalem Beigeschmack: Unter Ludwig XV. hatte bereits einmal ein Stylist eine ähnliche Modepuppe fertigen lassen – nach dem Vorbild der Madame de Pompadour. Aus diesem Grund war die Herrscherin in den Augen vieler Untertanen mehr oder weniger zur Mätresse degradiert geworden. Maria Theresia zeigte sich mehr als bestürzt. Aber: Die Marie-Antoinette-Puppe wurde von den Modedamen ekstatisch aufgenommen. Der Erfolg gab der jungen Königin recht. Es war ihre Art, gegen die langweiligen Vorgaben am Hof zu rebellieren. Sie besaß keine anderen Möglichkeiten des Widerspruchs als aufzufallen, um jeden Preis. Dadurch hob sie sich von allen ihren Amtsvorgängerinnen ab.

Ihre Art, Mode zu tragen, überschritt Grenzen: Den eigentlich Männern vorbehaltenen Jagdanzug führte sie schon als Dauphine aus. Mit ihrer Weigerung, das höfische, taillenformende Korsett zu tragen, nahm sie die erst mit der Regierungsform des Directoire 1795 startende Empirelinie vorweg. Die Frisuren, die sie trug, ließ sich der bürgerliche Haarkünstler Léonard einfallen, der noch dazu als Theater-Impresario tätig war: Er durfte als Hoffriseur agieren, obwohl seine Eltern einfache Hausdiener gewesen waren. Marie Antoinette pfiff darauf, dass frühere Königinnen ausschließlich von Adeligen frisiert worden waren, die das privilegierte Recht hatten, den königlichen Kopf zu berühren. In ihren Räumen gingen Frauen, die ohne Trauschein mit Männern lebten, der Starfriseur aller Kurtisanen und Bühnenstars von Paris, einfache Modistinnen, Schriftsteller, die als Aufwiegler bekannt waren, kurz Leute, die früher niemals Hofzutritt erlangt hätten, familiär, gut gelaunt und lächelnd ein und aus. Nicht wenige Alteingesessene erinnerten daran, dass der Aufstieg der Madame du Barry über einen Frisiersalon und eine Schneiderei erfolgt war. Es bedeutete, dass eine Königin sich nicht mit Angehörigen dieser „fragwürdigen“ Berufsgruppen „einlassen“ sollte. Doch diese Königin nahm eine Revolution vorweg, wenn auch nur die an ihrem eigenen Körper. Und in ihrer privaten Umgebung.

Dass sich die Premiere Dame ausschließlich mit ihrem Auftritt und der Neugestaltung ihrer Expositur zu beschäftigen schien, passte Ludwig XVI. und seinen Ministern gut ins Konzept. Sie alle hatten Bedenken gehabt, dass Marie Antoinette versuchen würde, im Auftrag ihrer Mutter österreichische Positionen in die Politik einzubringen. Davon war bisher nicht allzu viel zu bemerken. Als Finanzminister Turgot jedoch wieder die Sparsamkeitskeule schwang und Investitionen im Trianon nicht finanzieren wollte, witterte der Kreis rund um den abgesetzten Ex-Politiker Choiseul, der zusammen mit Maria Theresia die Heirat ihrer Tochter nach Frankreich vorbereitet hatte, Morgenluft. Viele wandten sich direkt an die Königin, sie möge Turgots Absetzung fordern. Doch Ludwig XVI.

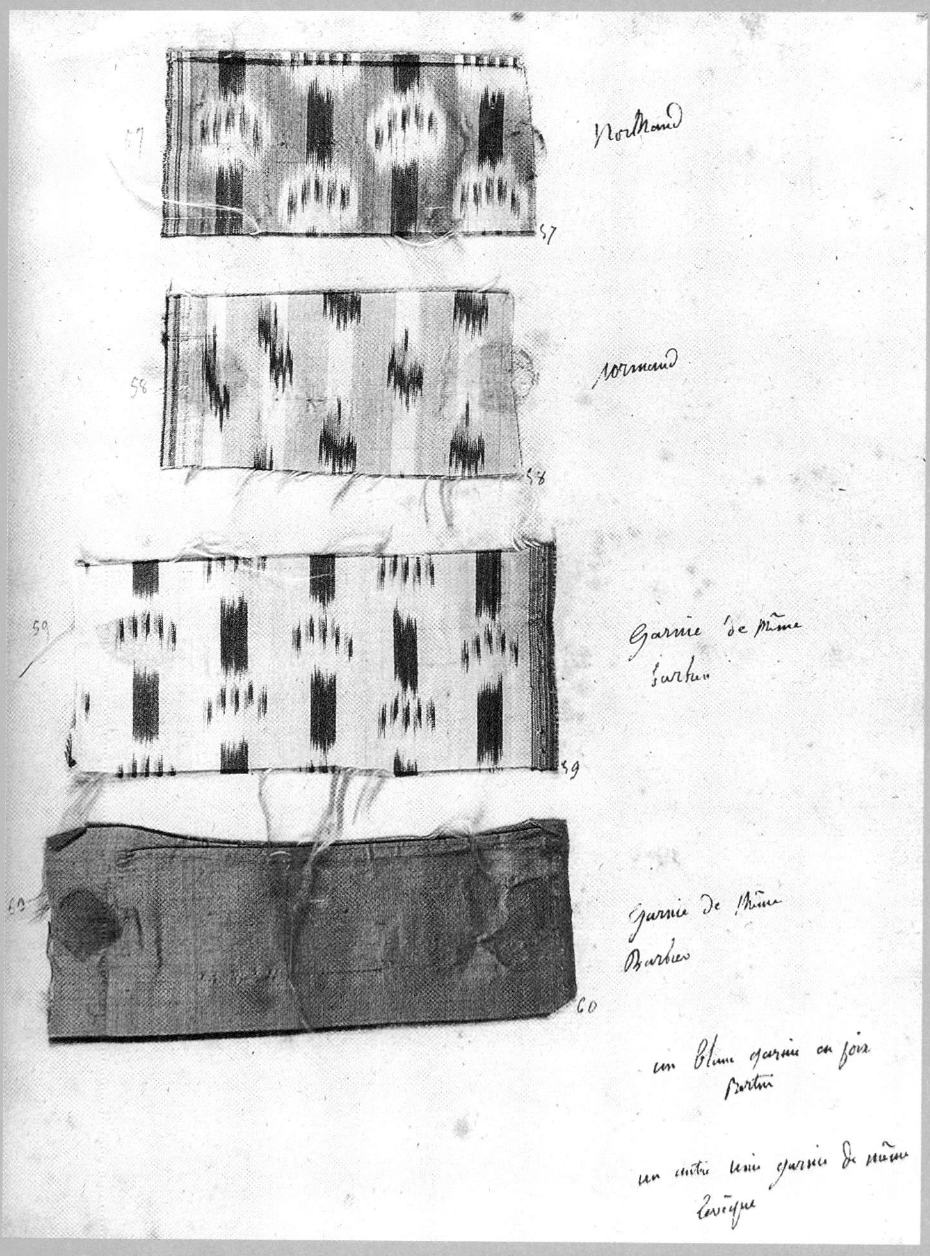

Eine Seite aus dem Stoffmusterbuch Marie Antoinettes. Die Königin wählte ihre tägliche Garderobe anhand der Muster, die ihr bei der Toilette vorgelegt wurden.

wählte das – aus seiner Sicht – geringere Übel und sagte seiner Frau zu, er werde Turgots Plänen zum Trotz alle ihre Rechnungen für das Trianon und auch alle sonstigen Ausgaben begleichen. Bloß keine häuslichen Streitigkeiten, die Minister involvierten, wie es unter seinem Großvater laufend vorgekommen war. So etwas wollte Ludwig XVI. nie wieder erleben. Tatsächlich verschlangen die Renovierung und Einrichtung des Petit Trianon große Summen, wenn auch keine, die – wie behauptet wurde – „staatsgefährdend" gewesen wären.

Als Choiseul Marie Antoinette persönlich treffen wollte, gewährte sie ihm die Bitte, doch benötigte sie dazu die Erlaubnis ihres Mannes. Selbstverständlich wusste sie, dass der König den Politiker ablehnte. Da er seiner Frau keine (körperliche) Liebe entgegenbringen konnte, überhäufte er sie mit Geschenken. Marie Antoinette schrieb an den österreichischen Berater Franz Xaver Wolfgang Graf Orsini-Rosenberg, sie habe den „armen Mann" – den König – ganz leicht manipulieren können, ja, er habe sogar „ganz von sich aus" ein Treffen ihrerseits mit Choiseul vorgeschlagen. Der Wortlaut fand wie immer den Weg auf Maria Theresias Schreibtisch – und ließ die Regentin schockiert aufhorchen. Sie verfasste einen Brief an ihren treuen Vasallen in Paris, Mercy, in dem sie ihre Fassungslosigkeit über die Ausdrucksweise ihrer missratenen Tochter so formulierte:

„Ich gestehe, ich bin von ihm (Marie Antoinettes Brief an Orsini-Rosenberg, Anm.) bis auf den Grund meines Herzens ergriffen. Welcher Stil, welche Fasson zu denken! Das bestätigt nur zu sehr meine Besorgnisse. Sie läuft mit großen Schritten ihrem Ruin entgegen. Ich sehe mit Bedauern, dass meine Tochter, wenn sie in dieser Weise fortfährt, nicht verfehlen wird, ihren Untergang zu beschleunigen."

Fraglos war es töricht, die Meinung über den unfähigen Ehemann auf diese Art und Weise hinauszuposaunen. Wie es überhaupt blauäugig war, in Versailles über was auch immer zu sagen, was man tatsächlich dachte. Dessen ungeachtet wollte sich Marie Antoinette einmal Luft machen nach dem bereits jahrelang standhaft ertragenen Ehefrust. Die Würde ihrer Funktion sah solche Ausbrüche einer enttäuschten Ehefrau aber nicht vor.

Mercy erfuhr auch, was die Königinmutter in Wien von den verschiedenen neuen Moden hielt: „Mit solchen Dingen können sich nur kleine Frauen und Mädchen befassen." Als Dauphine hatte sich Marie Antoinette noch eher zurückhaltend gekleidet, nach den Vorschlägen ihrer alten Hofdamen. Dafür war sie nicht nur einmal verlacht worden. Bis nach Wien reichte die Kunde, die Thronfolgerin sei „schlecht angezogen". Nun, diesen Vorwurf würde man ihr, der Königin, nie wieder machen.

Ministerin der Mode

Die Näherin Rose Bertin führte im Hauptberuf das nach der „orientalischen" Mode benannte Modegeschäft „Au Grand Mogol" in der Rue Saint-Honoré. Es handelte sich um eine Art Concept Store, wo man Ausstattung von Kopf bis Fuß erwerben konnte: Hüte, Unterkleider, Strümpfe, jede Art von Kleidern, Umhänge, Schuhe, Fächer, Bänder, (mit Veilchen oder Iris parfümierte) Handschuhe, Gürtel und mehr oder weniger täglich neue, unwiderstehliche, alle Blicke auf sich ziehende Accessoires. Kaum jemand verließ den edlen Laden mit leeren Händen. Die Preise waren in der obersten Kategorie angesiedelt, vergleichbar mit heutigen Haute-Couture-Modellen namhafter Designer wie Chanel oder Dior. Und ausgerechnet diese Dekorateurin der ausgehaltenen „Showgirls" von Paris sollte nun die Monarchin für die Krönung ihres Mannes in Reims ausstatten. Die Einheit von Monarchie, Kirche und Nation wurde am Krönungstag in großem Stil gefeiert – doch zeitgemäß war das überkommene Ritual bestimmt nicht mehr. Königinnen waren schon lange bei Krönungen nicht mehr präsent gewesen, denn die meisten Vorgänger Ludwigs XVI. hatten die Krone sehr jung und daher unverheiratet empfangen.

Mercys Ansinnen, dass auch Marie Antoinette rechtmäßig zur Königin von Frankreich gekrönt würde, hatte von Anfang an keine Chance. Doch er meinte, das sei er seiner Chefin in der Hofburg schuldig. Es kam auf keinen Fall infrage. Marie Antoinette wohnte der Krönung in der Kathedrale von Reims als Zuschauerin bei, in ihrem atemberaubenden Kleid von Rose Bertin, das von einer eigenen Eskorte bewacht und auf einer eigens dafür konstruierten Liege transportiert worden war, um Diebstahl oder gar Knitterbildung zu vermeiden. Bis zu ihrer verhängnisvollen Flucht nach Varennes im Sommer 1791 wird dies die weiteste Reise sein, die

Marie Antoinette in Frankreich je unternehmen sollte. Kennengelernt hat sie ihr Land nie. Nicht einmal das Meer hat sie je gesehen. Und wieder war Maria Theresia nicht zufriedengestellt: Ihre Tochter habe in der Kirche wie eine Schauspielerin ausgesehen – eine Beleidigung für die alte Habsburgerin, denn die Berufsgruppe der Frauen von den Bühnen verfügte im 18. und 19. Jahrhundert über kaum einen besseren Ruf als Sexarbeiterinnen von der Straße. Überhaupt wirkte die gesamte Krönung wie ein überaus opulent inszeniertes Theaterspektakel. Die gotische Kathedrale von Reims war innen zur Gänze mit Holzkonstruktionen und Draperien „barockisiert" worden. Noch galt „gotisch" als Inbegriff für hässlich und somit als gänzlich ungeeignet für eine Krönungszeremonie. Marie Antoinette spielte ihre Rolle in einer Kulissenkirche und zog wie eine Hauptdarstellerin die Blicke aller Anwesenden auf sich.

Sieben dunkle Jahre

Nach der Rückkehr aus Reims kam zu allem Überfluss ein heftiger Brief des Kaisers Joseph II. an, der noch einmal ihr Treffen mit Choiseul thematisierte. Ihr Bruder warnte sie eindringlich davor, den König von Frankreich als „armen Mann" zu bezeichnen. Nenne sie ihn auch in ihrem privaten Kreis so? Wahrscheinlich. Was würde passieren, wenn ein solcher Brief verloren ginge?? Sie solle endlich ernste Literatur lesen, ihr Gehirn beschäftigen und sich vorbereiten auf die Zeit, in der es nicht mehr um irgendwelche gedankenlosen Vergnügungen gehen werde, sondern in der sie älter sein werde und ganz neue Herausforderungen ihre Tage ausfüllen würden. Die derzeit noch anhaltenden öffentlichen Lobpreisungen der Königin würden bald ein Ende nehmen, prophezeite der Kaiser in Wien.

Mercy indes versuchte, Maria Theresia zu beschwichtigen, indem er Marie Antoinette wieder zu Ehevollzugsversuchen riet. Er hatte sich dafür etwas Besonderes einfallen lassen. Da der verheiratete König sich schämte, den Weg zu den Räumen seiner Ehefrau vor aller Augen zurückzulegen, wurde für ihn ein unterirdischer Gang ausgehoben. Der mit Tapeten ausgekleidete Tunnel hätte es dem schüchternen Ludwig erlaubt, bequem und ohne gesehen zu werden, endlich seine Königin zur Zeugung von Nachkommen aufzusuchen. Im Grunde genommen war die Aktion kontraproduktiv, denn es wäre dem Ansehen des als impotent verspotteten

Ludwig mehr als dienlich gewesen, hätte man ihn häufig im Bett seiner Frau vermuten können. Der Gang kam selten in den Genuss königlicher Verwendung. Marie Antoinette verspürte weiterhin keine Lust, sich den gequälten Beischlafversuchen ihres „armen Mannes“ auszusetzen. Sie feierte, tanzte oder spielte bis spät in die Nacht. Ludwig XVI. hingegen ging früh zu Bett, denn er traf sich oft schon bei Sonnenaufgang mit seinen Schlosserexperten in der Werkstatt. Danach ritt er zur Jagd aus. Nach seiner Rückkehr konsumierte er gewaltige Mengen an Essen und Wein, um sich dann in sein Arbeitszimmer zu begeben und alle Erlebnisse genauestens in einem Journal zu notieren: Wie viele Schlösser und/oder Schlüssel er gefertigt hatte, welche und wie viele Beutetiere erlegt worden waren und wo genau, wo und welche Verstecke von Wildtieren entdeckt worden waren, wie viele Tage er in welchem Schloss verbracht, was er zu welcher Uhrzeit gemacht hatte etc. Heutige Psychologen hätten mit dem befangenen Zwangscharakter Ludwig XVI. eine Menge zu analysieren. Einmal kehrte er von einem Jagdausflug zurück und ließ seine Frau rufen. Er führte Marie Antoinette eine Scheibtruhe voller Tierleichen vor und erklärte stolz: „40 Vögel. Ich habe sie alle für Euch geschossen.“ Marie Antoinettes Reaktion ist nicht überliefert.

Sie selbst schlief am Vormittag lange, da sie kaum vor zwei oder drei Uhr früh nach Hause kam. Am Morgen wollte der Gemahl sie nicht stören, und so gestaltete es sich als schwierig, gemeinsame Zeit als Ehepaar zu verbringen. Die Königin schaffte es meist gerade noch rechtzeitig zur Messe um zwölf Uhr. Neuer Unmut rollte bereits auf das so keusch lebende Ehepaar zu, denn die Gemahlin Artois’ brachte im Sommer 1775 einen Sohn zur Welt. „Mein Gott, bin ich glücklich“, schrie sie ihrem auf den Boden starrenden Ehemann entgegen. Obwohl die Fischfrauen aus Paris, die bei königlichen Geburten Zutritt nach Versailles hatten, die Königin rüde beschimpften, wahrte Marie Antoinette vorbildlich Haltung. Sie gratulierte ihrer Schwägerin herzlich zu ihrem Kind und ließ sich auch später nichts von ihrem unsäglichen Katzenjammer anmerken. Immerhin könnte die Erbfolge nun auf die Familie des Bruders des Königs übergehen. Die Pariserinnen riefen unflätige Dinge wie: „Wann schenkt Ihr uns einen Dauphin? Ihr seid keine gute Ehefrau! Nachts tanzt Ihr wohl lieber! Wir sind Mütter! Warum seid Ihr keine? Lauft zu Eurem Mann! Tut es heute Nacht!" oder „Könnt Ihr die Beine nicht breitmachen? Lasst ihn rein! Lasst ihn rein! Seht sie an, die Jungfrau! Macht endlich!" Marie Antoinette konnte den anstößigen Gesten nicht entkommen. Sie lächelte.

Sie dachte an ihre Romanheldinnen, denen sie so sehr nacheiferte. Vorbilder im realen Leben fand sie keine. Erzählungen in Versailles zufolge führten die früheren Königinnen von Frankreich ein bescheidenes, zurückgezogenes Dasein. Botschafter Mercy hörte nicht auf, seinen Schützling auf die unerquickliche Lage französischer Königinnen ohne Thronerben hinzuweisen. Marie Antoinette schlug die Warnungen in den Wind. Sie hatte es versucht. Mehrmals. Eigentlich immer wieder. Doch mittlerweile fürchtete sie Ludwigs Besuche schon fast so sehr wie er sich vor Frauen. Sie wollte einfach nur glücklich sein. In ihren Büchern voller sentimentaler Geschichten kam Glück einem privaten Königreich gleich, mit guten Freunden und einem Prinzen, der die Heldin rettet. Gut, einen Traumprinzen würde sie nicht mehr bekommen. Oder doch? Wer weiß ... Ihr Ehemann war rechtens mächtig, aber stark war er nicht. Sie hatte begonnen, sich von ihm abzugrenzen und sich gegen seine (und ihre) dominante Familie durchzusetzen. Ihr Glück, das erkannte sie, konnte sie sich nur selbst schaffen. In einem eigenen, persönlichen Paradies.

Alles ist erleuchtet

Die sich immer elitärer gebende Rose Bertin hatte uneingeschränkten Zutritt zu Marie Antoinettes Appartement – zur großen Überraschung und bald zum Verdruss der königlichen Entourage. Stundenlang saßen die Designerin und ihre Lieblingsmuse, die Königin, in deren Boudoir zusammen und tüftelten neue Kreationen aus. Die Frauen waren umgeben von zarten Stoffen in Pastelltönen, edlem Schmuck, farbigen Federhüten und Regalen voller Schuhe, Strümpfe, Bänder, Fächer. Jede Anprobe ein aufregendes Erlebnis. Rose Bertin probierte an ihrem royalen Model verschiedene Stile aus – und Marie Antoinette entdeckte sich immer wieder neu. An sich gab es ein strenges Protokoll, wer sich in der Nähe der Königin aufhalten durfte und wer nicht. Aber Regeln waren dazu da, um von Marie Antoinette gebrochen zu werden. Als Regentin kannte sie ihre Grenzen. Und überschritt diese.

Die Näherin und ihre Gehilfinnen, Kosmetikerinnen, Haarkünstler, Sänger und Schauspielerinnen – alles gemeine Personen von der Straße, ohne jeglichen adeligen Hintergrund – gaben sich die Klinke des Trianon in die Hand. Mademoiselle Bertin, so sagten Neider, stolziere schon selber herum wie eine Königin, seit diese sie spaßeshalber als ihre „Ministerin der Mode" tituliert hatte. Sie war die Schneiderin der bestangezogenen Frau der Welt – da durfte man wohl ein bisschen auf sich halten. Das Aussehen der Monarchin hing von den Fähigkeiten der „Künstlerinnen" und „Künstler" in ihrer Umgebung ab – gottgewollt war hier nichts mehr. Marie Antoinette hatte sich in Frankreich nicht gerade zu ihrem Vorteil entwickelt, im Gegenteil. Ihre habsburgische Unterlippe zeigte sich im Erwachsenenalter deutlicher, ihr Körper war nicht ganz gerade, der Busen ließ zu wünschen übrig und viele Haare hatte sie auch nicht. Es gab also eine Menge zu verbessern für eine Modemacherin, einen Friseur oder Kosmetikfachleute. Der schöne Schein regierte, der sich nur auf das Individuum bezog. Kein Staat, keine Monarchie, keine bestimmte Stellung sollten hervorgestrichen werden, nur eine nach der neuesten Mode herausgeputzte Person, perfekt geschminkt, aufwändig frisiert. Und diese Person war eben die Königin, rein zufällig.

Ihre Kleidung veränderte sich laufend, man könnte sagen, je nach Rolle. Eine Schauspielerin konnte heute Herrscherin, morgen Geliebte, übermorgen Madonna, nächste Woche Dienstmagd sein. Marie Antoinette mit ihrem Hang zur modischen Veränderung symbolisierte diese Verwandlungen. Sie liebte es, in ihrem persönlichen Theater vor ihrer bunt gemischten Entourage aufzutreten, mimte wie in den Romanen vorexerziert moralisch einwandfreie Frauen aus dem Volk, die sich durch viel Pech und plötzlich eintretende Unglücksfälle manövrieren müssen. Sie ging so weit, in ihrem „Natur"-Garten Bauernmärkte abzuhalten, die wiederum nur ihre ausgewählten „Follower" aufsuchen durften. Als Marktfrau oder Bauernmädchen verkleidet, schenkte sie im Winter Apfelwein mit Zimtstangen aus, vor der hell erleuchteten Kulisse des Petit Trianon. Bloß keine Fadesse aufkommen lassen! Langeweile war *die* Sorge der sorglosen Leute des 18. Jahrhunderts. Eine Feierlichkeit durfte gerne protzig, vordergründig unstandesgemäß oder gar zweideutig sein, aber öde – das wäre der größte denkbare Fauxpas gewesen.

Besonders begehrt waren Einladungen zu den Themenpartys der Königin. Hier Marie Antoinette in einem „orientalischen“ Look – damals wurde nur die westliche Perspektive berücksichtigt.

Bei Marie Antoienettes legendären Inszenierungen ging es immer um Licht, das zentrale Element der aufgeklärten Epoche, in der sie aufgewachsen war. Hunderte chinesisch inspirierte Lampions schwebten bunt illuminiert durch die Luft, die handverlesenen Gäste mussten thematisch passend kostümiert erscheinen, die Farben der Gerichte und Getränke waren nie zufällig, die Musik entsprach den neuesten Trends: Kein Detail wurde vernachlässigt, alles war perfekt aufeinander abgestimmt. Erlesene Festivitäten wie die von Marie Antoinette erdachten gab es sonst nirgendwo auf der Welt. Die Königin von Frankreich wollte alles in den Schatten stellen, was bisher in Versailles geboten worden war. Die raffinierten Unterhaltungen der einstigen Mätressen sollten von denen der „Ausländerin" überflügelt werden. Ihr Ruf, die spektakulärsten, gleichzeitig aber stilvollsten und mondänsten Partys zu feiern, wurde später zum Mythos. Unter Napoleon bemerkte eine der neu arrivierten Baroninnen einmal zu Marschall Murat, dem König von Neapel, den sie auf einem Ball in Paris traf: „Die Festlichkeiten des Ancien Régime waren doch viel eleganter als die bei uns!" Worauf Joachim Murat wahrheitsgemäß erwiderte: „Das mag schon sein, Madame. Aber unter dem Ancien Régime wären Sie in der Küche gestanden. Und ich im Pferdestall."

Beobachter sahen in Marie Antoinette jedoch meist keine Lichtgestalt, sondern eine Nachtschwärmerin, eine Königin ohne Substanz, trotz ihrer royalistischen Überzeugungen. Sie befasste sich mit „Aufgaben", die der Ehefrau an der Seite des Königs nicht würdig waren und daher früher aus gutem Grund in den Lebensbereich von Mätressen gehört hatten.

Vor Sonnenaufgang

Erste Anzeichen, dass es bald ungemütlich werden könnte, blendete Marie Antoinette aus ihrem Wahrnehmungsfeld aus. Schon im Sommer 1774 war ein gegen sie und ihren jugendlichen Freundeskreis gerichtetes Pamphlet erschienen, hinter dem wohl die bald zum Abtreten gezwungenen Minister von Madame du Barrys Gnaden zu suchen waren. Ein Journalist namens Dubec, der mit einem Minister Ludwigs XV., dem Herzog von Aiguillon bekannt war, wurde als möglicher Urheber der Spottschrift inhaftiert. Dabei hatte alles ganz harmlos angefangen.

Es war unter den jungen adeligen Damen und Herren gang und gäbe, nächtelang in den Wäldchen, Alleen und Irrgärten der Landschlösser unterwegs zu sein. Man veranstaltete themenbezogene Picknicks – in passender Verkleidung, versteht sich –, ließ sich die Augen mit einem schwarzen Seidenband verbinden, um Blinde Kuh zu spielen, man versteckte sich und ließ sich absichtlich von jemandem finden, den man mochte. Man aß Erdbeeren und trank Champagner, man lachte und flirtete. Marie Antoinette war in ihrem Element, sie machte begeistert mit, doch im Endeffekt verhielt sie sich immer tadellos. Sie hatte ihre Anstandsdame Madame de Noailles dabei, der sie schon bei der ersten Begegnung im Wald von Compiègne den Spitznamen „Madame Etikette" verpasst hatte. Auch ihre Leibwächter und andere Mitglieder des Hofstaates befanden sich in Hörweite.

Ziel war es gewesen, im Sommerschloss von Marly mit seinen zahlreichen Becken und Wasserspielen dem mühsamen Lever zu entgehen, also dem zeremoniellen Aufstehen vor dem versammelten Hofstaat. In Wahrheit wurden ohnehin nur die allerletzten Handlungen des Ankleidens wie Rouge-Auflegen oder Haare-Richten öffentlich vorgenommen. Doch anstrengend und zeitraubend war es trotzdem, man musste warten, bis alle Adeligen präsent waren, man musste alle begrüßen und womöglich von vorne beginnen, sollte eine ranghöhere Person eintreffen. Ludwig XV. hatte jeden Morgen mit seinem Kämmerer Dominique Lebel seine Toilette gemacht und alle fünf Minuten gefragt: „Wie lange habe ich noch?" Er meinte damit, wie lange er sich noch privaten, „normalen" Beschäftigungen widmen konnte, bevor das zeremonielle Lever begann. Es einfach ausfallen zu lassen, wäre freilich nicht möglich gewesen. Marie Antoinette gehörte schon der übernächsten Generation an. Gab es halt einmal kein Lever … Wozu war man Königin? Also stahl sie sich im Dunkel der Nacht in die Gärten von Marly, um den Sonnenaufgang zu bewundern.

Die Romanliteratur überschlug sich mit beseelten Schilderungen von Naturschauspielen aller Art. Es war hochmodisch, Regenbögen, Schneefälle, Sonnenauf- und -untergänge und Ähnliches mit großer emotionaler Rührung unter Gleichgesinnten im Freien zu genießen. Mit von der Partie waren bei diesem frühmorgendlichen Ausflug auch die beiden Schwäger der Königin, Provence und Artois. Beide taten im Allgemeinen so, als würden sie die Freundschaft der Königin suchen, hintergingen sie aber bei vielen Gelegenheiten. Die jungen Männer hielten sich ihrem Bruder, dem König, für haushoch überlegen, waren ausgesprochen ehrgeizig und warteten nur darauf, der Österreicherin eins auszuwischen. Zudem war der moralische Ruf vor allem von Artois nicht gerade der beste, was er nutzte, um Marie Antoinette zu diskreditieren.

Eine Dame, ohne die die Königin in diesen Jahren gar nicht auskommen konnte, gesellte sich ebenso dazu, die Prinzessin de Lamballe. Sie hatte einen Startvorteil, kannte sie Marie Antoinette doch seit deren Eintreffen in Frankreich. Am ersten Abend, im Jagdschloss von Compiègne, war der Wiener Erzherzogin zwischen all den uralt erscheinenden, weißgesichtigen Leuten eine junge, blonde, ätherisch wirkende Frau mit großen blauen Augen aufgefallen: Marie-Lousie, Prinzessin de Lamballe. Sie war durch Heirat Mitglied der Königsfamilie geworden, ihr Schwiegervater stammte als illegitimer Enkel direkt vom Sonnenkönig ab. Die Dame, halb Deutsche und halb Italienerin, führte mit 20 Jahren bereits ein Witwenleben. Ihr Mann war nach nur einem Ehejahr der Syphilis erlegen. Nach einem neuen Gespons suchte sie nicht, hätte sie doch nur „nach unten" heiraten können und der Zugang zum Königshaus wäre eventuell passé gewesen. Doch eine zukünftige Königin als enge Herzensfreundin – das war eine exzellente Aussicht für die Zukunft. Viele nannten die Prinzessin wegen ihrer freigebigen Art – ihr Schwiegervater war beinahe so reich wie der König und erfüllte ihr alle materiellen Wünsche – den „guten Engel". Sie trug beständig einen melancholischen Gesichtsausdruck zur Schau und liebte es, vor versammeltem Hofstaat theatralisch in Ohnmacht zu fallen. Manche Biografen vermuteten hinter ihren Anfällen eine epileptische Erkrankung. Wahrscheinlicher scheint, dass ihre Auftritte durchdacht und geplant waren und sie sich – wie Marie Antoinette – als weibliche Romanfigur fühlte und auf diese Weise Aufmerksamkeit erregen wollte.

Schon bald gehörte die Lamballe zum fixen Gefolge der Dauphine. Da sie sechs Jahre älter war als Marie Antoinette, kann ihr Einfluss auf das ausländische Mädchen, das sich nirgends zurechtfand und niemanden kannte, als beträchtlich eingestuft werden. Im Winter wollte der Schwiegervater der Prinzessin diese einmal mit einem Veilchenbukett überraschen – sie brach sogleich in Tränen der Rührung aus und sank effektvoll

Jahrelang traf man Marie Antoinette kaum ohne ihre Freundin Marie-Louise de Lamballe an. Die als einfältig geltende junge Frau zeigte später jedoch ganz andere Charakterzüge.

auf einen Stuhl, um nicht ohnmächtig zu werden. „So überaus lieblich", hauchte sie, woraufhin auch Marie Antoinette zu weinen anfing. Der Schwiegervater de Penthièvre erklärte, die jungen Damen seien von der Feinheit der Blümchen überwältigt gewesen, empfindsam und zartbesaitet, wie sie es aus den Romanen übernommen hatten. Wehmut und Sentimentalität galten als *die* Schlagwörter der Zeit, bestimmten den Alltag, die Mode, den Blick auf die Natur und bald auch die französische Gartenkunst für all jene Privilegierten, die sich Heulkaskaden und bühnenreife Ohnmachten am helllichten Tag erlauben konnten. Für Marie Antoinette, die ihre Lieblingsschwester Carolina, die längst Königin in Neapel war, noch immer sehr vermisste, die in ihrem Mann absolut keinen Seelengefährten gefunden hatte und die sich so leidenschaftlich nach einer Person sehnte, mit der sie ihre Empfindungen teilen und sich amüsieren konnte, war die Begegnung mit der romantischen Prinzessin de Lamballe ein Trost in ihren frühen Jahren in Versailles. Die Frauen schrieben sich Nachrichten auf kleine, parfümierte Billetts, wenn sie andere Verpflichtungen hatten und sich nicht treffen konnten, sie lebten ihre aus der Briefliteratur übernommene, kitschig-süßliche Zuneigung.

Und nun stand in dem Pamphlet „Le Lever de l'Aurore" (Das Erscheinen der Morgenröte), im Garten von Marly hätten bis zum Morgengrauen ausschweifende Trinkorgien stattgefunden. Die Königin sei in Gebüsche gekrochen, mit ihren Schwägern und der Lamballe. Es hätten unter anderem lesbische Handlungen stattgefunden. Dass es bei den Versteck- und Blinde-Kuh-Spielen unter den Adeligen auch zu erotischen Begegnungen gekommen sein wird, liegt auf der Hand. Dass die Königin in diese involviert war, kann ausgeschlossen werden. Sie hatte mit keinem ihrer Schwäger ein Verhältnis und war auch viel zu unbedarft, um eine Affäre mit einer Frau zu beginnen. Dass sie mit der Prinzessin de Lamballe Händchen hielt und sie mit Küsschen begrüßte und verabschiedete, passte in die gefühlvolle, tränenselige Mode der Zeit, der viele junge Menschen leidenschaftlich anhingen. Bestimmt haben sich die Frauen auch umarmt und lagen zusammen auf dem Sofa – in hochmodischen Outfits. Ihre engen Freundschaften zu jungen Frauen wuchsen sich zu einem riesigen Problem aus – doch das realisierte Marie Antoinette nicht. Jeder am Hof konnte sehen, dass der Ehemann ständig abwesend war, die junge Monarchin mit ihren Freundinnen speiste, auch in Anwesenheit des Grafen von Artois, der zweideutige Scherze vom Stapel ließ und es genoss, der Königin schmachtende Blicke zuzuwerfen – zumindest, wenn jemand in der Nähe war, der diese Beobachtungen weitertrug.

Es war klar, dass Journalisten, die Spottschriften verfassten, auf Informanten aus dem Hofumfeld angewiesen waren. Einfacher ging es kaum mehr, züchtete doch Marie Antoinette mit ihrem gedankenlosen Verhalten und vor allem mit dem Ausschluss vieler verdienter, älterer Höflinge, die bei den Aktivitäten der Königin nicht willkommen waren, Neider, Missgünstige und lupenreine Feinde geradezu heran. Täglich wurden es mehr.

Die Veröffentlichung des „Aurore" lieferte beeindruckende Absatzzahlen. Schlecht bezahlte Zeitungsschreiber in Paris realisierten, wie rasch man mit solchen Anwürfen zu gutem Geld kommen konnte. Die „Libelles" (Schmähschriften) mussten zwar unter der Budel verhökert werden, gleichzeitig wurden ihre Inhalte immer abstoßender und auch unwahrscheinlicher. Doch das störte niemanden. Die einfachen Leute gaben ihre letzten Geldstücke gerne dafür aus, sie hielten Gedrucktes grundsätzlich für Tatsachen. Sonst würde es ja nicht gedruckt – oder?

Marie Antoinette beschloss für sich, mit vollkommener Gleichgültigkeit auf die Anwürfe unter der Gürtellinie zu reagieren. So hatte es auch ihre Mutter immer gehalten, die in ihren Jahren als junge Regentin ebenfalls mit schriftlichen Anschuldigungen sexuellen Inhalts konfrontiert gewesen war. Sie soll mit ihren Beratern Emanuel Silva-Tarouca, dem Feldmarschall Leopold Joseph Maria Daun oder gar dem Klösterauflöser Kaunitz, der die Heiligenfiguren in den Kirchen entkleiden wollte, intime Beziehungen gepflegt haben. Ihr Sohn Joseph II. berichtete, sie habe über das „Kaffeehausgeschwätz", wie er sich ausdrückte, Bescheid gewusst und es verachtet. Um Herrscherinnen zu diskreditieren, sei niemals anders verfahren worden, so der Kaiser.

Besuch aus Wien

Ein anderer Bruder Marie Antoinettes, nämlich Maria Theresias jüngstes Kind Maximilian Franz, weilte zu dieser Zeit kurz in Versailles. Er besuchte die Schwester im Rahmen seiner „Grand Tour". Sie freute sich sehr darauf, jemanden von „daheim“ zu sehen und Neuigkeiten der Familie aus erster Hand zu erfahren. Doch die Stippvisite des zukünftigen Erzbischofs gestaltete sich als kaum zu übertreffender Flop. Der 18-jährige Kaisersohn ähnelte in vielen Belangen dem König Ludwig XVI., er war still und gebärdete sich linkisch. Noch dazu kam er inkognito nach Frankreich, als Graf von Burgau, und brachte so das Protokoll durcheinander. Provence und Artois weigerten sich, den Schwager aus Wien gebührlich zu empfangen, und die anderen königlichen Prinzen der Häuser Orléans, Condé, Conti und Penthièvre schlossen sich dem Boykott mit großer Freude und Heimtücke an. Sie brüskierten mit ihrem Verhalten die Königin, die durch den ganzen Wirbel sehr aufgebracht war und mit ihrem Ärger nicht hinter den Berg hielt. Die Prinzen stellten sich dumm: Ein einfacher Graf? Wozu diese Mätzchen? Soll er doch zuerst uns aufsuchen! Bei einem Erzherzog wäre ein solches Verhalten nicht tolerierbar gewesen.

Max nahm die von ihm verursachte Erregung kaum zur Kenntnis, vertrieb sich die Zeit mit Besichtigungen in Paris. Auch in diesem Fall unterschied er sich kaum von Ludwig XVI. Er zeigte kein Interesse an den Bemühungen seiner Schwester um seine ehrenvolle Begrüßung in Versailles, und dieses ignorante Verhalten erzürnte wiederum Marie Antoinette. Am Ende waren alle glücklich und froh, dass der ungehobelte Gast weiterreiste. Die französischen Hochadeligen verlachten ihn als „tumben Tor“.

Maximilian Franz behielt seine Versailler Erlebnisse in miserabler Erinnerung. Jahre später sagte er, die Revolution hätte der Adel Frankreichs ganz allein zu verantworten, seine Schwester treffe keine Schuld. Er hatte trotz seiner geringen Möglichkeiten tiefe Einblicke in das Hofleben erhalten: Der überwältigende Luxus, die exaltierte, gestelzte Eleganz, die Skrupellosigkeit und Verschwendungssucht vieler Höflinge hatten ihn zutiefst abgestoßen.

BFFs unter sich

Auch in der Familie fand Marie Antoinette also keinen Trost. Umso wichtiger wurde ihre zweite beste weibliche Freundin, die sie während eines

Balls in Fontainebleau kennenlernte. Der König ritt während der alljährlichen Aufenthalte in diesem beeindruckenden Schloss in der Nähe von Paris jeden Tag zur Jagd. Die kurzen, winterlichen Tage vergingen gleichförmig, während die Nächte mit endlosen Bällen ausgefüllt waren. Da Marie Antoinette von dem unaufhörlichen Gerede über ihre desaströse Ehe ablenken wollte, zeigte sie allen ihren Gästen ein fröhliches Gesicht. Die Gerüchteküche sollte zum Schweigen gebracht werden. Dies war im Umfeld von Versailles unmöglich, aber dennoch: Niemand lächelte strahlender als die Königin.

Marie Antoinette umgab sich in diesen 1770er-Jahren mit ihrer Kammerfrau Madame Campan und der spielsüchtigen Madame de Guéméné, die in Paris einen protzigen Salon führte, den Kaiser Joseph II. abfällig als „nur eine Spielhölle" bezeichnete. Tatsächlich war es Madame de Guéméné, die die junge, leicht beeinflussbare Königin mit risikoreichen Spielen wie dem trendigen „Pharao" vertraut machte. Ansonsten behauptete Madame de Guéméné, sie könne mit Toten sprechen – auch der Spiritismus erlebte in der zweiten Hälfte des 18. Jahrhunderts zusammen mit vielen anderen Spleens und Marotten einen Höhenflug. Die Prinzessin de Lamballe begleitete Marie Antoinette zu all diesen Vergnügungen, tanzte aber nicht so temperamentvoll wie die Königin und war auch sonst eher introvertiert veranlagt. In der Ballsaison konnte es vorkommen, dass Marie Antoinette ihre blonde Freundin langweilig fand; nie schlug sie von sich aus ein Abenteuer vor, immer lief sie brav hinter der Königin her.

In Fontainebleau erblickte die Herrscherin plötzlich eine brünette junge Dame, die ihr noch nie bei Hof aufgefallen war. Da sie sich – seit sie die alten Tanten endlich losgeworden war – nur mehr mit Leuten unter 30 umgab, war sie immer auf der Suche nach hübschen Gesichtern, die bei Gefallen Eingang in ihre private Clique finden könnten. Es stellte sich heraus, dass die schöne Unbekannte auf den Namen Yolande de Polignac hörte. Die Dame war mit dem Adeligen Jules de Polignac verheiratet und ließ sich gerne mit dem Männernamen Jules rufen, klang dies doch „verwirrend" – heute würde man sagen „queer" – und außerdem ähnlich wie Julie, die von so vielen jungen Frauen angehimmelte Heldin aus Rousseaus „Neuer Heloise". Später unternahm die Malerin Élisabeth Vigée-Lebrun, die mehrere Freundinnen der Königin, auch die Polignac, porträtierte, sogar eine literarische Pilgertour an den Genfer See, wo sie die Originalschauplätze der „Neuen Heloise" aufsuchte.

Marie Antoinettes oft stark und zu Recht angefeindete Freundin „Jules“ de Polignac. Sie war eine Goldgräberin, die die naive und einsame junge Königin zu ihrem Vorteil auszunutzen wusste.

Madame de Polignac war nicht reich, gestand sie Marie Antoinette, deshalb könne sie nur selten an höfischen Vergnügungen und Gesellschaften teilnehmen. Nun, das könne sie ändern, versprach die Königin der innerlich jubilierenden jungen Frau. Man sah die beiden Damen in Fontainebleau am Kanal spazieren gehen und sofort blühte der Tratsch. Hatte die Königin eine neue Favoritin? War die Lamballe womöglich in Ungnade gefallen? Jedenfalls verfügte Marie Antoinette, die bedürftige Freundin de Polignac werde schon bald in ihrer Nähe wohnen, für sie werde ein Appartement in Versailles eingerichtet. Der Ehemann werde bestimmt nichts dagegen haben, er gestattete ihr auch einen Liebhaber, den hocheleganten Joseph Hyacinthe de Vaudreuil, genannt „der Zauberer“. Dieser hässliche, pockennarbige, aber geistreiche Adelige erlangte Berühmtheit als Kunstmäzen, förderte Maler und Schriftsteller, erkannte überragende Talente wie Vigée-Lebrun oder den monarchiekritischen Autor und Abenteurer Pierre Augustin Caron de Beaumarchais, der auch als Spekulant, Waffenschieber oder Agent aktiv war. Vaudreuil trat selbst als routinierter Laienschauspieler auf und versuchte, von der Zuneigung der Königin zu seiner Geliebten finanziell zu profitieren. An sich gehörte er dem Kreis rund um den Lebemann Artois an. Marie Antoinette wurde nie wirklich warm mit ihm. Sie hielt Vaudreuil für einen eitlen Gecken und Lackaffen. Was die Höhe ihrer Spielschulden betraf, waren sich „Zauberer“ und Königin durchaus ebenbürtig.

Ihre neue Freundin, die sich in Sachen aktueller Kunst bewandert zeigte, machte die Königin in Versailles mit einigen Porträts bekannt, die verschiedene Maler bereits von ihr angefertigt hatten. Keines davon gefalle ihr, erklärte Marie Antoinette. Da brachte Madame de Polignac die junge Künstlerin Élisabeth Vigée-Lebrun ins Spiel. Ob Marie Antoinette Lust hätte, sie kennenzulernen? Unbedingt, antwortete diese, die von der mit ihr gleichaltrigen jungen Frau sogleich begeistert war. Einer Elfe gleich schwebte die Malerin bei ihrer Audienz herein, sie trug schulterlange Locken, kaum Puder im Haar und wenig Rouge. Marie Antoinette beäugte die bohemehafte Frau mit großem Interesse, war sie doch als neureiche Aufsteigerin ohne adeligen Hintergrund bekannt, eine Arrivierte, die ihre steile Karriere nur kraft ihres Talents (und hilfreicher Bekanntschaften) gemeistert hatte. In ihrem Salon, der in einem engen Pariser Stadtviertel ohne adelige Palais stattfand, waren schon Angehörige des Hofes gesichtet worden.

Die ausgefallene bürgerliche Schönheit mit dem in Versailles ungeläufigen, „natürlichen" Make-up faszinierte Marie Antoinette auf den ersten Blick. Sie dachte sogleich daran, auch den eigenen Auftritt in dieser Richtung zu modifizieren. Das sah viel zeitgemäßer aus! Die Königin führte die Künstlerin im Schloss herum und zeigte ihr die berühmten Porträts von Ludwig XIV. Sie sprach mit ihr über ihre Heimat, was ihr sonst in Frankreich kaum gestattet wurde. Es galt als unhöflich, in Versailles von Wien zu reden. Doch Vigée-Lebrun meinte, unter Künstlern und Künstlerinnen sei es üblich, weltoffen zu denken, und so plapperte Marie Antoinette mutig drauflos. Die schlanke, jünger als die Königin wirkende Vigée-Lebrun schmeichelte ihrem zukünftigen Modell und erzählte, dass die Anmut und die grazile Haltung der Königin beim Tanz im ganzen Land gerühmt würden. Man sprach von der gemeinsamen Liebe zur Natur, und im Lauf des Besuchs erkannte Marie Antoinette, dass sie *ihre* Malerin gefunden hatte. Élisabeth Vigée-Lebrun wird die Königin mehrmals verewigen und noch einen riesigen Skandal heraufbeschwören. Es war typisch, dass sich Marie Antoinette ausgerechnet für diese extrem modische, bürgerliche, sogar in der aufgeklärten Szene der Hauptstadt Paris als Exzentrikerin verschriene Frau als königliche Porträtistin entschied.

Sie war der Madame de Polignac unendlich dankbar für ihre Empfehlung, und ihre Anerkennung zeigte Marie Antoinette unglückseligerweise in Form von Zuwendungen, Posten und exorbitanten Geldgeschenken. Ihre Günstlinge und deren weit verzweigte Familien konnten mit einer nie versiegenden Geldquelle rechnen, hatten sie erst einmal Zugang zur „Gesellschaft der Königin" erlangt, dem exklusiven Zirkel junger Leute rund um Marie Antoinette. Diese hielt in ihrem überwältigenden Bedürfnis nach Bestätigung und Zuneigung ihre Freundin Polignac für ein liebevolles, selbstloses Geschöpf. Das Gegenteil war der Fall, doch sie bemerkte es in ihrem Verdruss, den sie durch ununterbrochen sich aneinanderreihende Tanzveranstaltungen, Kartenspiele, Ausflüge und Theaterbesuche zu durchbrechen trachtete, nicht.

Zu den Spielrunden der Königin gesellte sich bald Besuch aus England. Alles Englische wurde in Paris gehypt, zuletzt waren es Pferderennen und Sportwetten, die auch die Königin in ihren Bann schlugen. Sie setzte hohe Summen und verlor noch höhere. Marie Antoinette war sehr interessiert an einer Bekanntschaft von der fortschrittlichen Insel, plante sie doch gerade eine „naturbelassene" – also englische – Gartenanlage rund um das Petit Trianon anzulegen. „Sie ist die englische Version meiner selbst", sagte die Königin über Georgiana, die Herzogin von Devonshire. Diese führte ein „romanhaftes" Leben, genau nach dem Geschmack Marie Antoinettes. Später floh sie geradezu nach Paris zur französischen Königin, der auch sie sich charakterlich verbunden fühlte. Ihr kalter, abweisender Ehemann hatte sie verstoßen, da sie ein Kind von ihrem Lover erwartete. Marie Antoinette liebte Geschichten dieser Art. Wie sehr litt sie selbst unter dem indolenten König! Die Frauen entdeckten ihre Gemeinsamkeiten, genossen die gegenseitige Gesellschaft und machten gehörig Eindruck aufeinander. Georgiana, zwei Jahre jünger als Marie Antoinette, nannte die Polignac „Little Po". Die jungen Damen probierten wie Teenager im Mädchenzimmer die neuesten Kleidermodelle und Frisuren aus.

Georgiana war damals die berühmteste Frau in ganz England, *das* Modeidol schlechthin, und auch politisch sehr rührig. Längst herrschte in ihrer Heimat eine konstitutionelle Monarchie, mit einer Verfassung, einem Parlament und sich gegenseitig überschreienden Parlamentsmitgliedern. Georgiana mit ihren riesigen Federhüten stieg auf Bretterbühnen und hielt Wahlkampfreden für ihren Mann, den Herzog von Devonshire. Ihr politisches Engagement hatte ihr auch den Geliebten beschert: den Whig-Abgeordneten Charles Grey. An den Pariser Spieltischen verlor sie Unmengen von Geld und versuchte wie Marie Antoinette, ihr finanzielles und persönliches Elend mit Lachen und Fröhlichkeit zu überspielen. Der Nachname Georgianas lautete übrigens Spencer. Der Ruf, schwierig zu sein, hing dieser Familie seit Langem an. Spencer-Männer galten als cholerisch und exzentrisch, die Frauen als verschwenderisch und unbeherrscht. Alkoholprobleme und Verwandtschaftskonflikte standen auf der Tagesordnung. Georgiana war auf dem Gut der Spencers, Althorp, geboren worden, wo eine Modeikone des 20. Jahrhunderts ihre Kindheit verbringen wird. Georgiana Spencer war eine direkte Vorfahrin von Lady Di.

„Bagatellen"

Aus Wien traf Post mit der lobenswerten Intention ein, dem unbekümmerten Leben der französischen Königin eine sinnvollere Wendung zu geben. Maria Theresia hatte von den Spielschulden erfahren, auch von den finanziellen Geschenken, die ihre Tochter einem Goldesel gleich über ihre Freundinnen ausschüttete. Man versuchte ihr vor Augen zu führen, dass insbesondere die BFF Jules de Polignac ein Fass ohne Boden sei, die ihre unersättliche Familie mit Unterstützung Marie Antoinettes bereits allerorten am Hof untergebracht habe. Man munkelte, die Königin begleiche sogar die Schulden der Polignac. Ihr Schwiegersohn erhielt später einen hoch dotierten Posten, der gehörnte Ehemann für sein gnädiges Wegsehen beim Fremdgehen sowieso. Die Familie Polignac kostete Frankreich weit über eine Million Livres pro Jahr.

Dazu kam noch das ausufernde Diamanten-Shopping der Königin. Neben ihrer fatalen Neigung zu riskanten Glücksspielen und Sportwetten hatte sie eine Sammelleidenschaft entwickelt, die selbst durch den Erwerb zahlreicher und aufwändiger Preziosen nie zu versiegen schien. Einzelne Juwelen gefielen ihr so gut, dass sie sie unbedingt erwerben wollte, auch wenn sie unleistbar waren. In solchen Fällen verbarg sie den Ankauf vor Ludwig XVI. und versuchte, den Diamantschmuck über Jahre hinweg in Raten zu bezahlen. Dass ihre wegen der vielen Exzesse schon bis zum Nervenzusammenbruch echauffierte Mutter auch davon erfahren hatte, lastete die realitätsferne Marie Antoinette ihrer Schwester Mimi an. Sie vermutete, diese lese französische Spottblätter und habe nichts Besseres zu tun, als wie in der Schönbrunner Kinderstube der Mama alle Übertretungen der kleinen Schwester brühwarm zu hinterbringen.

In Wahrheit war die Regentin über ihre „Spione“ Mercy und Vermond bestens informiert: „Solche Geschichten durchbohren mein Herz, wenn ich an Ihre Zukunft denke“, schrieb die empörte Maria Theresia. Marie Antoinette sagte zu Vermond: „Et voilà, meine Braceletten (Armbänder, Anm.) sind in Wien angekommen. Ich wette, diese Sache rührt von meiner Schwester Marie her.“ „Weshalb denn?“, fragte Vermond. „Das liegt an ihrer Eifersucht“, antwortete die Königin. „Es ist in ihrem Charakter.“ Die besagten Diamantarmbänder wurden Jahre später von Mercy außer Landes geschafft und erzielten im Herbst 2021 bei einer Auktion in Genf den Wert von über sieben Millionen Euro. Dabei hatte Marie Antoinette ihrer über alle Maßen besorgten Mutter gleichgültig geantwortet: „Ich habe es nicht für möglich gehalten, dass man sich die Mühe machen kann, die Güte meiner teuren Mama mit solchen Bagatellen zu befassen." Der König nahm schließlich einen Kredit auf und stotterte die Rechnung in Raten ab. Er beglich allerdings auch die ungeheuren Schulden seiner jüngeren Brüder immer klaglos, ohne ein Wort des Tadels.

Um auf andere Gedanken zu kommen, fuhr die Königin wiederholt nach Paris. Man sah Marie Antoinette im Palais Royal, dem Wohnort des Herzogs von Orléans, wie sie sich blindlings unter zwielichtiges Volk mischte. Mercy klärte Maria Theresia darüber auf:

„Sie hat nicht widerstehen können, auf zwei Bälle ins Palais Royal und auf fünf oder sechs Maskenbälle in der Oper zu kommen. Sie spricht da mit jedermann, promeniert dort, gefolgt von jungen Leuten, darunter einer Anzahl Ausländer, vor allem Engländer, die sie auszeichnet. Und dies alles ist mit einer Art von Familiarität geschehen, an die sich die Öffentlichkeit niemals gewöhnen wird."

Wieder hatte Marie Antoinette alle geltenden Klassenschranken außer Acht gelassen. Sie tanzte zwischen Bankiers, Botschaftsleuten, jungen Männern auf der „Grand Tour", Schauspielern, Künstlern und den im Palais Royal anzutreffenden Sexarbeiterinnen aller Kategorien.

Dennoch ließ sie sich nie etwas zuschulden kommen, sie hinterging Ludwig XVI. nicht. Doch die Alarmglocken schrillten zusehends lauter. Sie war noch immer nicht schwanger, es gab keinerlei Veränderung der ehelichen Situation. Ihre österreichischen Berater führten es ihr täglich drastisch vor Augen: Eine Königin, deren Ehe nicht vollzogen wurde, könne jederzeit zurückgeschickt werden. Die Heirat sei juristisch gesehen null und nichtig. Das spaßige Lotterleben werde dann von einem Tag auf den anderen ein Ende haben. Sie müsse den Realitäten ins Auge sehen. Mercy war dennoch der Einzige, der von einer Krankheit des Königs schrieb, die von einigen Biografen als Vorhautverengung interpretiert wurde. Heute kann davon ausgegangen werden, dass Mercy diese Schutzbehauptung aufstellte, um Maria Theresia und vor allem Marie Antoinette abzusichern. Der Diplomat wollte unter allen Umständen vermeiden, dass man der Königin eine Schuld an der Ehekatastrophe anlasten würde. Niemand sollte behaupten können, Marie Antoinette sei eine unfruchtbare Frau, die dem Land nie einen Dauphin schenken werde.

Marie Antoinettes älteste Tochter Madame Royale. Am Arm der Mutter jene Diamantarmbänder, die die Tochter erben sollte und die 2021 in Genf versteigert wurden.

Wiederum kursierte ein Spottheft, diesmal mit dem Titel „Les Nouvelles de la Cour" (Die Neuigkeiten vom Hof). Abgebildet war eine traurige, an ihren Mann denkende Königin, daneben ein Vers: „Kann er? Oder kann er nicht?" Nach Wien berichtete die schier verzweifelte Marie Antoinette, ihr Mann habe gesagt, momentan könne er sie nicht aufsuchen, sein Körper mache „gerade eine Trockenperiode" durch. Schließlich hielt Maria Theresia nach sieben qualvollen Jahren die Obskuritäten nicht mehr aus und schickte ihren kenntnisreichen Sohn, Joseph II., an den Hof nach Versailles. Der Kaiser reiste ohnehin die ganze Zeit in der Gegend herum, um Streitereien mit seiner Mutter so gut wie möglich aus dem Weg zu gehen. Also auf nach Frankreich. Mit im Gepäck des großen Aufklärers: Ein Sex-Koffer für das renitente Königspaar.

Ein Kaiser klärt auf

Marie Antoinette war enthusiasmiert. Sie freute sich sehr auf die Ankunft des Bruders, aber ein wenig mulmig war ihr doch zumute. Wie detailreich wusste er über ihr Leben Bescheid? Würde er stundenlang schreien und schimpfen? Ziemlich genau sieben Jahre nach ihrer Hochzeit, im April 1777, traf ihr mächtiger Bruder, wie immer inkognito als Graf von Falkenstein, in Versailles ein. Er sollte recht lange bleiben, bis Ende Juni. In einem grauen Reitrock ohne Orden, ohne Fanfaren oder Gefolge betrat Joseph II. über eine Geheimtreppe die Räumlichkeiten seiner jüngsten Schwester. Vor dem anwesenden König sagte er galant, wie gutaussehend er sie finde: „Wäre sie nicht meine Schwester, würde ich sie zur Frau nehmen wollen." Er hoffte, Ludwig XVI. würde den Wink mit dem Zaunpfahl verstehen. Die Höflinge beobachteten, wie der Kaiser und die Königin im Park spazieren gingen, offenbar in ein ernstes Gespräch vertieft. Joseph kam nun zur Sache. Kein Wort mehr davon, dass ihm Marie Antoinettes Aussehen gefiele. Sie habe viel zu viel Rouge im Gesicht, monierte der Bruder, „wie eine Furie" sähe sie aus. Die Königin schluckte. Ihre Freunde und Freundinnen seien leichtsinnige, geldgierige Nichtsnutze, die sie vom rechten Weg abgebracht hätten, bemängelte Joseph. Der schlechte Umgang müsse aufhören. Er wisse, dass sie ihren Freundinnen gestattet habe, ihr bei Empfängen Witzeleien ins Ohr zu flüstern und sie daraufhin alle hinter ihren Fächern lachen würden. Ein unfassbares Benehmen für eine Königin.

Auch habe er gleich bemerkt, wie kühl und gleichgültig sie sich dem König gegenüber verhalte. Sie müsse zärtlicher und liebevoller sein. Kein Glücksspiel mehr, keine Diamanten, keine missverständlichen Auftritte in strittig beleumundeten Gegenden.

Die schuldbewusste und bußbereite Marie Antoinette gelobte Besserung in allen Punkten. Nur die Freundin de Polignac, die könne und wolle sie nicht aufgeben. Joseph begann zu toben. Diese Person sei hinterlistig und gefährlich, nicht einmal die Mätressen von Ludwig XIV. und Ludwig XV., Madame de Maintenon und Madame de Pompadour, hätten so verschwenderisch gelebt. Die Freundin verfolge selbstsüchtige Interessen, was sie, Marie Antoinette, in ihrer Verblendung nicht erkenne. Die Königin erbleichte, als die Namen der heimlichen Herrscherinnen früherer Zeiten fielen. „Und die Moral bei Hof!", ereiferte sich der Kaiser weiter. Der Ehemann der Polignac bitte ja um Entschuldigung, so ungelegen nach Hause zu kommen, wenn er sie mit ihrem Schauspieler im Schlafzimmer vorfände. Die Lamballe sei einfach nur ein albernes Schaf, ein betont schlichtes Gemüt. Jedenfalls auch keine passende Freundin für eine Königin. Für das „Schaf" war allerdings der unter Ludwig XV. bereits eingesparte Posten einer Intendantin des königlichen Haushalts reaktiviert worden. Der Titel bedeutete ein fürstliches Einkommen und die Erlaubnis, sich ständig in der Nähe der Monarchin aufhalten zu dürfen.

Maria Theresia hatte Joseph gewarnt, er solle sich bloß nicht von seiner charmanten Schwester einwickeln lassen. Und ihre Tochter hatte sie bestürmt, ihrem Bruder auf jeden Fall die Wahrheit zu sagen, keine Geheimnisse für sich zu behalten und nur daran zu denken, wie man dem König bei seinen delikaten Problemen behilflich sein könne.

Eine Audienz Josephs bei Ludwig XVI. folgte am nächsten Tag. Was die Herren genau besprachen, ist nicht bekannt, doch verfasste der Kaiser wenig später ein Schreiben an seinen Bruder Leopold, den Großherzog der Toskana, das an Deutlichkeit nichts zu wünschen übrig ließ:

„Im Ehebett hat der König die gewünschten Erektionen; er führt das Glied ein, bleibt ungefähr zwei Minuten ruhig liegen, zieht es jedes Mal vor dem Erguss wieder heraus in dem Glauben, auf diese Art und Weise SEINE

GESUNDHEIT zu schützen, wenn er eine orgasmische Ejakulation vermeidet. Immer noch erigiert, wünscht er der Königin dann eine gute Nacht. Dennoch berichtet mir dieser Dummkopf, dass er in der Nacht zuweilen unwillkürliche Samenergüsse hat, nur an Ort und Stelle vollbringt er das Werk NIE. Er ist jedoch glücklich und zufrieden mit den Dingen. Freimütig hat er mir gestanden, dass er alles nur aus Pflichtgefühl auf sich nehme und keinen Spaß daran habe. Wenn ich nur einmal hätte dabei sein können – ich hätte es schon arrangiert! Man müsste ihn wie einen Esel peitschen, um ihn dazu zu bringen, dass er sich entlädt.
Von ihm weiß ich auch, dass unsere Schwester ebenso wenig Geschick hat und so unschuldig wie ein Kind im Bett neben ihm liegt. Zu zweit sind sie doppelt so ungeschickt. Welche Stümper!"

Zu diesem Zeitpunkt zählte Marie Antoinette 21 und Ludwig XVI. 22 Jahre. Im Verständnis der damaligen Zeit hätten sie nach sieben Jahren bereits als altes Ehepaar gegolten. Kaum zu glauben, was die katholische Erziehung zu Keuschheit und Sittsamkeit, aber auch die „Beratung" durch Ludwigs Erzieher, die eine Schwangerschaft der „Österreicherin" verhindern wollten, bei den beiden „Stümpern" angerichtet hatten. Nachdem nun in „Dr. Sommer"-Manier das an sich Selbstverständliche abgehandelt worden war, übergab der große Bruder seiner Schwester ein schriftliches „Memorandum", das sie wiederholt zurate ziehen solle. Es ging darum, dass sie mindestens zwei Stunden pro Tag bedeutenden Büchern widmen müsse, denn nur so könne sie ihren Horizont erweitern. Und damit meine er nicht „Die Freuden der Liebe" oder ähnliche beliebte erotische Romane der Zeit, die Marie Antoinette studiert hatte in der Hoffnung, auf diese Weise zu erfahren, wie man einen Mann verführt. Joseph fand diese Literatur „leider lasterhaft". Anschließend wiederholte er noch einmal die Ratschläge der Mutter: Es müsse Marie Antoinette gelingen, zu Ludwig eine körperliche Bindung aufzubauen, davon hinge ihr Lebensglück ab: „Haltet Euer ganzes Leben lang die Hoffnung auf Kinder in ihm aufrecht."

Der erfahrene Politiker Joseph II. bangte nicht zuletzt um die Sicherheit seiner Schwester. Er wusste um die bereits ausweglose Lage der Finanzen Frankreichs und des damit verbundenen staatlichen Wohlergehens. Die nicht vollzogene, kinderlose Ehe des Königspaares war für ihn nur ein zusätzliches Symptom der gesamten französischen Tristesse. Er machte die

Königin auf die Möglichkeit einer „grausamen Revolution“ aufmerksam, „da es unmöglich sein wird, im gewohnten Stile fortzufahren“, schloss der Kaiser. Bei vielen fortschrittlichen Parisern kam der militärisch schlicht auftretende Monarch aus Wien ausgezeichnet an. Ein Lobgedicht ging so:

„Was sollten wir eräugen
Falkenstein wollt uns zeigen
Einen einfachen Kaiser – Majestät ohne Prunk.
Was hat er gefunden
Bei uns all die Stunden
Einen beschämenden Kontrast – Prunk ohne Majestät.“

Der Abschied zwischen dem 14 Jahre älteren Bruder und seiner jüngsten Schwester verlief tränenreich. In der Hoffnung, dass sich alsbald etwas zum Besseren verändern würde, nahm der offene Wagen des Grafen von Falkenstein im Sommer 1777 Kurs auf den Ort Louveciennes, 20 Kilometer von Paris entfernt. Dort lebte die Ex-Mätresse Madame du Barry auf ihrem Landsitz. Sie hatte längst das Kloster verlassen dürfen. Wie ihre einstige Feindin, die Königin, sprach sie nun mit Vorliebe über ihre Beschäftigung mit der Natur und Gartenkunst und ließ, ebenso wie Marie Antoinette, einen Liebestempel errichten. Joseph II. war berüchtigt für seinen Hang zu „Dirnen und Kupplern“, die sich, so seine Zeitgenossen, vor seinen Arbeitsräumen in der Hofburg drängten und die er, vor allem für bestimmte Informationen, gut bezahlte. Er ließ es sich nicht nehmen, der nunmehr 33-jährigen Madame du Barry, die mit ihrem neuen Gönner, dem verheirateten Herzog de Brissac lebte, einen Besuch abzustatten. Sie sei ganz durcheinander wegen dieses Übermaßes an Ehre, meinte sie, und verbeugte sich tief. „Die Schönheit ist immer Königin“, beruhigte sie der römisch-deutsche Kaiser.

Madame Royale

Seine Mutter in Wien erhielt noch in diesem ereignisreichen Sommer 1777 die erlösende Nachricht aus Versailles: „Ich befinde mich im Zustand des größten Glücks. Es ist nun schon eine Woche her, seit unsere Ehe vollzogen wurde; der Beweis ist gestern erneut in noch vollständigerer Weise erbracht worden", ließ die Königin wissen. Offenbar brauchte es noch etwas Übung, doch im Folgejahr 1778 stellten sich Anzeichen einer Schwangerschaft ein. An einem kalten Dezembertag desselben Jahres erblickte eine winzige Maria Theresia das Licht der Welt. Die erste Tochter wurde bei den Habsburgern traditionell nach der Großmutter benannt. Komplikationen hatte es bei der öffentlichen Geburt zunächst keine gegeben. Höflinge mussten als Augenzeugen einer königlichen Geburt beiwohnen, um einen Austausch des legitimen Königskindes ausschließen zu können. Ein Paravent schützte den Unterleib der Gebärenden vor allzu zudringlichen Blicken, doch ihr verschwitztes Gesicht und ihr Oberkörper waren für alle sichtbar. Manche kletterten für die beste Aussicht bis zu den Vorhangleisten hinauf. Marie Antoinette blickte vom Gebärbett auf die Porträts ihrer 16-fachen Mutter und ihres kaiserlichen Bruders. Die Pastelle hängen bis heute in ihrem Schlafzimmer in Versailles. Sie strengte sich sehr an, versuchte, so wenig wie möglich zu schreien, und diese ungesunde Verhaltensweise brachte es mit sich, dass sie kurz nach der Geburt in Ohnmacht fiel. Im Geburtszimmer war es stickig und heiß, bis der König endlich befahl, die Fenster zu öffnen. Eisig kalte Luft strömte herein, es wurde ein Aderlass vorgenommen und die Königin erlangte das Bewusstsein wieder. Als sie das Geschlecht des Kindes erfuhr, soll sie gesagt haben, gut, ein Mädchen sei ihr sogar lieber: „Ein Bub hätte dem Staat gehört, du aber, Marie-Thérèse, wirst ganz die meine sein." Jubel war keiner zu hören.

Das Mädchen erhielt den Titel Madame Royale und wurde nach den neuartigen Erziehungsregeln Jean-Jacques Rousseaus aufgezogen. Der König gestattete, dass seine Frau die Tochter selbst stillte, was noch nie in Versailles vorgekommen war. Madame Royale bekam Appartements, die zum Garten hinausgingen, sie sollte so viel Licht und frische Luft wie möglich um sich haben. In unmittelbarer Nähe der Gemächer ihrer Tochter ließ Marie Antoinette zum großen Staunen der Hofgesellschaft eine weitere Neuerung installieren: einen eigenen, luxuriösen Baderaum. Dieser zeichnete sich durch Holzvertäfelungen aus, in die Delfine, Muscheln, Wasserpflanzen und -vögel eingearbeitet waren. Der Boden wurde schwarz-weiß verfliest. Aus zwei Schwanenhälsen floss warmes und kaltes Wasser in die Wanne. Mit ihrem mehrmals umgestalteten und renovierten Badezimmer veranschaulichte die Königin das sich im 18. Jahrhundert rasant

Unter den Augen von Mutter und Bruder: In Marie Antoinettes Schlafzimmer in Versailles hängen bis heute die Porträts der allmächtigen Wiener Verwandtschaft.

wandelnde Verhältnis zu Sauberkeit und Hygiene. Wasser als Mittel zur Körperpflege genoss aus unterschiedlichen Gründen seit Langem gerade beim Adel keinen guten Ruf und wird erst Ende des 19. Jahrhunderts jenen Stellenwert erreichen, der für uns heute als alltäglich und „normal" gilt. Wieder einmal hatte Marie Antoinette die Zeichen der Zeit vor den meisten Adelsangehörigen erkannt.

Et in Arcadia Ego

Sobald die Tage wärmer wurden, begab sich die Königin mit ihren Freundinnen und ihrer kleinen Tochter ins Hameau, ein Kulissendorf, in dem die wie eine Schauspielerin angezogene Herrscherin Schäferin spielte. Es gab einen Taubenschlag, künstliche Seen mit Enten und gluckernde Bächlein, eine ratternde Mühle, einen Bauerngarten, rundherum acht Landhäuschen mit Strohdächern. Alles musste alt und schäbig aussehen, aber nichts durfte alt und schäbig sein. Risse und herausgefallene Ziegel wurden nach Architekturplan auf den Mörtel aufgemalt. Auf Details wurde größter Wert gelegt, daher waren die Kamine künstlich geschwärzt. Ein „Edel-Grunge-Dorf", vergleichbar mit dem Mitte der 1990er-Jahre einsetzenden Look des „Heroin-Chic", als Kate Moss oder Audrey Marnay in löchrigen Jeans, Fetzenpullis und Slipdresses mit eingerissenen Trägern die Catwalks der Modemetropolen dominierten. Abgetretene Wendeltreppen aus Holz führten auf offene Balkone, drinnen standen die neuesten Billardtische aus England. Klematis wucherte rund um die niedrigen Eingangstüren. Seltene Tulpensorten kamen aus Holland, herrlich duftende Magnolien in Weiß und Rosa aus Italien. Ziegen mit gebürstetem Fell und fluffig-fedrige Hühner erwarteten mit ihrem weiß gekleideten Personal die adelige „Kundschaft". Entzückende Schäfchen und Kälber trugen himmelblaue und rosarote Schleifen um den Hals. Eier wurden vor dem Überreichen selbstverständlich auf Hochglanz poliert. Die hauchzarten Melkkübel und Trinktassen waren in der Porzellanmanufaktur Sèvres hergestellt worden, wo man erwartete, dass Mitglieder des Hofes Produkte erwarben. Schließlich war die gesamte französische Luxusindustrie von der Unterstützung des Königshauses und des Hochadels abhängig. Es wäre für Marie Antoinette gar nicht möglich gewesen, günstiger einzukaufen. Ihre fabriksneuen Teile von Sèvres trugen ihr Monogramm und nahmen in ihrer vordergründigen

Hausmauer in Marie Antoinettes privatem „Bauerndorf“:
Abbröckelnden Verputz gab es selbstverständlich nicht.
Alles wurde nach Vorgabe der Architekten künstlich aufgemalt.

Schlichtheit den aufkommenden klassizistischen Stil vorweg. Unter einem Felsvorsprung in der Nähe des Belvederes wurde auf Wunsch der Königin eine versteckte Liebesgrotte installiert. Sie wird am Ende von Marie Antoinettes Jahren in Versailles noch in den Mittelpunkt des Interesses rücken.

Das bis heute viel kritisierte „Bauerndorf" war allerdings keine „Erfindung" der Königin. Sie hatte in Chantilly eine ähnliche Kreation besucht, einen künstlichen Weiler, den der königliche Prinz von Condé bereits zwischen 1772 und 1774 hatte anlegen lassen, um seine Sommergäste zu unterhalten. Rousseau hatte es vorgemacht, das kultivierte Flüchten in die Natur. In seinen „Confessions" steht: „Ich brauche Gießbäche, Felsen, Tannen, dunkle Wälder, Berge (...) die betäubenden Ekstasen der Natur." Wie Franz von Assisi sprach der Philosoph mit den Vögeln, schwärmte von seinen einsamen Spaziergängen, vom Gold des Ginsters und dem Purpur des Heidekrauts. Er genoss die „Majestät der Bäume, die mich mit ihrem Schatten deckten". Wer es sich leisten konnte, umgab seine Schlösser nun mit einer solchen von Fachleuten ersonnenen „Natur" im englischen Stil. Der französische Barockgarten hatte ausgedient. Die „Bauerndörfer" samt „natürlicher" Umgebung waren bei den Superreichen schwer in Mode, es war also nicht die durchgeknallte Königin, die auf den absurden Gedanken kam, in einem Land voller mittel- und besitzloser Bauern ein artifizielles normannisches Dorf aufbauen zu lassen. Das noch dazu Unsummen kostete – etwa zwei Millionen Livres (exklusive Erhaltungskosten) – und die botanischen Sammlungen der früheren Herrscher ihres Standortes beraubte. Die alten Glashäuser wurden abgerissen, ihr wertvoller Inhalt wurde nach Paris transferiert und bildete dort den Grundstock des heutigen Botanischen Gartens. Marie Antoinette interessierte sich nicht für seltene exotische Pflanzen, die dem Studium der Natur dienten. Sie hasste die mit Reißbrett, Lineal und Heckenschere „vergewaltigten", begradigten Parkanlagen des 17. Jahrhunderts und wünschte sich eine moderne Umgebung, in der freilich nichts „wahrhaftiger" oder „lebensechter" war als in den kerzengeraden Rabatten und Alleen, die Ludwig XIV. als Zeichen des Sieges des Menschen über das Chaos der Natur gefeiert hatte.

Von Marie Antoinettes Schlafzimmer im Petit Trianon blickte man auf ihren Temple d'Amour, gelegen auf einer kleinen Insel und erreichbar auf filigranen Stegen über einen künstlichen Wassergraben. Die Kleidung der Königin hatte sich passend zum nun gelebten Landhausstil radikal verändert. Marie Antoinette war eine Meisterin darin geworden, ihr Befinden

Die Bauerngärten im Hameau.
Hier spazierte die Königin mit ihren Kindern sowie ihrem exklusiven Zirkel gleichaltriger Freundinnen und Freunde. Das Motto lautete: Trau keinem über 30!

und ihre Persönlichkeit über die Mode auszudrücken. Ihrer Mutter schrieb sie, sie ziehe sich wie eine Hirtin an, keine Seide, kein Brokat mehr, nur noch ungefärbte Musselinkleider. Da sie einen schmalen Körper besaß, der kaum unterstützende Hilfsmittel benötigte, hüllte sie sich in helle Stoffe mit fließenden, weichen Linien. Zur Betonung der Taille trugen die Königin und ihre Freundinnen bunte Schärpen in Hellblau, Gelb oder Rottönen. Dem „Panier", also dem überdimensionierten Reifrock der höfischen Prunkkleider, hatten sie endgültig Adieu gesagt. Nur in Wien hat sich, zumindest im Umfeld von Voodoo Jürgens, die „Ansa-Panier" (Sonntagsstaat; im übertragenen Sinn auch: gute Freunde) bis heute erhalten.

Nach dem Vorbild ihrer Porträtistin Élisabeth Vigée-Lebrun war das Make-up stark reduziert worden. Ein wenig Puder und etwas Farbe für die Wangen mussten ausreichen. Die Haare wurden ohne falsche Haarteile nonchalant aufgesteckt. Es sah ungeheuer „hip" aus, ganz konträr zur „Zopfzeit": Keine Perücken mehr. Marie Antoinette ließ eine Schaukel aufstellen und jeder konnte zusehen, wie sie ihre Tochter eigenhändig durch die Luft sausen ließ.

Noch wenige Jahre vor der Revolution, 1785, beschloss Ludwig XVI., für seine gartenverrückte Ehefrau eine zweite Meierei erbauen zu lassen, und zwar im von Marie Antoinette für langweilig erachteten Landschloss Rambouillet. Er hoffte, die Königin würde sein Geschenk schätzen und das Schloss öfter mit ihrer Anwesenheit beehren. Die Anlage gehörte an sich dem schwerreichen Schwiegervater der Prinzessin de Lamballe. Er hatte für die Freundin der Königin dort ein bis heute erhaltenes, der damaligen Mode entsprechendes „Muschelhaus" errichten lassen, das versteckt am Waldrand liegt. Sämtliche Wände sind mit bunten Muscheln und Schnecken ausgekleidet. Etwa 15 Gehminuten von dieser spektakulären Sehenswürdigkeit entfernt befindet sich die klassizistische „Laiterie de la Reine", ein milchweißes Gebäude mit zahlreichen Medaillons voller dekorativer Schäfer- und Gartenszenen. Im Inneren geht man auf eine künstliche Grotte zu, die beleuchtet werden konnte. Passend zum Thema des Gartenpavillons erscheint in der Grotte die marmorne Nymphe Amalthea mit einer Ziege, deren Milch einst den jungen Zeus ernährt hatte. Die „Laiterie" und ihre bukolische Lage sind ein Gesamtkunstwerk zum Thema „die Natur wie der Adel sie sah". Marie Antoinette bevorzugte dennoch ihre eigenes, vom lothringischen Architekten Richard Mique erdachtes, artifizielles Dorf samt Molkerei beim Petit Trianon.

„Limonadenverkäuferin": Da die Monarchin ohne Schmuck, Staatskleid und herrschaftliche Insignien dargestellt wurde, brachte das Porträt das Volk gegen die Herrscherin auf. Letzten Endes musste das Bild sogar abgehängt werden.

Milchtrinkschale aus der Meierei der Königin im Schloss Rambouillet.
Im 19. Jahrhundert wurde behauptet, die Form der Schale
sei nach dem Busen der Herrscherin modelliert worden.

„Zwetschkenrummel“

Im Jahr von Madame Royales Geburt trafen vom Wiener Hof zahlreiche schriftliche Hilferufe bei der Königin ein. Wieder einmal wurde sie bestürmt, sich bei Ludwig XVI. für österreichische Angelegenheiten zu verwenden. Diesmal stand die Erbfolge in Bayern im Zentrum der Querelen. Der Kurfürst Maximilian III. Josep war kinderlos gestorben. Kaiser Joseph II. und der alte Kaunitz beschlossen, zuzugreifen: Sie wollten Bayern an sich bringen, im Tausch gegen die österreichischen Niederlande. Maria Theresia sah die Welt am Abgrund: Sie lasse sich gerne „schwach, feig und unzurechnungsfähig“ schimpfen, schrieb sie an ihren Sohn, auf keinen Fall aber wolle sie nochmals in einen Krieg verwickelt werden. Österreich stand isoliert da, Frankreich schien auf Distanz zu gehen – in den Augen der schon betagten und kränklichen Regentin erzeugte die verzwickte Situation den Eindruck, eines ihrer Lebenswerke, die „Allianz“, könnte womöglich kippen. Der sogenannte Bayerische Erbfolgekrieg war jedoch ein Krieg, den niemand wirklich wollte. Vor allem suchte Maria Theresia ein Einverständnis mit dem Erzrivalen Friedrich von Preußen. Schon die Zeitgenossen nannten die Auseinandersetzung „Kartoffelkrieg“ oder „Zwetschkenrummel“. Im Mai 1779 konnte durch die diplomatische Unterstützung Frankreichs und Russlands der Friede von Teschen unterzeichnet werden: Österreich hatte an Prestige eingebüßt und musste seine Ansprüche auf Bayern zurückziehen, wo nun die Erbfolge an Preußen gelangt war. Als Entschädigung wurden Braunau und das heute als Innviertel bekannte Gebiet an Österreich abgetreten.

Marie Antoinettes Engagement für die österreichische Sache wurde – obwohl das Ergebnis eher „mau“ war – in ihrer französischen Umgebung mit Groll beobachtet. Ebenso verächtlich kommentierte man die Einrichtung des Petit Trianon, das unmissverständlich Privatinteressen diente und als „Klein-Schönbrunn“ oder „Klein-Wien“ wahrgenommen wurde – unkontrollierbar, abseits von Versailles, wo eine Herrscherin sich aufzuhalten hatte. Und dann flatterte die Königin auch noch in diesen Musselinfähnchen herum, die aus englischen Webereien stammten. Alle Damen von Rang taten es ihr nach. Wollte sie etwa die französische

Seidenindustrie ruinieren? Doch beschäftigte Marie Antoinette gerade im Petit Trianon die besten französischen Kunsthandwerker, Dekorateure, Maler, Gartenarchitekten und Legionen von französischen Arbeitern. Diamanten wurden eingespart, dafür wanderte das Geld in die Ausstattung und Gestaltung des privaten Refugiums. Und schnell musste es gehen. Die Herrin des Trianon war dafür bekannt, keine Geduld oder Muße zu haben. Hatte sie sich einmal etwas ausgedacht und ihre Ideen kommuniziert, musste augenblicklich zu deren Verwirklichung geschritten werden. Madame wollte alles – und das sofort.

Geschlossene Gesellschaft

Das an sich Unmögliche war binnen weniger Monate vollbracht, und da stand er nun, der Pastelltraum der Lillifee-Königin; eine in Rekordzeit verwirklichte Allüre einer Glamour-Queen, wie sie Frankreich noch nicht erlebt hatte. Marie Antoinette sollte die einzige Königin bleiben, die in Versailles auch wirklich regiert hat. Ihrem Vermächtnis begegnet man dort auf Schritt und Tritt, und nicht wenige Touristen besuchen das größte Schloss der Welt in erster Linie, um auf den Spuren der „Österreicherin" zu wandeln.

Auch das Petit Trianon verfehlt seine Anziehungskraft bis heute nicht. Wer für die Architektur des 18. Jahrhunderts etwas übrighat, für den wird das zwischen 1764 und 1768 errichtete Lustschloss zu den weltschönsten Gebäuden gehören, mit perfekten Proportionen, an sich schlicht, aber ungemein exquisit. Acht Räume erstrahlten in Gold und Weiß, hell, freundlich, einladend. An den Wänden glänzte schimmernde Seide, Bilder des Rokoko-Malers Antoine Watteau erfreuten das Auge. Das Lebensgefühl im Petit Trianon war das absolute Gegenteil von den stinkenden Gängen in Versailles, voller Ratten, Fäkaliengestank, ungewaschener Menschen und übel riechender Kleider. Den neugierigen Höflingen von Versailles tat Marie Antoinette nicht den Gefallen, sie zur Eröffnung ihres neuen Domizils einzuladen.

Überhaupt durfte man das Innere nur „auf Befehl der Königin" betreten, was auch für den König Gültigkeit hatte. Etwas Unerhörteres war kaum möglich. Eine Königin hatte nichts zu befehlen. Ihr war nur eine einzige Pflicht zugedacht, und diese lautete, ihrem Mann, dem König, Gehorsam zu leisten und seine Kinder zu gebären. Was bildete sich diese Ausländerin eigentlich ein? Der Tratsch und das Gerede waren nicht mehr zu stoppen. Und dann erfuhr man von der allerdreistesten Ungeheuerlichkeit. Im Boudoir der Königin, von dem man heute noch den wundersamen Blick auf den am spiegelglatten Wasser liegenden Liebestempel genießen kann, gab es selbstschließende Fensterläden! Das automatenverrückte 18. Jahrhundert hatte die Reichen für alle möglichen, sich selbst bewegenden Gegenstände begeistern können. Die ersten Versuche mit der soeben entdeckten Elektrizität verblüfften die Leute und das Fliegen mit Heißluftballons ließ ganz neue Zweifel aufkommen: Waren Jesus und die Jungfrau Maria wirklich zum Himmel aufgefahren? Wo das jetzt doch jeder konnte, der genug im Säckel hatte …

Marie Antoinette drückte auf einen Knopf bei ihrem Nachttisch, und schon fuhren die innen als Spiegel getarnten Läden herunter. Die Königin entzog sich den Blicken ihres Hofstaats, weilte in ihrem verspiegelten Schlafzimmer! Was – bitte – ging dort vor?? Die wenigen, die überhaupt hineinkamen, schwiegen darüber. Damit sich das Tor zum Petit Trianon öffnete, musste man im Besitz einer Eintrittsmarke sein, die auf der Vorderseite den Schriftzug „Jeton de la Reine“ trug; auf der Rückseite waren die verschränkten Wappen von Frankreich und Österreich zu sehen. Wer keinen Jeton erhalten hatte, der musste draußen bleiben. Die „Eintrittsjetons“ sahen wie Spielmarken aus – erwartet wurde jedoch, dass die Königin den ruinösen Glücksspielen abschwören würde. Mehr als eine Handvoll Zutrittsmarken gab es nicht. Wer eine erhielt, durfte sich fühlen wie ein Mitglied eines besonders exklusiven Clubs. Kein Wunder, dass sich Marie Antoinettes Gegner ohne Ende über das „Klein-Schönbrunn“ ereiferten.

Ein weiteres Unglück folgte auf dem Fuß. Kaum, dass sie das Petit Trianon eingeweiht hatte, erkrankte die Königin an den Masern und beschloss, die Quarantäne infolge der ansteckenden Krankheit in ihrem Refugium zu verbringen. Sie war der Meinung, jeder würde es verstehen, wenn sich eine mit roten Pusteln übersäte Herrscherin in ihre Privaträume zurückzog. Wäre sie mit ihrer Kammerfrau und zwei Leibdienerinnen im Trianon geblieben, hätte sich der Skandal wohl vermeiden lassen. Doch sie wünschte sich neben den unvermeidbaren Freundinnen Lamballe und Polignac auch einige Herren, die ihr am Krankenlager von sieben Uhr früh bis 23 Uhr nachts die Zeit vertreiben sollten. Alle gehörten zur „Gesellschaft der Königin": Der Herzog von Guînes, an sich Botschafter, aber vor allem eine Art Alleinunterhalter, den viele als „lebendige Gazette" beschrieben. Er war ein passabler Musiker, wusste über alle Quertreibereien an europäischen Höfen Bescheid, erzählte gerne darüber und verursachte auch selber einige. Dann der Herzog von Coigny, ein Marschall Frankreichs, der wiederholt, aber fälschlich als Vater der Tochter Marie Antoinettes ins Spiel gebracht wurde. Als besonders berüchtigt galt der damals schon alte Baron de Besenval aus Solothurn, Kommandant der königlichen Leibgarde der Schweizer und Lieblingsentertainer der Königin. Vom vierten Ehrenkavalier, Graf Valentin Esterházy de Galántha, wussten alle, dass er die junge Königin maßlos verehrte. Vor allem die ersten drei Männer standen im Ruf, zügellose „Roués" (Frauenhelden) zu sein, und waren die Letzten, die man am Krankenbett einer Königin von Frankreich vermuten würde.

Die Optik war mehr als schief. Ludwig XVI. hatte seiner Frau diese Ehrengarde ausdrücklich gestattet, doch sofort verbreiteten sich Spöttereien: Was, wenn der König krank wäre? Würde er sich auch absondern und vier Damen zu seinem Amüsement ans Bett holen? Das konnte sich nun wirklich niemand vorstellen. Allein der Gedanke verursachte bei der Hofgesellschaft unkontrollierbare Lachkrämpfe. Die Herren am Ruhebett der leidenden Königin erwarteten sich von ihr bestimmt Geld und Pfründe, allerdings keine Liebesdienste. Wie Joseph II. richtig erkannt hatte, war seine Schwester alles andere als eine Verführerin und Männerfresserin. Sie wollte einfach nur über delikate Geschichten lachen. Die Eskorte sollte Musik machen und Neuigkeiten berichten. An mehr war Marie Antoinette nicht interessiert.

Einen vermisste sie allerdings wirklich: Den Traumprinzen. Sie hatte ihn schon vier Jahre nicht mehr gesehen, dann hatte er sie kurz besucht, als sie mit Madame Royale schwanger gewesen war. „Ah – ein alter Bekannter!", hatte sie freudestrahlend ausgerufen, als er in Versailles auftauchte. Der schwedische Graf von Fersen war ein glühender Unterstützer von monarchischen Staatsformen, er huldigte allen gekrönten Häuptern und er schätzte sich glücklich, wenn er miterleben durfte, wie sehr seine kurzen Visiten die Fantasie der verliebten Königin von

Frankreich beflügelten. Sie hatte deutlich ihr Interesse an ihm angemeldet. Doch Fersen war in den vergangenen Jahren in ganz Europa herumgereist, in jeder Stadt lagen ihm die Frauen zu Füßen und sein Vater ermutigte ihn, bald eine bereits ausgewählte, reiche Erbin in London zu heiraten, die nicht ewig auf ihn warten werde. Marie Antoinette bemühte sich, Fersen so oft wie möglich in ihrem Trianon zu empfangen. Gleichzeitig achtete sie darauf, dass niemand behaupten konnte, sie würde den Schweden mit mehr Enthusiasmus willkommen heißen als jeden anderen aus ihrer Clique. Die beiden begannen zu diesem Zeitpunkt wohl noch keine Affäre, es war eher eine Tändelei, die die romantische Königin, die nie wusste, wohin mit ihren Gefühlen, in vollen Zügen genoss – so gut es eben möglich war. Fersen witterte erneut die Gefahr, er stand unter Beobachtung der gegnerischen Hofparteien wie kein Zweiter. Es gab damals niemanden in Versailles, der nicht sofort Fersen als *den* Favoriten der Königin genannt hätte. Eine Umkehrung der bekannten Welt hatte stattgefunden: Ein König, der sich nicht für Frauen interessierte. Und eine Königin, die Frauen UND Männer in ihrem Boudoir mit automatisch schließenden Fensterläden um sich zu scharen schien. Das konnte nicht gut ausgehen.

Go West!

Als sich abzuzeichnen begann, dass Frankreich die abtrünnigen britischen Kolonien in Amerika in ihrem Kampf gegen die englische Monarchie unterstützen werde, meldete sich Fersen zum Kriegsdienst und machte sich aus dem Staub. Im amerikanischen Unabhängigkeitskrieg kämpfte er als Adjutant des Oberbefehlshabers der königlich-französischen Truppen. Bei der Verabschiedung hielt Marie Antoinette mutig ihre Tränen zurück. Ihr Schauspiellehrer in Wien hatte gesagt, Angst solle man mit Freude über all die Anwesenden kaschieren. Sie befolgte diesen Rat. An ihrer Seite befanden sich an diesem Abend auch der Ritter von Gluck und die Madame de Polignac. Sie hatte allerdings wenig Hilfreiches zu sagen, als sie der Königin ins Ohr flüsterte, die Amerikaner hätten immer nur

Schwierigkeiten gemacht, schon seit es sie gäbe. Eine Marie Antoinette feindlich gesinnte Hofdame sagte vor den Augen der Königin zu Fersen: „Sie haben doch eine Eroberung gemacht, die Sie jetzt zurücklassen?“ Der Angesprochene behielt die Contenance und antwortete höflich: „Hätte ich das, so würde ich nicht gehen. Bedauerlicherweise bin ich ohne Bindung und so gehe ich, ohne dass eine Person mir nachtrauern würde.“ Wie um den Tratsch noch weiter anzuheizen, spielte die Königin auf ihrer Harfe und sang dazu eine Abschiedsarie aus der Oper „Dido“ – Dido ist jene verlassene Königin von Karthago aus Vergils „Aeneis“, die der trojanische Held Äneas in Afrika zurücklässt, um nach Italien aufzubrechen und dort die Stadt Alba Longa zu gründen, aus der sich später Rom entwickeln wird.

Wesentlich schwerwiegender als der larmoyante Auftritt der Königin bei der Verabschiedung ihres Love-Interests sollten die Auswirkungen der französischen Unterstützung im Kampf gegen das englische Mutterland sein. Fünf Jahre lang führte eine der ältesten Monarchien in Europa Krieg an der Seite der Siedler und der indigenen Bevölkerung von 13 amerikanischen Kolonien, die ihren Herrscher im fernen England loswerden wollten. Ursprünglich war es um Steuern gegangen. Während die Wirtschaft der Kolonisten in Amerika florierte, litt das finanzmarode Mutterland noch an den Folgen des Siebenjährigen Krieges. Die Abgaben in den Kolonien sollten also erhöht werden, etwa jene auf Tee. In Amerika dachte man nicht daran, noch mehr Geld an England zu zahlen – und warf den Tee ins Meer. Das als „Boston Tea Party“ bekannte Ereignis markierte den Beginn des Unabhängigkeitskrieges. Bald ging es um viel mehr: Um persönliche Freiheit und Gleichheit vor dem Gesetz. Um Religionsfreiheit, Wahlfreiheit, Menschenrechte und Demokratie. Sehr viele junge Franzosen schifften sich nach Amerika ein, um gegen den Erzfeind England zu kämpfen und brachten die neuen Ideen in ihre von einem überkommenen politischen System zerrüttete Heimat mit. Dem französischen König und seinen Beratern war jedes Mittel recht, um gegen England aufzutrumpfen. Doch konnte sich Ludwig XVI. eine solch ausufernde kriegerische Auseinandersetzung bei der angespannten Finanzlage in Frankreich ganz und gar nicht leisten, selbst dann nicht, als der Konflikt auf französischer Seite siegreich beendet wurde. Das Engagement Frankreichs im amerikanischen Unabhängigkeitskrieg war mit ein Grund dafür, dass die Armut das überwiegend bäuerlich strukturierte Frankreich verfaulen ließ. Der stetig wachsende Hass auf die Obrigkeit zerfraß das einst führende Land der Alten Welt.

Nachdem Marie Antoinette von den Masern genesen war, versuchte sie, das von Maria Theresia so vehement eingeforderte „Projekt Dauphin" wieder aufzunehmen. Plötzlich sah man etwas ganz Neues in den Gärten von Versailles: König und Königin spazierten händchenhaltend durch die Boskette und Alleen. Bisher war der König in seiner Sänfte durch den Park getragen worden. Näherte sich diese, wurden alle rasch aufmerksam, denn der König schlief ein, sobald man ihn in die Sänfte bugsiert hatte, und schnarchte laut. Marie Antoinette fand dies ausgesprochen genant und schätzte es daher sehr, dass ihr Mann seine Gewohnheiten änderte und gemeinsamen Spaziergängen nicht mehr so ablehnend gegenüberstand. Einige Höflinge imitierten die zwischen einem Herrscherpaar noch nie da gewesene Gefühlsseligkeit sogleich, doch der Tenor der adeligen Beobachter fiel ablehnend aus: Lächerlich. So etwas machten nur Schokoladenmädchen oder kleine Näherinnen. Tatsächlich war es für ein französisches Königspaar unüblich, nach außen hin Zuneigung oder Verbundenheit zu zeigen. Es entsprach weder der Etikette noch dem althergebrachten Protokoll. Schon wieder eine ausgefallene Idee dieser Österreicherin, wie das Händeklatschen im Theater ... Wozu sollte das alles nötig sein?

Aber für Marie Antoinette war es wie ein kleiner Sieg. Seit es einigermaßen klappte mit dem Sex, waren sich die beiden so gegensätzlichen Naturen ein klein wenig nähergekommen. Grundsätzlich blieb Marie Antoinette ihrem vergleichsweise unabhängigen und freien Leben aber treu, einem Leben, wie es eine französische Königin noch nie zuvor geführt hatte.

„Theresiens letzter Tag"

Maria Theresia gab keine Ruhe: „Wir brauchen einen Dauphin!", verlangte sie in ihrer bekannt forschen Art. Wovon Marie Antoinette keine

Hieronymus Löschenkohl, der „rasende Bildreporter“ des 18. Jahrhunderts, hatte das Ableben der Regentin sogleich im Programm: Die lange verwitwete Maria Theresia stirbt in ihrem Lehnstuhl.

Ahnung hatte: Mit ihrer Mutter ging es zu Ende. Sie fühlte sich schon länger gesundheitlich angegriffen, verbarg ihre Schwäche aber vor den Ministern. Oft ging sie schneller als gut für sie war, um Gerüchten über eine lebensbedrohliche Krankheit vorzubeugen. Von einer Lungenentzündung erholte sie sich nicht mehr. Die immens anstrengende, herrische, oft prophetische Frau starb am 29. November 1780 im Alter von 63 Jahren in den Armen ihres streitbaren Sohnes und Nachfolgers Joseph II. 40 Jahre lang hatte eine Frau das Habsburgerreich geführt. Die vielleicht schönsten Worte über sie fand ihr ewiger Rivale Friedrich von Preußen: „Sie hat ihrem Thron und ihrem Geschlecht Ehre gemacht.“

In einem ihrer Briefe an Marie Antoinette hatte die kranke Maria Theresia etwas versöhnlicher geschrieben:

„Da Ihr mir von Eurer guten Lebensweise mit dem König berichtet, sehe ich für Euch eine glänzende Zukunft, die von den Folgen der guten ehelichen Beziehung gekennzeichnet sein wird. Mein größter Trost ist die Hoffnung, dass Ihr bald einen Thronfolger zur Welt bringen werdet, der in sich das Blut der beiden Häuser Bourbon und Habsburg vereint.“

Ihr ganzes Leben hatte Maria Theresia dynastisch gedacht. Eine Situation wie die vor ihrem Regierungsantritt, als es im Haus Habsburg keine männlichen Nachkommen mehr gab, sollte sich nie mehr wiederholen. Die Vergrößerung der Familie Österreich-Lothringen hatte sie daher als ihre vorrangigste Aufgabe angesehen. Dass sie zu diesem Zweck einen Mann heiraten durfte, in den sie verliebt war, war ein zusätzlicher Vorteil. Niemals hätte Maria Theresia ihrem Mann die Tür gewiesen. Sie benötigte Nachkommen, wollte aber auch, dass ihr Mann so oft wie möglich bei ihr schlief, nicht zuletzt, um ihn von außerhäuslichen Amouren abzuhalten. Probleme gab es dennoch, denn der Spaß im Bett kam zu kurz. In einem fragmentarisch erhaltenen Brief hatte sich die Regentin einmal an ihren Leibarzt gewandt mit der Bitte um Vorschläge, wie die „eheliche Geschlechtsliebe“ weniger „enttäuschend“ verlaufen könnte: „Ich kriege immer nur Kinder. Aber ich empfinde nichts dabei.“

Kinder an die Macht: Franz I. Stephan und seine nie ruhende Ehefrau mit ihrem „Kapital“.
Aufwändige Familienbilder sollten die Macht der Habsburger der Welt vor Augen führen.

So ging es auch ihrer Tochter, doch wenigstens kündigten sich bei dieser weitere Kinder an. Hätte Maria Theresia ein Jahr länger gelebt, hätte sie die frohe Kunde von der Ankunft des Dauphins am 22. Oktober 1781 noch erfahren können. Marie Antoinette wurde also nur wenige Wochen, nachdem sie vom Ableben ihrer Mutter erfahren hatte, erneut schwanger. Der kleine Louis-Joseph war der ganze Stolz seines Vaters Ludwig XVI. Er sprach ununterbrochen von ihm, in jeden zweiten Satz baute er die Floskel „mein Sohn, der Dauphin" ein.

In diesen Monaten, als sich die Königin von der Geburt erholte, kreuzten sich die Briefe Fersens und seiner „lieben Freundin" in Versailles auf Schiffen über den Atlantik. Marie Antoinette gestand Fersen in der ersten Zeit nach dem sie erschütternden Tod ihrer Mutter, wie sehr sie sich ihr ganzes Leben vor der starken Frau gefürchtet hatte. Wie groß ihre Angst war, ihr zu missfallen. Wie oft ihre Mutter die körperlichen Unzulänglichkeiten ihrer Tochter gerügt hatte. Als ihr Ehemann sie im Bett gemieden hatte, kam sie sich hässlich und abstoßend vor. Sie versuchte, ihre Nervenkrisen am Spieltisch zu beruhigen. Nur die Aussicht auf hohe Gewinne konnte das belastende Gedankenkarussell kurzfristig abstellen. Doch Besserung kam in Sicht. Die erste Schwangerschaft bewies, dass Marie Antoinette den Erwartungen entsprechen konnte. Müdigkeit plagte sie und die langen Nächte waren bald Geschichte. Nachdem auch ein Sohn auf der Welt war, meinte sie, ihren Pflichten Genüge getan zu haben. Wiederum wurde über den Vater spekuliert, aber Marie Antoinette ignorierte die widerlichen Spottbüchlein weiterhin. Als Königin stand sie darüber. Sie wusste, dass ihre Kinder legitime Nachkommen des Königs waren. Und das genügte ihr. Sie hatte begonnen, sich über ihren Sohn und ihre Tochter zu definieren, wie sich das für eine vorbildliche Frau und Mutter des 18. Jahrhunderts gehörte. Der Macht der sich formierenden öffentlichen Meinung gegenüber blieb sie ignorant. Dass es nicht darum ging, was sie tat, sondern nur darum, was man glaubte, dass sie tat – diese Erkenntnis schlug bei der Königin erst sehr spät auf.

Fersen berichtete, er sei guter Dinge in der Neuen Welt. Er habe Hunderte Männer unter sich, der französische General La Fayette über tausend. Er werde bald George Washington treffen, kündigte er an,

Endlich! Der Thronfolger Louis-Joseph ist da.
Als Mutter eines Sohnes durfte sich Marie Antoinette vor den Anfeindungen ihrer französischen Verwandten und der Höflinge etwas sicherer fühlen.

„einen wahren Helden unserer Zeit“, so Fersen. Er unterzeichnete seine Schreiben an die Königin mit der Formel „Hochachtungsvoll, Euer Diener“.

„Kinder Frankreichs“

Auf Wunsch seiner Frau erhob Ludwig XVI. die Madame de Polignac in den Herzogsstand und bestätigte sie in ihrem von Marie Antoinette ausgewählten Amt: Sie war nun „Gouvernante der Kinder Frankreichs“ – so lautete die offizielle Bezeichnung für die Söhne und Töchter des Königspaares. Der Gouvernante oblagen Erziehung und Wohlergehen von Madame Royale und dem bald kränklichen Dauphin. Die neue Aufgabe und der hohe Rang gingen mit außerordentlichen Gehaltserhöhungen einher. Außerdem war die Königin bald zum dritten Mal schwanger. Es wurde ein weiteres Königskind erwartet, das die Aufmerksamkeit der Herzogin de Polignac beanspruchen würde.

Fersen kehrte hochdekoriert aus Amerika zurück, worüber sich Marie Antoinette stolz, vor allem aber glücklich zeigte. Sie hatte sich um sein Wohlergehen gesorgt und ging davon aus, dass ihr Freund nun in ihrer Nähe bleiben würde, denn sein Vater kaufte ihm um 100.000 Livres ein königlich-schwedisches Regiment, das er in Frankreich befehligen sollte. Doch die beiden hatten die Rechnung ohne Fersens Herrscher, den König von Schweden, gemacht. Dieser hegte andere Pläne mit dem feschen Rückkehrer. Soldat spielen könne er später, schrieb König Gustav III., jetzt solle Fersen ihn auf seiner Reise durch Italien als Kommandant seiner Leibwache begleiten. Natürlich sagte er sofort zu. Und wieder sagte sich das verhinderte Liebespaar Adieu. Der Traumprinz entschwand.

Die einsame Königin fühlte sich erst gestresst, dann geschwächt. An ihrem 28. Geburtstag, dem 2. November 1783, passierte das Malheur: Sie verlor ihr Baby durch eine Fehlgeburt. Körbeweise wurden blutige Tücher weggetragen. Marie Antoinette dachte an ihre vor langer Zeit verstorbene Schwägerin Isabella von Parma, die eine Fehlgeburt nach der anderen hatte durchstehen müssen. Es traf sehr viele Frauen, auch in den höchsten

Kreisen. Der Gesundheitszustand des zweijährigen Königssohnes verschlechterte sich immer mehr. Ludwig XVI. und Marie Antoinette hatten deswegen umso mehr auf ein gesundes drittes Kind gehofft. Der König soll bitterlich geweint haben, als er von dem schweren Verlust erfuhr. Auch Marie Antoinette erholte sich nur langsam, sowohl seelisch als auch körperlich. Die königlichen Ärzte bescheinigten ihr Blutarmut und verordneten ihr eine Rindfleischdiät, die den Blutkreislauf stärken sollte.

Ihre beiden Kinder ließ sie so oft wie möglich kommen. Sie las ihnen vor, spielte mit ihnen, ließ sie vor dem Trianon von der befreundeten Malerin Élisabeth Vigée-Lebrun porträtieren, auf sehr lebendige, „weiche" Art: Das ältere Mädchen legt seinen Arm schützend auf die Schulter des kleinen Bruders mit seinen großen, müden Augen. Bei den Porträtsitzungen baute die Malerin ihre Staffelei im Freien auf, sie kam mit ihrem Korb voller Malutensilien: Einer hölzernen Palette, den Pinseln, Stofflappen und Terpentin. Es gefiel Marie Antoinette, dass die Kinder nicht stillstehen oder -sitzen mussten. Vigée-Lebrun sagte, sie könne auch Eindrücke sammeln, wenn sich ihre Modelle bewegten. Zwischendurch gab es Pausen, dann gingen die beiden Frauen hinein und amüsierten sich beim Karaoke-Singen. Marie Antoinette setzte sich an ein Instrument und zusammen sangen sie Hits des bekannten Komponisten André Grétry (den Vigée-Lebrun auch porträtierte). Die Königin schätzte, dass die Künstlerin sie nicht belog oder sich scheinheilig in ihre Gunst zu schleichen versuchte, wie fast alle anderen in der Umgebung einer Herrscherin.

Das Defizit

Aus den Erinnerungen von Élisabeth Vigée-Lebrun wissen wir, wo sie Marie Antoinette erstmals begegnete. Die Malerin war zusammen mit ihrer Mutter im Schlosspark von Marly unterwegs und erblickte aus der Ferne die Königin und ihre Freundinnen. Alle trugen weiße Kleider und bunte Schärpen, was das geschulte Auge der Künstlerin auf den ersten Blick beeindruckte. Die Haut der Königin sei die schönste gewesen, die sie je auf die Leinwand gebracht habe, hielt sie später fest. Nachdem sie in Versailles vorgestellt worden war, gestand sie Marie Antoinette, dass für ihr Porträt keine Brauntöne infrage kämen. Sie habe noch nie einen Teint von solcher Frische gemalt. Die Königin ihrerseits sagte über die

Élisabeth Vigée-Lebruns Blick auf die Kinder ihrer Arbeitgeberin folgte den neuen Trends: Die Malerin arbeitete im Freien, es gibt auf dem Bild keine offizielle Staffage oder gar königliche Insignien.

Starkünstlerin, sie sei die Einzige, die sie so darstellen könne, wie sie sich wirklich fühle. Es gelinge Vigée-Lebrun, ihr seelisches Befinden in einem Gemälde auszudrücken. Vor einem Skandal bewahren konnte die Malerin ihre Auftraggeberin allerdings nicht. Das berühmte Porträt aus dem Jahr 1783, das die Königin in einem ihrer geliebten weißen „Hirtinnen"-Kleider zeigte, ohne Schmuck oder irgendwelche royalen Accessoires, dafür mit einer Rose in der Hand und einem Strohhut auf dem Kopf, sei ein Affront gegen die Monarchie, sagten und schrieben Kritiker. Es musste aus dem Salon, der alljährlich stattfindenden, großen Kunstausstellung im Louvre, entfernt werden. Dass das Bild keine Königin zeigt, ist korrekt. Aus dem Rahmen lächelt eine Dame um die 30, eine hübsche Frau, die sich modische, geschmackvolle Kleider leisten kann. Eine Privatperson, vielleicht aus dem besser gestellten Bürgertum, offen für die neuen Ideen der Natürlichkeit und Leichtigkeit.

Das Bild war Marie Antoinettes liebstes Porträt, doch die Pariser Öffentlichkeit lehnte es genauso ab wie das dargestellte Modell. Eine Königin in einem durchsichtigen „Unterkleid"? Was für eine Frechheit, was für eine Frivolität! Marie Antoinette verhöhnt die Monarchie! Sie sieht aus wie eine Limonadenverkäuferin auf der Straße! Eine Herrscherin ohne Juwelen wurde als nackt und schamlos wahrgenommen. Die Königin verstand die Wut nicht, die auf sie einprasselte. Sie wiederholte ein Mantra, das sie ab sofort bis zu ihrem Ende begleiten würde: „Was habe ich ihnen getan?" Ihre wenigen „Diana-Momente" mit Jubel und Begeisterung, Gedränge und Standing Ovations waren endgültig Geschichte.

Noch versuchte sie, sich zu verteidigen. Man sähe hier doch viel weniger Busen als früher, in den „Paniers" mit den ausladenden Dekolletés – was richtig war. Doch es ging nicht wirklich um die Kleidung. Diese diente als Vorwand, um gegen die Person der Königin Stimmung zu machen. Erstmals fiel der Spottname „Madame Déficit". Und das ausgerechnet bei einem Gemälde, das weder richtig teure Kleidung zeigte noch auch nur ein einziges Schmuckstück. Man hatte der Königin ihre Sucht nach teuren Juwelen vorgeworfen, nun trug sie keine mehr. Aber es half nichts. Was immer sie auch tat, den Erwartungen der Leute entsprach es nicht. Das inkriminierte Porträt wurde weggebracht. Die Königin beauftragte Vigée-Lebrun mit einer zweiten Fassung des Skandalbildes, nun in einem blauen Seidenkleid, mit Perlenschmuck und Dekolleté. Königliche Attribute und Insignien sind auch hier keine zu sehen. Stattdessen präsentiert die Blumenkönigin wieder eine Rose, ihre Lieblingsblume. Vigée-Lebrun legte bei diesem Porträt besonderen Wert auf den Hals ihres Modells, der trotz anderer körperlicher „Makel“ als schön geschwungen und zart galt. Passend zum Silberglanz der blauen Seide des Kleides ließ die Malerin die Frisur wie mit Silberpuder bestreut wirken. Beide Lieblingsfarben Marie Antoinettes, Blau und Rosa, sind in diesem Bild vereint. Später sagte sie, ihre Haut strahle auch deswegen so, weil sie erneut ein Kind erwartete.

Louis-Joseph, der so lange erwartete Thronfolger, schien immer mehr an der bourbonischen Familienkrankheit, der Knochentuberkulose, zu leiden. Er wuchs nur langsam. Sein Körper schwoll immer wieder stark an, er bekam hohes Fieber, konnte kein Wasser lassen. So oft wie möglich leisteten die Eltern dem schwer kranken Buben Gesellschaft. Dass Marie Antoinette viel Zeit mit ihren Kindern verbrachte, gab dem Hof einen neuerlichen Anlass, die Monarchin zu rügen: Sie vernachlässige ihre Pflichten, kümmere sich nicht um die Mitglieder des Hofstaats. Kinder würden in die Obhut von Personal gehören, nicht in die Räume einer Königin. Marie Antoinette gab vor, das „Geschwätz“, wie sie es nannte, nicht zu hören. Sie orientierte sich an der aktuell propagierten Art von Mütterlichkeit, wie es die Künstlerin Adélaïde Labille-Guiard gerade vorführte: Diese begründete die erste „Pariser Frauenschule für Malerinnen“, stand aber im Schatten der gesellschaftlich viel prominenteren Élisabeth Vigée-Lebrun. Madame Labille-Guiard hatte erstmals außerhalb der religiösen Darstellung der Maria lactans eine Frau beim Stillen gemalt und das Werk ausgestellt. Es war ein Thema ganz am Puls der Zeit. Marie Antoinette machte ihre Wünsche klar: Sie wollte als Mutter leben, mit ihren Kindern, mit ihren Freundinnen und Freunden, und zwar in einem ungestörten, friedvollen Utopia. Ohne Beanstandungen, aber mit dem finanziellen Auslangen, das einer Königin zustand. Der König suchte es ihr recht zu machen; aber das genügte schon lange nicht mehr.

Kurzfristig erlangte die Herrscherin wider Willen das Wohlwollen ihrer Untertanen zurück, als sich die bereits gefühlte – vierte – Schwangerschaft sichtbar ankündigte. Marie Antoinette wurde so dick, dass der Hof auf Zwillinge setzte, und da sich vor Kurzem der erste Heißluftballon in den Himmel erhoben hatte, nannte Ludwig XVI. seine Frau wenig

Aufgrund der harschen Kritik an dem Porträt im weißen Kleid bestellte Marie Antoinette bei ihrer Lieblingsporträtistin eine neue – wieder nicht offizielle – Version in ihren bevorzugten Farben Rosarot und Blau.

schmeichelhaft den „Ballon". Es wurden zwei blaue Ordensbänder für zwei Orden vom Heiligen Geist, den jeder französische Prinz erhielt, vorbereitet. Man hoffte auf ein männliches Zwillingspaar. Bei der Geburt des Dauphins hatte der König viele Anordnungen getroffen, um einen Ohnmachtsanfall der Mutter wie beim ersten Kind zu vermeiden. Es wurde weniger Publikum zugelassen, und nun, da die Oberaufsicht bei der Herzogin de Polignac als Gouvernante der Kinder Frankreichs lag, gelang es noch weniger Höflingen, die Geburt mitzuverfolgen.

Jules de Polignac tat alles, um es Marie Antoinette bequem zu machen. Sie wusste, wenn Königin und Kind wohlauf wären, würde sie reich belohnt werden. Tatsächlich wurde es ein Bub, nur einer zwar, aber ein kräftiger, von ähnlich vielversprechender Statur wie die gesunde Tochter, Madame Royale. Nach der Lieblingsschwester der Königin, Maria Carolina „Charlotte" von Neapel, wurde der Kleine Louis-Charles getauft. Beim Abendessen zur Feier der Geburt fand sich auch die Prinzessin de Lamballe ein. Sie fürchtete bereits, etwas ins Hintertreffen zu geraten. Und auch Fersen strahlte bei der Taufe des Buben mit den Freundinnen der Königin um die Wette. Er hatte seine Mission zur Zufriedenheit des Königs von Schweden komplettiert und weilte wieder in der Nähe der Frau, die ihn anbetete.

Marie Antoinette empfing den Schweden im Trianon und besprach mit ihm ihre Elternsorgen. Zur Erholung ruhte sie in einem Zimmer voller Blumen. Sie wolle sich selbst wie eine Blume fühlen, sagte sie. Der Traumprinz machte Komplimente zu ihrem Lilienparfüm. Ihre Umgebung bezeichnete die Königin Fersen gegenüber als „die Welt, in der ich leben muss". Die Welt mit der schrecklichen Krankheit des Dauphins. Mit der Blasiertheit der Tochter, die ihr zu schaffen mache. Sie habe angeordnet, der Sechsjährigen ein Bauernmädchen aus der Umgebung als Spielgefährtin zur Seite zu stellen, um das „normale Leben" kennenzulernen. Doch Madame Royale habe das Kind ausgegrenzt und ignoriert. Als ihre Mutter vom Pferd stürzte, erklärte die Kammerfrau Madame Campan der kleinen Marie-Thérèse, es sei ein Glück, dass Marie Antoinette nichts passiert sei, sie hätte tot sein können. Worauf die Tochter antwortete, das wäre ihr am liebsten. Die entsetzte Madame Campan meinte daraufhin, sie sei noch ein Kind und wisse nicht, was „tot" bedeute. Marie-Thérèse erklärte, sie wisse es ganz genau: Es bedeute, dass jemand fort sei und nie mehr wiederkomme. Und genau das wünsche sie sich: Dass ihre Mutter verschwinde und nie wiederkehre. Dann müsse sie nicht mehr gehorchen. Ihr Vater sei ihr viel lieber, er mache ihr keine Vorschriften.

Fast war es wie an jenem Tag vor einigen Jahren, als Marie Antoinette noch keine Kinder hatte und ihre Kutsche beinahe einen Bauernbuben gerammt hätte. Die Königin stieg aus dem Wagen, um nach dem Kind zu sehen, als dessen Großmutter auftauchte und es mitnehmen wollte. Marie Antoinette fragte, ob der Bub eine Mutter habe. Die Oma verneinte, jene sei gestorben. In diesem Fall werde sie, die Königin, den Jungen mitnehmen. Für dessen Geschwister Louis und Marianne werde sie finanziell sorgen. Der Bub hieß Jacques, was Marie Antoinette zu proletarisch fand. Sie sagte: „Ab jetzt heißt du Armand." In Versailles ließ sie den Bauernjungen in einen rosa-weißen Anzug stecken, er musste ein rosa Halstuch mit Silberquasten tragen und einen Federhut. Sein schmutziger Schal wurde ihm abgenommen. Die Königin war begeistert und klatschte in die Hände. „Armand" heulte, verlangte nach seiner Großmutter und seinen Geschwistern. Das Kammerpersonal in Versailles zeigte sich konsterniert über den fluchenden, brüllenden Buben, den die Königin „adoptiert" hatte. Er wurde wenig später nach Hause zurückgeschickt.

Der „tolle Tag"

Glück mit den Kindern blieb Marie Antoinette zum überwiegenden Teil versagt. Während ihre Tochter ihr schon als Kind den Tod gewünscht hatte, war es eine – abgepresste – Aussage ihres soeben geborenen zweiten Sohnes, die ihr letztendlich das Todesurteil einbringen sollte. Um die „Problemkinder" nicht übermächtig werden zu lassen, hatte sich Marie Antoinette von ihrem Ehemann die Erlaubnis erteilen lassen, in ihrem privaten Theater im Trianon ein neues Stück einzustudieren, selbstverständlich mit ihr selbst in der Hauptrolle. Die Wahl fiel auf ein Schauspiel mit besonderer Sprengkraft, beruhte es doch auf einem Text des Comte de Beaumarchais, des Schriftstellers und Abenteurers. Dessen Förderer Vaudreuil, der Geliebte der Herzogin de Polignac, ließ es sich nicht nehmen, den Leading Man zu geben. Das Stück war voller Wortwitze, wie sie im Französischen besonders gut zur Geltung kommen. Nicht umsonst erheiterten sich Neider noch im 20. Jahrhundert über Karl Lagerfelds Lebensgefährten Jacques de Bascher. Der versnobte Jacques de Bascher hatte seinen Namen nach seinem Vorbild Beaumarchais zu Jacques de Bascher de Beaumarchais „veredelt“, was Spötter auf den Plan rief. Sie nannten den gutaussehenden jungen Mann „Jacques de pas chér de bon marché“ – in etwa Jacques „von nicht teuer zu billig“. Jacques' Vorfahren waren 1818 geadelt worden, von König Ludwig XVIII. – dieser hieß zu Marie Antoinettes Zeiten noch Graf von Provence.

Der Autor Pierre-Augustin Caron de Beaumarchais war in diesem Frühjahr 1785 in aller Munde. Ludwig XVI. hatte soeben weitere Aufführungen des in Paris mit großem Erfolg gezeigten Schauspiels „Der tolle Tag oder Figaros Hochzeit“ verbieten lassen. Auch ein Vertreter der Stadtregierung war mit einer flammenden Rede gegen den „Figaro“ vorgegangen und dafür vom Publikum bejubelt worden. Danach schauten die Leute aber, dass sie flott weiterkamen. Schließlich besaßen sie alle Theaterkarten und das Stück fing doch gleich an ... Der Adel kam in dieser Komödie, die als Vorlage für Mozarts Erfolgsoper „Die Hochzeit des Figaro“ dienen wird, nicht gut weg. Man sah auf der Bühne liederliche, ausschweifende Aristokraten und widerspenstige, bockige Angehörige unterer Klassen, die ihren Aufstand besonders gerissen probten, nämlich direkt vor der Nase ihrer Herren. Diese waren also nicht nur moralisch angreifbar, sondern auch noch blöd: „Adel, Reichtum, Rang und Würden machen Sie so hochmütig? Was haben Sie geleistet, all das zu verdienen? Sie haben sich die Mühe gemacht, geboren zu werden, weiter nichts!“

Angesichts dieses aufrührerischen Inhalts ließ Ludwig XVI. (beinahe visionär) verlauten, solche Zeilen werde er bestimmt nicht dulden, eher werde die Bastille niedergemacht. Woraufhin die Herzogin de Polignac und ihr Anhang, also Leute, die seit Jahren vom Königspaar profitierten wie kaum jemand anderer am Hof, Marie Antoinette wissen ließen, dass sie den Herrscher für einen Despoten hielten. Beaumarchais versprach indes, die „unpassenden“ Stellen zu streichen. Was nicht passierte, und so wurde die Vorführung des Stücks untersagt. Die Ehefrau des Königs aber wollte unbedingt eine Vorlage jenes Revoluzzers inszenieren, und zwar „Der Barbier von Sevilla“. Marie Antoinette hatte schon mit Mercy über ihr Vorhaben gesprochen. Der erfahrene Berater hatte sein Bestes getan, um sie über Beaumarchais aufzuklären und ihr mit dem üblichen Verweis auf ihre Würde und Stellung von solchen Texten abgeraten. Doch die Königin ließ sich nicht beirren. Sie wollte ihren Spaß, der Autor war modern, ihre Entourage unterstützte sie – und der König hatte nicht „Nein" gesagt. Sie selbst würde in die Rolle des jungen Mündels Rosina schlüpfen, der Frauenheld Vaudreuil in die ihres Verehrers, des Grafen Almaviva. Der König erhielt eine Einladung und applaudierte pflichtschuldigst, auch, um neuerlichen Spekulationen über die angebliche Untreue seiner Frau den Wind aus den Segeln zu nehmen. Es half nicht gerade, dass Marie Antoinette auf der Bühne in die Arme eines notorischen Pick-up-Artists sank.

Ludwig XVI. ließ sich in Intrigen rund um die Freundinnen seiner Frau immer wieder einspannen. So war er 1781 ins Trianon gekommen, um das neugeborene Kind der Herzogin de Polignac zu sehen, obwohl behauptet wurde, es sei nicht das Baby ihres Ehemannes, sondern der Vater sei Vaudreuil. Marie Antoinette hielt eine Affäre ihrer Freundin für ganz ausgeschlossen, und um das böse Gerede zum Schweigen zu bringen, ließ sie den König bei der jungen Mutter antanzen. Niemand würde ungestraft behaupten können, ein katholischer König würde einem Kuckuckskind offiziell einen Besuch abstatten.

Sie trafen sich in einem Garten …

Als die Proben zum „Barbier von Sevilla" noch in vollem Gang waren und die Königin über ihren Textbüchern saß, stürzte plötzlich die Kammerfrau Madame Campan herein. Sie war sehr aufgeregt und übergab Marie Antoinette ein Billett, das soeben für die Königin abgegeben worden sei. Diese erkannte die Unterschrift des Hofjuweliers Böhmer und sagte, sie habe nichts bestellt, es müsse sich um einen Irrtum handeln. Sie sei jetzt beschäftigt, der Juwelier möge nach der Aufführung wiederkommen. Am nächsten Morgen bestand Madame Campan darauf, ihre Herrin über den Inhalt des Schreibens zu informieren. Die abgelenkte Marie Antoinette bekam nur bruchstückhaft etwas mit: „Aufs Höchste beglückt … Zahlungsbedingungen … Beweis Ihrer Ergebenheit … schönster Diamantschmuck … beste Königin …". Sie schüttelte den Kopf, nahm das Papier entgegen, zerknüllte es und warf es – eingedenk der Ratschläge ihrer vor fünf Jahren verstorbenen Mutter – ins Feuer. Kein Wort hatte sie von dem Geschreibsel verstanden. Es interessierte sie auch nicht. Doch nun stand Böhmer im Garten des Trianon und begehrte Einlass. Marie Antoinette fand das impertinent, nur Mitglieder ihrer „Gesellschaft", wie etwa Fersen, besaßen einen Jeton und konnten somit jederzeit vorbeischauen. Aber Böhmer? Er war ein Hoflieferant, weiter nichts. Da er offenbar schon Madame Campan bedrängt hatte und Marie Antoinette einfach nur wollte, dass er nach Hause ging, fragte sie nach seinem Begehr, er möge sich aber bitte kurzfassen. Der angespannt wirkende deutsche Juwelier erzählte nun eine haarsträubende Räubersgeschichte, die heute wohl kein Verlag und keine Filmfirma als Vorlage akzeptieren würde. Zu unglaubwürdig. Zu lachhaft. Zu … alles, eigentlich.

Carl August Böhmer und sein Geschäftspartner Paul Bassenge betrieben am Pariser Place Vendôme eine Luxusboutique für Schmuckstücke. Sie hatten bereits zahlreiche wertvolle Preziosen an die Königin verkauft, früher war auch Madame du Barry eine gute Kundin gewesen. Schon lange sammelten die Händler besondere, sehr reine Diamanten aus aller Welt. Es war der Ehrgeiz der Kunsthandwerker, das teuerste Collier, das man je gesehen hatte, herzustellen. Anfang der 1770er-Jahre präsentierten sie ihr Meisterwerk König Ludwig XV.: Ob er es für seine Mätresse kaufen wolle? Der alte Monarch dachte bedrückt an die Staatsschulden und lehnte ab. Madame du Barry witterte die Möglichkeit einer Intrige gegen die ihr verhasste Dauphine aus Österreich, die noch immer kein Wort mit ihr gewechselt hatte und sie keines Blickes würdigte. Sie empfahl dem König, das Stück aus über 670 Diamanten doch für Marie Antoinette zu erwerben. Die Dauphine würde ihm dafür treu ergeben sein. Du Barry plante, im Fall des Ankaufs einige Spottschreiber, die in ihrem Sold standen, auf die junge, populäre Thronfolgerin anzusetzen. Der Volkszorn sollte gegen die fremde Verschwenderin aufgestachelt werden, die sich vom König ein derartig teures Schmuckstück schenken ließ. Wofür könnte sie das bekommen haben? Ihr Mann sei ja impotent, die Spatzen pfiffen es von den Dächern … Und der Herrscher verrückt nach jungen Mädchen … So weit kam es damals nicht.

Die Steine des Anstoßes: Marie Antoinette hatte der Verschwörung zur Absetzung ihres Mannes nichts entgegenzusetzen. Die „Halsbandaffäre“ markierte den Anfang vom Ende der verleumdeten Königin.

Nach der Geburt des Dauphins ließ sich Böhmer bei Ludwig XVI. anmelden, zeigte ihm das Collier und fragte, ob er sich vorstellen könne, es seiner Frau zur Niederkunft mit dem Thronfolger als Gabe zu überreichen? Ludwig erkundigte sich bei Marie Antoinette nach ihren Wünschen. Diese antwortete, nein danke, sie habe genügend Diamanten, man solle das Geld lieber in Kriegsschiffe investieren, zur Unterstützung der französischen Truppen in Amerika. Somit war es entschieden. Böhmer zog mit seinem praktisch unverkäuflichen Teil ab. Er und Bassenge versuchten es an vielen europäischen Königs- und Fürstenhöfen, aber wer sollte sich in diesen Zeiten einen Schmuck um umgerechnet etwa 2,1 Millionen Euro leisten können? Und nun stand der Juwelier vor der 29-jährigen Königin von Frankreich und behauptete, das schon legendäre Diamantenhalsband befinde sich in ihrem Besitz. Marie Antoinette schüttelte enerviert den Kopf. In Wahrheit hatte sie die Kette schon damals nicht gemocht, als Böhmer und Ludwig ihr eine Anprobe aufnötigten. Wie ein Pferdehalfter hatte sich das Stück angefühlt, und zum Vorteil gereicht hatte es ihr auch nicht. Ein schweres, protziges Stück, wie geschaffen für eine geschmacklose Person à la Madame du Barry. Marie Antoinette würde so etwas nie tragen. Und in den 1780er-Jahren schon gar nicht. Die Mode, die sie maßgeblich mitbestimmte, verlangte längst nach ganz anderem Schmuck, nach einfachen, geradlinigen Stücken, orientiert an antiken Objekten, wie man sie in Pompeji aus der Asche beförderte. Ihre Schwester in Neapel und Hans Axel von Fersen hatten ihr darüber berichtet.

Sie erklärte Böhmer, er sehe ja, dass sie keinen Diamantschmuck trage, also gehöre ihr dieser auch nicht. Das Ganze sei ein Betrug, sie könne ihm nicht helfen, er möge sich bitte empfehlen. Doch dann erwähnte der hinters Licht geführte Juwelier einen Namen, der Marie Antoinette erstarren ließ: Louis de Rohan, den Großalmosenier von Frankreich. Jenen ehemaligen Straßburger Geistlichen, der sie bei ihrem Einzug als Dauphine unverschämt angestarrt hatte und der durch anzügliche Bemerkungen aufgefallen war. Er stammte aus einem der mächtigsten Hochadelsgeschlechter Frankreichs, sämtliche Karrieremöglichkeiten waren ihm offen gestanden. Im Land gab es kein Amt, das nicht käuflich wäre. Zum Entsetzen Maria Theresias war der Prinz de Rohan einige Jahre als Botschafter nach Wien geschickt worden, wo er vor allem mit Frauengeschichten von sich reden gemacht hatte. Die Regentin hatte ihre Tochter wiederholt ersucht, ob sie nicht im Sinn von Rohans Abberufung aus Wien aktiv werden könne. Als er dann endlich nach Paris zurückkehrte, hatte er alle traditionellen Kontakte eines französischen Botschafters in Wien mutwillig zerstört, sodass sein Nachfolger, der nunmehrige Minister des königlichen Haushalts, praktisch bei Null beginnen musste. Der schleimige, kriecherische, mondgesichtige Rohan gehörte zu den Hofbeamten, die Marie Antoinette von Anfang an gehasst hatte.

Rohan hingegen tat (vordergründig) alles, um bei seiner Königin in gutem Ruf zu stehen. Er suchte ständig um Audienzen an, sie lehnte immer ab. Sah sie ihn von Weitem in seinen kostbaren Roben und beringten Handschuhen daherwallen, verließ sie demonstrativ den Raum. Seit vielen Jahren war kein Wort gefallen zwischen der Königin und dem obersten katholischen Beamten am Hof in Versailles. Marie Antoinette konnte sich also nur verhört haben. Rohan soll als Mittelsmann in ihrem Auftrag ein unsagbar teures Halsband gekauft haben, weil sie ihren Mann aufgrund der Finanzmisere nicht damit behelligen konnte? Weil sie es unbedingt in ihren Besitz bringen wollte? Was für ein Unsinn, sie hatte den Erwerb abgelehnt, Böhmer war dabei gewesen. Doch er bestand darauf. Er redete von Briefen mit ihrer Unterschrift, in denen sie dem Kauf auf Raten zugestimmt habe. Er sei hier, weil die erste Rate schon länger fällig gewesen wäre. Wenn er sein Geld nicht erhalte, seien er und Bassenge praktisch ruiniert. Ihre Bankiers hätten ihnen Geld geliehen, aber nur aufgrund der Unterschrift der Königin von Frankreich. Und nun behaupte Marie Antoinette, bei den Briefen könne es sich nur um Fälschungen handeln? Böhmer wusste nicht mehr ein noch aus. Madame Campan war inzwischen zu dem beispiellosen Disput hinzugezogen worden. Sie riet dem schockierten Böhmer, sich an Baron de Breteuil zu wenden, den Minister des königlichen Haushalts. Er war ein Parteigänger der Königin. Der Juwelier folgte diesem Rat nicht, sondern ging zu seinem Auftraggeber, dem Großalmosenier.

Inzwischen überlegte Marie Antoinette fieberhaft, wer hinter dem Komplott stecken, worum es wirklich gehen und wen ihrer Vertrauten sie um Unterstützung ersuchen könnte. Vielleicht hat sie in ihrer prekären Lage erstmals wahrgenommen, dass niemand ihrer französischen „Schönwetter-Freunde“ einer großen Sache wie dieser gewachsen und wohl auch niemand bereit war, ihretwillen ein Risiko auf sich zu nehmen. Sie entschloss sich, Mercy rufen zu lassen, ihren Helfer in allen möglichen und unmöglichen Lebenslagen. Doch auch Mercy wurde nicht jünger, er ließ ausrichten, er könne der Königin wegen seines schmerzhaften Hämorrhoidenleidens momentan nicht zu Diensten sein. Es blieb ihr keine Wahl, sie machte sich allein auf den Weg zu ihrem Mann und dem Haushaltsminister. Der phlegmatische König wurde zu Marie Antoinettes Überraschung richtig wütend. So hatte sie ihn noch nie erlebt, obwohl sie seit 15 Jahren mit ihm verheiratet war. Er sagte, Böhmer habe einen Eid auf die französische Krone geleistet, er hätte zu ihm, dem König, kommen müssen, bevor er Geschäfte dieser Größenordnung hätte abwickeln können. Und überhaupt: Wo befand sich das Corpus Delicti? Niemand wusste etwas über den Verbleib des Colliers. Klar war nur: Am Hof bei Marie Antoinette war es ganz bestimmt nicht.

Die Königin beriet sich mit dem Abbé de Vermond und dem Baron de Breteuil und man beschloss, zuerst solle einmal das Schmuckstück gefunden werden, dann werde man sich mit dem Großalmosenier befassen, den auch Vermond und Breteuil zutiefst ablehnten. Ein weiterer, übel beleumundeter Name tauchte alsbald auf: Jeanne de Saint-Rémy, verheiratete Gräfin de La Motte. Diese Frau, eine Abenteurerin, war eine verarmte Nachfahrin des Adelshauses Valois, dem frühere Könige von Frankreich entstammt hatten. Meistens nahm sie die Reise nach Versailles auf sich, um in Anwesenheit des Königspaares ostentativ in Ohnmacht zu fallen, in der Hoffnung, sie würde wahrgenommen, erhielte vielleicht aufgrund ihrer vornehmen Abkunft einen Hofposten oder irgendeine andere Chance, um an Geld zu kommen. Abgesehen davon war es ihr Ziel, berühmt zu werden. Dies sollte ihr bravourös gelingen, wenn auch nicht ganz im Sinne der Erfinderin.

Ihr Mann, der Graf de La Motte, stand ebenso mittellos da wie sie selbst. Der Großalmosenier, so hieß es, sei ihr rettungslos verfallen. Ein weiterer Geliebter sei mit dem Collier bereits über alle Berge, das heißt nach London geflohen. Dort habe er die Steine herausgebrochen und plane, sie einzeln zu verkaufen. Rohan wird im August 1785, am Maria-Himmelfahrts-Tag, an dem er eigentlich eine Messe zu zelebrieren hatte, in vollem Ornat aussagen, die Madame de La Motte habe das Collier der

Königin übergeben. Die Dame habe ihm Briefe Marie Antoinettes gezeigt mit der eigenhändigen Unterschrift der Königin, in denen sie Rohan bitte, den Schmuck in ihrem Namen zu erwerben. Marie Antoinette stockte der Atem. Niemals gebe sie sich mit dem Großalmosenier ab, sagte sie erbost. Wie konnte er auf den Gedanken kommen, dass sie ihn – ausgerechnet ihn! – mit so einer Angelegenheit betrauen würde? Wie konnte er überhaupt davon ausgehen, sie würde ein Diamantcollier dieser Preislage besitzen wollen?

Rohan murmelte, der intensive Wunsch, seiner Herrscherin zu gefallen, habe ihn wohl geblendet. Die fraglichen Briefe waren mit „Marie Antoinette de France“ unterzeichnet, was bei Ludwig XVI. größtes Befremden auslöste. Einem Prinzen aus dem Haus Rohan wäre ja wohl bekannt, dass eine Königin nur mit ihrem Vornamen signiere. Doch das Schlimmste stand noch bevor. Rohan behauptete, er habe von der Gräfin de La Motte einen Beweis sehen wollen, dass es wirklich die Königin sei, die seine Hilfe benötige. Daraufhin versprach ihm diese, sie werde ein Treffen für den Kirchenmann arrangieren. Er solle sich um Mitternacht im abgelegenen Venuswäldchen im Park von Versailles einfinden, dort werde Marie Antoinette ihn erwarten. Eine Frau in einem weiten Kapuzencape sei nach kurzer Zeit auf ihn zugekommen und er sei vor ihr auf die Knie gesunken. Die Dame habe ihm eine Rose überreicht mit den Worten: „Unsere Differenzen werden nun vergessen sein.“ Er sei sicher gewesen, die Königin von Frankreich vor sich zu haben. Obwohl – es habe ihn erstaunt, dass Marie Antoinette ihm in den folgenden Wochen mit der gleichen Kälte begegnet sei wie seit eh und je. Doch sei er davon ausgegangen, sie müsse ihre Tarnung wahren.

Dieser Bericht sollte sich für Marie Antoinette als Katastrophe erweisen. Eine Königin, die mitten in der Nacht in einem Gestrüpp herumschlich, das nach der Göttin der Liebe benannt war? Um heimlich einen Geistlichen zu treffen? Der für sie die teuersten Diamanten der Welt besorgen sollte, hinter dem Rücken des eigenen Ehemannes? Abgründe taten sich auf. Aber wer sollte die Frau gewesen sein, wenn nicht Marie Antoinette?

Die Untersuchung förderte eine junge Sexarbeiterin aus dem Palais Royal zutage, persönlich ausgesucht von der Gräfin de La Motte. Das Mädchen sah der Königin ähnlich, war klein und blond, trug halb durchsichtige weiße Kleider und erhielt für seinen großen Auftritt in der

Versteckte Wäldchen und geheime Treffpunkte findet man auch heute noch in den Gärten von Versailles. In einem solchen Umfeld soll sich die Königin mit dem Kardinal zu mitternächtlicher Stunde getroffen haben.

Halsband-Schmierenkomödie ein modisches Reisecape mit großer Kapuze. Man versprach der Mademoiselle eine fürstliche Entlohnung für den seltsamen Dienst und sie erhielt ihre Instruktionen. Allerdings packte die falsche Königin in der betreffenden Nacht doch die Angst, sie knallte die Rose beinahe vor die Füße des Großalmoseniers und rannte davon.

Vom Baron de Breteuil erhielt Rohan die Aufforderung, seine Version der „Halsbandaffäre" schriftlich zusammenzufassen und beim König einzureichen. Das schmeckte dem Großalmosenier nicht, schließlich war Breteuil sein Nachfolger als Botschafter in Wien gewesen, dem er alle nur möglichen Prügel zwischen die Beine geworfen hatte. Er fürchtete die Rache des Ministers, der, wie man wusste, ein Vertrauter der Königin war. Sein Amt, seine Karriere – für Rohan stand seine gesamte Existenz auf dem Spiel. Er wurde vor aller Augen an Maria Himmelfahrt 1785 im Spiegelsaal von Versailles verhaftet. Die Königin war zugegen und blickte hoch erhobenen Hauptes in die Augen ihres Intimfeinds. Der König nahm die Niederschrift persönlich entgegen. Ludwig XVI. stellte den Kardinal vor die Wahl: Wünsche Rohan ein persönliches Urteil des Königs oder wünsche er eine Verhandlung vor dem Gerichtshof, dem Parlement in Paris? Diese Frage ließ Rohan innerlich frohlocken. Er war ein Prinz aus einem führenden alten Adelshaus. In den Parlements saßen Förderer der Rohans und ihrer zahlreichen Familienzweige. Viele waren noch den einen oder anderen Gefallen schuldig. Er würde bestimmt freigehen. Bevor er abgeführt wurde, steckte er einem seiner Bediensteten ein Kuvert mit der Aufforderung zu, sich augenblicklich zu seinem Pariser Domizil zu begeben und sämtliche Papiere, die sich in einem roten Koffer befänden, zu verbrennen. Darunter sollen sich gefälschte Liebesbriefe befunden haben, die Madame de La Motte im Namen Marie Antoinettes an Rohan geschrieben hatte.

Die von der ganzen Sache ungeheuer deprimierte Königin suchte Trost bei ihrem schwedischen Vertrauten. Fersen erklärte, in seiner nordischen Heimat vertrete man die Meinung, der König sei zum Narren gehalten worden. Danach reiste er ab nach England, wo man ihm wegen seines „märchenprinzhaften" Erscheinungsbildes bereits den Spitznamen „The Picture" verpasst hatte. Seiner königlichen Freundin versicherte er, er werde die von seinem Vater ausgewählte reiche britische Miss Lyell nicht heiraten, aber es sei für alle besser, wenn er sich für einige Wochen aus der Schusslinie nähme. An seine Schwester schrieb er: „Wenn ich der Frau nicht gehören kann, der ich gehören möchte und die mich wirklich liebt, dann möchte ich auch keiner anderen gehören." Er meinte die Königin von Frankreich.

Sowohl die Königin als auch die Juweliere waren aller Wahrscheinlichkeit nach in der Halsband-Chose nicht schuldig. Rohan und de La Motte dürften den Betrug geplant haben, um Marie Antoinette in der Öffentlichkeit bloßzustellen und in weiterer Folge auch die Regentschaft Ludwigs XVI. infrage zu stellen. In manchen Biografien wird gelegentlich der jüngere Bruder des Königs, der Graf von Provence, als möglicher Drahtzieher des Komplotts genannt. Nicht wenige Zeitgenossen glaubten an eine Verstrickung des italienischen Hasardeurs „Graf" Cagliostro in die unappetitliche Angelegenheit. Er soll mit Madame de La Motte bekannt gewesen sein und wurde auch wiederholt in Rohans Palais gesichtet. Der Sizilianer, der eigentlich Giuseppe Balsamo hieß, behauptete vor allen, die es hören wollten – und das waren viele –, er sei ein wiedergeborener Priester aus dem alten Ägypten und verfüge daher über geheimes Wissen und mythische Fähigkeiten. Im 18. Jahrhundert war er der populärste „Magier" in Europa. Sogar Zarin Katharina die Große hatte den kurzbeinigen, fettleibigen Fantasten empfangen, der blind an seine eigenen Tricks glaubte. Als Großmeister der von ihm begründeten „Loge nach ägyptischem Ritus" hatte er den Titel „Großkophta" angenommen. Die Hauptziele dieser Vereinigung, so Cagliostro, seien Tugend, Weisheit und Einigkeit. Zeugen, die bei Treffen der „Loge" anwesend waren, sagten aus, der „Großkophta" nahe in einer Wolke heran, trage leuchtende Zeichen auf der Brust und lasse sich die Hände küssen. Philosophen, Dichter und Künstler aus ganz Frankreich hätten an den „Sitzungen" teilgenommen, auch Bischöfe seien dabei gewesen, wie etwa Rohan. Dieser schien das Geplänkel des Scharlatans für bare Münze zu nehmen, was zur Einschätzung zahlreicher Menschen, die ihn kannten, passen würde: Rohan glaube an alles, nur nicht an Gott, war ein geflügeltes Wort.

Bis zur Urteilsverkündung verging fast ein ganzes Jahr. Im Mai 1786 wurde die bemitleidenswerte Mademoiselle D'Oliva aus dem Palais Royal freigesprochen. Sie hatte aussagen und sich begaffen lassen müssen – alle bezeugten ihre zufällige äußerliche Ähnlichkeit mit der Königin

Von Rohan bis Cagliostro:
Die Mitwirkenden an der Tragikomödie „Das Halsband der Königin" waren Legion. Einzelne Details der Affäre sind bis heute nicht aufgeklärt.

von Frankreich. Wiederum trug sie Weiß und sah aus wie eine jüngere Version Marie Antoinettes auf ihrem Lieblingsporträt von Élisabeth Vigée-Lebrun: Einfach und unschuldig. Manche waren der Meinung, die angeblich lasterhafte Monarchin habe die Diamanten von Rohan als Belohnung für Liebesnächte mit dem Großalmosenier erhalten. Auch von der Königin verlangten die Mitglieder des Gerichts in Paris eine schriftliche Darstellung der Ereignisse. Die „Briefe Marie Antoinettes" waren, so stellte sich heraus, von einem professionellen Fälscher verfasst worden. Er wurde exiliert, sein Hab und Gut fiel an den Staat. Viel war es nicht. Der Ehemann der Gräfin de La Motte hatte sich schon vor langer Zeit nach England abgesetzt, die Verurteilung zu lebenslanger Haft konnte ihm gleichgültiger nicht sein. Seiner betrügerischen Frau wurde ein „V" für Voleuse (Diebin) in die Schulter gebrannt. Da sie sich so sehr wehrte, traf das glühende Eisen ihre Brust. Die Verletzte wurde ins Frauengefängnis Salpetrière eingeliefert.

Rohan zog eine Show der Extraklasse ab und erschien in einer prunkvollen violetten Trauerkasel vor den Richtern. Seine unzähligen Familienangehörigen kamen zum Zeichen ihrer Trauer ganz in Schwarz. Der tatsächlich schon alte Fritz in Potsdam meinte, Rohan müsse seinen beachtlichen Verstand nun dafür einsetzen, alle zu überzeugen, dass er ein Dummkopf sei. Seine Anwälte erklärten dem Gericht, dass der Großalmosenier Opfer einer infamen Intrige geworden sei. Die Schande, mit der er leben müsse, sei schon Strafe genug. Er musste bei König und Königin öffentlich um Entschuldigung bitten, verlor seine Stellung als Großalmosenier von Frankreich. Weiters musste er aus eigener Tasche milde Gaben an die Armen von Paris verteilen. Ludwig XVI. durchschaute die Machenschaften des Kardinals nicht. Er glaubte, Rohan in seiner außerordentlichen Raffgier habe den Juwelieren Böhmer und Bassenge das Collier gestohlen. Doch die Familie Rohan war alles andere als bedürftig ... Carl August Böhmer ging zurück nach Deutschland und starb in Stuttgart. Friedrich der Große hatte recht. Marie Antoinette war viel zu geblendet von ihrem jahrelangen Hass auf Rohan, als dass sie verlangt hätte, der Sache genauer auf den Grund zu gehen. In ihren Augen steckte der Kardinal hinter all dem Übel. Das verschwundene Collier war aber wohl nur die Spitze des Eisbergs, der Gipfelpunkt einer umfangreichen Verschwörung gegen das Königspaar, in der dem Adel von Paris eine zentrale Rolle zugekommen war.

Im Grunde genommen beinhaltete das Urteil gegen Rohan seinen Freispruch. Von großer Bedeutung war die Tatsache, dass die Würde des Kardinals von den Richtern höher bewertet wurde als die der Königin von Frankreich. Wenn jemand wie Rohan nicht hinter Schloss und Riegel kam, hieß dies im Umkehrschluss: Bei Marie Antoinette handelte es sich um eine zügellose und verdorbene Frau, die man nachts in einem Gesträuch antreffen konnte – ein Motiv, das dem geneigten Leser aus dem Pamphlet „Le Lever de l'Aurore" schon lange geläufig war; die Hunderte Briefe schreiben würde, um ihrer körperlichen Sehnsucht nach einem Kirchenmann Ausdruck zu verleihen; die sich für nichts zu schade war, um in den Besitz des wertvollsten Schmuckstücks der Welt zu gelangen – obwohl das exzessive Diamantenshopping schon länger an Aktualität eingebüßt hatte. Die Leute hatten nicht vergessen, dass ihre Monarchin vor zehn Jahren wie eine ausgehaltene Schauspielerin ohne jegliche Selbstkontrolle aufgetreten war.

Ein viel nachgefragtes Pamphlet stellte die „Halsbandaffäre" später so dar – wie häufig in verteilten Rollen, hier in einigen Auszügen wiedergegeben:

„Das Königliche Bordell
Gefolgt von einem geheimen Gespräch zwischen der Königin und Rohan.
Das Bordell befindet sich in Versailles, in den Räumen der Königin.

Marie Antoinette: *Ich dachte schon, ich müsse als Witwe leben, seit Artois verbannt wurde. Aber heute Nacht kommen der Ritter von B., der Baron von B., der Marquis de H. und der Bischof von R. Deren Anwesenheit wird mich entschädigen für den unersetzbaren Verlust.*
Marie Antoinette geht in ihr Zimmer, wo sie schon von den vier nackten Männern erwartet wird. Marie Antoinette hat ihre Jungfräulichkeit drei Jahre vor der Heirat verloren. Sie hat ein Spatzenhirn.
Ein Bischof: *Dein Garten liegt wohl am Äquator. Es ist sehr heiß hier herinnen.*
Marie Antoinette: *Na und? Mein Garten benötigt regelmäßige Bewässerung. Sonst wird er eine ausgetrocknete Kruste. Also, mach schon. Ich brenne.*

Rohan kommt und hilft Marie Antoinette beim Wiederanziehen. Er greift in ihre Vagina.
Marie Antoinette: *Ich bin sehr erfreut, Kardinal, Sie hier zu sehen. (Marie Antoinette ist weiterhin wütend auf ihn, doch sie tut so, als ob sie ihm verzeiht.)*
Marie Antoinette weiter: *Ich hoffe, Sie sind nicht mehr böse auf mich. Es tut mir sehr leid, dass Sie meinetwegen in Ungnade gefallen sind.*
Rohan: *Ich vergebe Ihnen. Aber warum haben Sie mich so sehr gehasst?*
Marie Antoinette: *Ich habe Sie gebeten, zu kommen und mit mir zu schlafen. Sie sagten, Sie würden kommen. Aber Sie hielten Ihr Wort nicht. Sie waren bei der Lamotte. So schwor ich Ihnen wegen dieser Ihrer Idiotie ewigen Hass. Aber ich habe es vergessen. Wir wollen nun gut miteinander auskommen.*
Rohan: *Aber ich war an diesem Tag doch schon vier Mal bei Ihnen. Ich brauchte eine Pause. Sollten Sie sich nicht auch um den Vater des Dauphins und Ihre Tochter kümmern?*
Marie Antoinette: *Gut, mein Fehler. Machen wir nun Frieden. Vergessen wir die Vergangenheit. Sie werden immer mein Mann sein. Ich werde alles tun, um Sie mit dem König zu versöhnen.*
Rohan: *Das ist alles schön und gut, aber Sie werden mir meinen Posten als Großalmosenier nicht wiedergeben können.*
Marie Antoinette: *Machen Sie sich keine Sorgen. Ich hatte die Macht, Ihnen den Posten zu nehmen, ich kann ihn auch dem Bischof von Metz nehmen. Ich werde dem König zwei Flaschen Wein geben, so kann ich ihn zu allem überreden.*
Rohan: *Wollen Sie die Liebe der Franzosen zurück, so machen Sie ihnen großzügige Geschenke. Beten Sie zwei Mal am Tag zu Gott und schauen Sie, dass das Volk das erfährt. Ich verspreche, das Volk wird Sie lieben, so, wie es Sie jetzt verachtet. Heute Nacht komme ich und schlafe mit Ihnen. Ein Diener wird sich als Kardinal verkleiden und in mein Haus gehen. Alle werden denken, ich sei heimgekommen. Wir werden an einem neuen Herzog arbeiten.*
Marie Antoinette: *Gut. Ich werde auf Sie warten."*

Schadensbegrenzung

Um der Öffentlichkeit ein erfreulicheres Bild von sich zu bieten, rüstete sich Marie Antoinette zu einer Art Propagandatrip nach Fontainebleau. Ihr schwer ramponiertes öffentliches Image sollte aufpoliert werden. Kanonendonner erschallte, als die Königin auf einem eigens für sie in englischem Stil gebauten Boot die Seine entlangsegelte. Bei der Vergnügungsjacht für mehr als 100.000 Livres handelte es sich um einen schwimmenden Palast. Dieser war fürstlich ausgestattet, mit einem mahagonivertäfelten Wohnraum, Marmorboudoirs und einer eigenen Küche. Göttinnengleich und unantastbar glitt Marie Antoinette vorbei an ihren Untertanen, die die Ufer des Flusses säumten und ungläubig vor Staunen auf ihre Souveränin blickten. Es herrschte eisiges Schweigen. Wieder einmal versuchte die Königin, mit kostspieligen Extravaganzen vor ihren Problemen zu flüchten und in eine Scheinwelt abzudriften. Der Auftritt ähnelte vielleicht der sagenumwobenen Nilfahrt der Kleopatra, die auf einem Boot mit purpurfarbenen, parfümierten Segeln unterwegs gewesen sein soll.

Der König unternahm gleichzeitig eine andere Reise zum selben Zweck, als vertrauensbildende Maßnahme: Er wollte sich beim Volk sehen lassen, gute Stimmung machen. Zwecks Gründung einer Marineflotte begab er sich in die Normandie, nach Cherbourg. Seiner Frau schilderte er von der Hafenstadt aus das Meer. Der bequeme Ludwig XVI. konnte sich ansonsten kaum zum Reisen aufraffen, obwohl es für Monarchen seiner Epoche durchaus üblich war, sich den Menschen in unterschiedlichen Landesteilen zu präsentieren. Kaiser Joseph II. fuhr mehr oder weniger ununterbrochen kreuz und quer durch Europa. Wenn auch fast immer inkognito. Er wollte wissen, wie die Leute dachten, was es Neues gab. Sein Ziel war es, schon zu reagieren, wenn neue Entwicklungen erst im Entstehen waren. Auf eine solche Idee wäre der französische König nie gekommen, und auch seine nur auf sich und ihren engsten Umkreis fixierte Königin brachte kein Interesse für Dinge auf, die sie nicht unmittelbar und persönlich betrafen. Sie reiste bestenfalls zwischen Versailles und den Sommer- bzw. Jagdsitzen hin und her. Kein Schloss lag weiter als etwa 30 Kilometer von Paris entfernt.

Fersen meldete sich zur Freude der Königin bei seinem Regiment zurück. Marie Antoinette war wieder schwanger geworden, zum fünften Mal. Eigentlich waren nach einer Tochter und zwei Söhnen keine weiteren Kinder geplant gewesen, doch kam im Juli 1786, kurz nach der Aufregung rund um das „Halsband"-Urteil, noch eine kleine Tochter zur Welt, Sophie. Das Mädchen wirkte anfangs gesund und kräftig, allerdings zeigten sich bald die bourbonischen Krankheitssymptome wie geringes Wachstum und Anfälligkeit für Fieber. Der Durchbruch der Zähne führte bei Sophie zu hoher Körpertemperatur, Schlaflosigkeit und fürchterlichen Krämpfen. Im Alter von nur elf Monaten starb dieses letzte Kind des Königspaares. Marie Antoinette versank in Selbstvorwürfen. Am Boden zerstört meinte sie, sich zu wenig um den Säugling gekümmert zu haben. Doch dem Dauphin ging es so schlecht, dass sie sich hauptsächlich ihm widmen musste und das Neugeborene öfter der Herzogin de Polignac überlassen hatte. Sie hätte ohnehin nicht helfen können. Die boomende Zahnmedizin war noch immer nicht in Versailles angekommen, sie wurde dort weiterhin als modische Extravaganz bürgerlicher Emporkömmlinge angesehen. Und dass kleine Kinder starben, das galt als ganz normal.

Die Königin hatte genug. In ihren Augen war die Familienplanung abgeschlossen, sie war auch bereits 32 Jahre alt. Für Frauen aus dem Volk betrug die Lebenserwartung um die 30 Jahre. Die meisten heirateten im Alter von 15 oder 16 Jahren, mit Glück wurden sie Kurzzeit-Großmütter. Man kann davon ausgehen, dass Marie Antoinette die ehelichen Beziehungen nach der Tragödie um Sophie eingestellt hat. Sie lebte nun mit ihrem Freund Fersen, den Ludwig XVI. als ständigen Begleiter seiner Frau akzeptierte. Der Schwede ritt drei- bis viermal in der Woche mit der Königin rund um das Trianon aus. Man sah die beiden ständig zusammen. Da Marie Antoinette der Tratsch rund um ihre Beziehung zu Fersen täglich zugetragen wurde und sie sich um den Ruf des Königs besorgt zeigte, bot sie ihm an, den Freund trotz aller Zuneigung nicht mehr zu treffen. Ludwig lehnte ab, wohl auch, weil ihm bewusst war, dass er seine Ehefrau nie hatte glücklich machen können. Fersen war ein Ausländer und somit politisch ungefährlich. Er stellte in den Augen Ludwigs XVI. kein unmittelbares Risiko dar. Seine Frau hatte ihre Pflichten gegenüber Frankreich erfüllt. Neben der ältesten Tochter waren zwei Söhne zur Welt gekommen, eine Fehlgeburt musste verschmerzt werden und jüngst war eine Tochter gestorben. Sollte die Königin mit ihrem Traumprinzen zufrieden leben. Es würde niemandem schaden.

Der Künstlerfreundin der Herrscherin war zu dieser Zeit eine schwierige Aufgabe zugedacht worden. Marie Antoinette wünschte sich zum Ende ihrer Laufbahn als Mutter von Élisabeth Vigée-Lebrun ein Porträt mit allen ihren Kindern. Es war das letzte Mal, dass sie sich zusammen mit ihrem Nachwuchs darstellen ließ. Dieses heute sehr berühmte Gemälde zeigt die mütterliche Königin in einem roten Samtkleid mit Pelzverbrämung am Saum. Die Königin trägt einen Federhut und hatte ihre Freundin extra angewiesen, „Schönheitsfehler" nicht zu kaschieren. Alles sollte echt und „natürlich" wirken. Vor allem verzichtete Marie Antoinette auf Halsschmuck, auf keinen Fall sollte eine wertvolle Kette auf den vermeintlich überstandenen Skandal hindeuten. Nur Erhabenheit und Fraulichkeit waren gewünscht.

Links, also auf der traditionell „schlechten", „weiblichen" Seite eines Porträts, steht die neunjährige Madame Royale als liebende Tochter, die sie wohl nicht war. Rechts, auf der „guten", Männern vorbehaltenen Seite, wendet sich der in Wirklichkeit bereits todkranke Dauphin einer leeren Wiege zu, in der einmal das vierte Kind liegen sollte, das die Königin erwartete. Der Dauphin ist als zukünftiger König die zentrale Figur des Bildes, nicht seine Mutter Marie Antoinette. Sie scheint im Vergleich zu ihrem Sohn im Hintergrund zu sitzen. Auf ihrem Schoß hält sie den weiß gekleideten zweiten Sohn Louis-Charles. Nach Sophies Geburt hatte Élisabeth Vigée-Lebrun das Töchterchen in die Wiege hineingemalt. Und nun, nach dem unerwarteten frühen Tod des Mädchens, bekam die Künstlerin den Auftrag, das Werk noch einmal neu anzufertigen. In dieser Version weist der älteste Sohn auf das leere Bettchen seiner toten Schwester. Der sechsjährige, verwachsene Bub bekam oft keine Luft, musste ein eisernes Stützkorsett tragen und konnte kaum aufrecht stehen. Er hatte einen Buckel, einige Wirbel stachen hervor. Vermutlich litt er an einer schweren rachitischen Erkrankung mit großen Schmerzen. Doch das Kind war die Hoffnung und Zukunft des Königreichs Frankreich, und somit war bei seinem Porträt „Wahrhaftigkeit" nicht gefragt. Ein körperlich so schwer beeinträchtigter Dauphin hätte den Bestand der Monarchie in den Augen der Betrachter gefährdet.

Staatsporträt mit leerer Wiege:
Wie fast alle Frauen ihrer Zeit trafen auch Marie Antoinette die typischen Schicksalsschläge wie Fehlgeburten und der Tod von Kleinkindern.

Das „deutsche Laster“

Doch weder die bis ins letzte Detail durchinszenierte Prachtfahrt nach Fontainebleau noch das im Vergleich dazu bescheiden wirkende Porträt der Königin als mehrfache (Landes-)Mutter brachte den gewünschten Erfolg. Im Gegenteil: Ordnungskräfte rieten Marie Antoinette ab, bei der Präsentation des neuen Werks von Vigée-Lebrun in Paris dabei zu sein. Besucher zeigten mit dem Finger auf das Bild und verkündeten lautstark: „Seht her! Hier hängt das Defizit!“ Die abgefahrene Moritat rund um „Klunker, Kardinal und Königin“ blieb die Lieblingslektüre der Franzosen und fast täglich erschienen neue, erniedrigende Pamphlete und Karikaturen zu diesem Thema. Der raffinierten Madame de La Motte war es – womöglich mit Unterstützung – gelungen, aus dem Gefängnis zu fliehen und sich nach England abzusetzen. Sie hatte nur neun Monate in der Salpetrière zugebracht. Nicht selten waren Adelige in ihren sechsspännigen Wagen vor dem Gefängnis gesichtet worden. Die Aristokraten wollten die „arme Gräfin“ ihres Wohlwollens versichern und ihr Mut zusprechen. Es war dies ein öffentliches Zeichen der Feindschaft, die der Adel der Königin entgegenbrachte.

In London blieb Madame de La Motte nicht untätig. Sie verfasste ihre Memoiren, die ihren Weg nach Frankreich fanden und den Hass des Volkes auf Marie Antoinette ins geradezu Unermessliche wachsen ließen. Hauptsächlich war von lesbischen Beziehungen die Rede, die die Königin zu ihren Freundinnen Lamballe und Polignac, in ihrer Unersättlichkeit aber auch zur Gräfin de La Motte selbst unterhalten habe. Sex zwischen Frauen galt in Frankreich als „Le Vice Allemand“, „das deutsche Laster“. Die Hölle – das sind bekanntlich immer „die anderen“. So hieß die Syphilis in Österreich auch im 20. Jahrhundert noch die „Franzosenkrankheit“, in Frankreich selbst „die italienische Krankheit“. Und eine Königin, von der man wusste, dass sie in Versailles alljährlich deutschsprachige Weihnachtslieder sang und nach deutscher Sitte Apfelwein servierte, konnte nur zum „deutschen Laster“ neigen. Jahrelang hatte Marie Antoinette die medialen Anwürfe gegen ihre Person und ihr Amt scheinbar gleichmütig ertragen. Fanalartig gelangte sie nun zu einer niederschmetternden Erkenntnis: „Diese Verleumdungen werden eines Tages mein Untergang sein.“

IV
Fake News damals – die Frau in der Revolte

„Adieu! Adieu."

Messalina, Brunichild und Fredegunde, Caterina de' Medici – alles „böse Königinnen" und einflussreiche Frauen der Geschichte, die in den Spottschriften und auch im Prozess gegen die „Österreicherin" Marie Antoinette als deren mutmaßliche Vorbilder herhalten mussten. Von Anfang an war die Frauenfeindlichkeit der Beschuldigungen evident. Dazu gesellten sich Diffamierungen wie „Ehebrecherin", „Tribade" (griech.: tribein = reiben; früher als Begriff für Lesbe gebräuchlich), „Inzest-Verbrecherin", „Kindsmörderin", „infernalische Megäre", „Erzhure", „Nymphomanin", „Vampirin", „Wölfin"... Es gab kaum eine Beschimpfung, Verdrehung oder Stigmatisierung, die in Bezug auf Marie Antoinette in den verleumderischen Broschüren nicht aufgepoppt wäre. Vor allem die Bezeichnung „Wölfin" war sehr präzise und wohlbedacht gewählt worden, denn in einem Land mit romanischer Sprache verstanden die Menschen deren ursprüngliche Bedeutung. Im alten Rom vergnügte „mann" sich in den Lupanarien, den Freudenhäusern. Die dort tätigen Frauen hießen umgangssprachlich „Wölfinnen" (lupae).

Schwarze Legenden

In der auflagenstarken Hetzzeitung „Le père Duchesne" erschienen täglich neue „Anekdoten" aus dem Leben der „Erztigerin" – ein besonders verwerfliches Schimpfwort, ist doch der Tiger ein gestreiftes und somit von Gott äußerst benachteiligtes Tier. Seit dem Mittelalter galten Streifen als das Muster des Teufels. Ehrbare Menschen durften keine gestreifte Kleidung tragen. Diese blieb Leuten vorbehalten, die außerhalb der Gesellschaft standen, wie beispielsweise Hofnarren, deren Erkennungszeichen ein bunt gestreiftes Gewand gewesen war. Bis ins 20. Jahrhundert lebte „der Stoff des Satans", wie er genannt wurde, in der für Gefängnisinsassen vorgeschriebenen Anstaltskleidung fort. Ein Tiger, ein fremdes Raubtier aus „gottlosen" Gegenden, stand für Gefahr, Hinterlist,

S. 191: Der rasch nach der Hinrichtung in Wachs gegossene Kopf der Marie Antoinette bildete zusammen mit anderen VIPs der Revolution den Grundstock des Wachsfigurenkabinetts „Madame Tussauds".

Die verleumderischen Schriften, die sich immer vehementer gegen die Königin richteten, kannten kaum noch Grenzen: Die Monarchin wurde als sexuell unersättliches weibliches Ungeheuer dargestellt.

Täuschung, Angriff. Ein weiblicher Tiger verhielt sich noch unberechenbarer. Das Supplement „Erz-" verstärkte das Risiko und wies auf die ausländische Herkunft der ehemaligen Erzherzogin hin.

Kaiser Joseph II. hatte seine Schwester bei seinem denkwürdigen Besuch in Versailles „tête au vent" genannt, einen Windkopf. In ihren ersten Jahren hatte Marie Antoinette eigentlich kaum etwas anderes getan als Dinge, für die junge Frauen aus Adelshäusern heutzutage überall bejubelt werden: Schöne Kleider tragen, winken, lächeln. Mit Literatur hat sie sich nicht gerne auseinandergesetzt, weder mit den katholischen Erbauungsbüchern der Mama („Lesen Sie gute Bücher, Sie haben es nötiger als andere junge Mädchen, da Sie in Musik und Zeichnen nicht perfekt sind!") noch mit den sich immer abstoßender gebärdenden „Libelles" – weit verbreiteten Kommunikationsmitteln der Massenverführung im 18. Jahrhundert. In bedrohlichen Zeiten funktioniert(e) es besonders gut. Früher gab es die Marktschreier auf den Stadtplätzen, meist Scharlatane, die viel in der Welt herumgekommen waren und daher über einen unerschöpflichen Vorrat an Verkaufstricks verfügten. Der Ausdruck geht auf den italienischen Ausdruck „ciarlatore" (Prahlhans) zurück. Die modernen Prahlhanse der (Vor-)Revolutionszeit arbeiteten mit der Macht des gedruckten Wortes. Sie wiederholten falsche Tatsachen, bis es (fast) jeder glaubte. Sie kannten sich bestens aus mit der Beeinflussung und der Lenkung von Meinungen. Ihre Erfolge waren beträchtlich. Sie wussten genau: Wer es schaffte, die wankelmütigen Angehörigen unterprivilegierter Schichten anzusprechen, zu manipulieren und zu motivieren, der würde die Macht in den Händen halten.

Pornografische Pamphlete über das „Privatleben der Königin" führten etwa im Untertitel den verkaufsfördernden Zusatz „ein seltenes Werk, vollkommen wahr, dessen Inhalt nur wenigen bekannt ist". Andere wohlfeile Werke versprachen weitere wenig geschmackvolle Sensationen: „Historische Essays über das Leben der Marie Antoinette von Österreich" (hier ging es um inzestuöse Verhältnisse, die Marie Antoinette bereits als Kind zu ihren älteren Brüdern unterhalten habe), „Das Liebesleben von Karli und Toni" (Marie Antoinette und ihr Schwager

Artois haben eine amouröse Liaison), „Der königliche Dildo", „Die königliche Orgie", „Die Bekenntnisse der Marie Antoinette", „Das königliche Bordell", „Das uterine Wüten der Marie Antoinette". Die Leser konnten zwischen Wahrheit und Erfindung nicht unterscheiden und wollten es auch gar nicht. So entstand ein Bild der Herrscherin, das seinesgleichen sucht: Die sexuell unterdurchschnittlich erfahrene Marie Antoinette wurde in den Medien zu einer übersexualisierten Frau mit erotischen Superkräften stilisiert. Zusätzlich, so hieß es, sei ihr Charakter voller „boshafter Schändlichkeiten". Ein „normaler" menschlicher Verstand sei gar nicht imstande, die ruchlose Niedertracht der Königin zu begreifen.

Diese „gefährliche Hexe", privilegiert und weiblich, hatte mit der Zurückhaltung gebrochen, die Königinnen von Frankreich seit jeher auferlegt war. Marie Antoinette setzte in Versailles ihren persönlichen Stil durch. Sie war es gewesen, die die Moderegeln verkündet hatte. Ihren Opern- und Theatervorlieben folgten bald alle. Sie inszenierte herausragende Feste und Partys und gefiel sich demnach in der Rolle der jeweiligen Favoritinnen der früheren Monarchen. Die Königin stand in einer Reihe mit machtbesessenen, verabscheuungswürdigen Frauenfiguren der Vergangenheit und den größten Kurtisanen Frankreichs.

Die vierte Macht

Auch heute dominieren privilegierte, weibliche Personen die Schlagzeilen der Boulevardpresse, einer Gattung von Zeitungen, die im 18. Jahrhundert ihren Ursprung hat. In London und Paris entstanden florierende Presseunternehmen, die merkantilistischen Prinzipien gehorchten und deren Motto heute wie damals in einem Wort zusammengefasst werden kann: Exzess. Das Publikum konsumierte Presseerzeugnisse wie nie zuvor, denn erstmals in der Geschichte konnten sehr viele Leute bereits lesen, allerdings hauptsächlich Männer. Es waren vor allem Angehörige des gebildeten dritten Standes, Juristen, Ärzte, Gelehrte und Journalisten, die gesellschaftliche Treffpunkte wie etwa Kaffeehäuser als Zentren der Nachrichtenübermittlung frequentierten. Hier wurde jede Neuigkeit verlautbart und kommentiert. Clubs Gleichgesinnter wurden hier gegründet. Cafés galten als Stätten politischer Verschwörungen. Die Machthaber von morgen saßen schon da: Marat, Danton und Desmoulins trafen sich im Kaffeehaus. Zwei dieser Männer waren – unter anderem – Journalisten. Robespierre mit seinen grün getönten Brillengläsern, schlicht (aber adrett) angezogen, oft rätselhaft und stets verschwiegen, spielte gerne Schach. Im Kaffeehaus. Zusammen mit dem Kaffee kam ein Korb Orangen auf seinen Tisch. Die Südfrüchte würden seinen Teint aufhellen, sagte der Jurist aus der schönen Stadt Arras. Bald wird er nicht nur Orangen in Körbe fallen lassen.

Der Mann, der Marie Antoinettes Schicksal besiegeln wird, hieß Jacques-René Hébert. Beruf: Redakteur (bei einem Krawallblatt). Die Französische Revolution war nicht zuletzt ein Umsturz, in dessen Verlauf Presseerzeugnissen und Journalisten eine zuvor nie dagewesene, entscheidende Rolle zukam.

Die bürgerliche Gesellschaft war dabei, ihr eigenes, kritisches Selbstbewusstsein zu entwickeln. Zeitungskonsumierende Lokalbesucher als soziales Kollektiv förderten jene Stimmung, die zur Ausformung einer öffentlichen Meinung notwendig war. Die vielen Kriege, die sich um die Mitte des 18. Jahrhunderts abgespielt hatten, beschleunigten die Forderungen bürgerlicher, aufgeklärter Kreise nach Information und Mitbestimmung in staatspolitischen Angelegenheiten. Es konstituierte sich maßgeblich eine neue Macht: Die öffentliche Meinung – die Marie Antoinette so wenig interessierte und auf die sie so wenig gab, mit der die Obrigkeit jedoch rechnen musste. Das Rollenmissverhältnis zwischen Herrscher und Volk schonungslos aufzudecken war für kritische Publizisten ein vorrangiges Ziel. Das traditionelle Prinzip der Berufung des Herrschers auf das Gottesgnadentum war nicht mehr zu halten – was Ludwig XVI. viel zu lang zu ignorieren suchte. Seine Untertanen nahmen sich die Freiheit zu fragen, inwieweit die staatlichen Verfügungen ihrem eigenen Wohl zuträglich seien.

Die „Libelles“, Broschüren, die sich in Sensationsmanier mit dem Privatleben der Monarchen und ihres Umfelds befassten, lagen in den Kaffeehäusern herum, wanderten von Hand zu Hand. Dass derartige Erzeugnisse gedruckt und verkauft werden konnten, war nicht darauf zurückzuführen, dass die Zensurbehörde eine solche Publikationstätigkeit bereitwillig geduldet hätte. Ein überwiegender Teil dieser Schriften erschien unter Angabe eines fingierten Druckorts, meist London. Abgesehen davon machte es die schier unüberschaubare Masse an solchen Heften praktisch unmöglich, ihre Entstehung bis zu den Urhebern zurückzuverfolgen.

Kuchen essen?

In vielen Pamphleten erschienen König und Königin von Frankreich als archetypisches Menschenpaar Adam und Eva: Marie Antoinette ist die alttestamentarische Verführerin, eine diabolische, allmächtige Königin, Ludwig ist der gute, aber schwache König, der unter dem Pantoffel seiner Frau steht. So war Ludwig XVI. – im Gegensatz zu Marie Antoinette auf ihrem Vergnügungsboot – in Cherbourg mit offenen Armen empfangen worden. Noch unter dem Eindruck dieses Erfolgserlebnisses meinte er angesichts der zunehmend bedrohlicher werdenden Finanzlage seines Staates wie immer recht hilflos, man müsse sich doch für die Belange des Volkes genauso einsetzen wie für die des Adels.

Doch die Untertanen hatten nicht vergessen, wie hart die Büttel des Herrschers bei den Mehlunruhen und anderen Aufständen vorgegangen waren. Gab es auf den ersten Blick einmal zu wenig Brot, blühten im nächsten Moment die – von den Medien geschürten – Verschwörungsgerüchte und Hungersnotängste. Verhältnismäßig betrachtet ging der Hunger aber stetig zurück. Die Bevölkerung indes wuchs stark an. Um 1700 zählte man 19 Millionen Franzosen; im Jahr 1785 gab es 25 Millionen. Die Geburtenrate blieb auf einem konstanten Hoch, die Sterblichkeit sank beständig, da keine großen Seuchen oder eben Hungerkatastrophen zu beklagen waren. Die vielen Leute ernährten sich hauptsächlich von landwirtschaftlichen Produkten, was deren Preise in die Höhe trieb. Allein in den Jahren nach 1785 betrug die Teuerungsrate 65 Prozent, was man auch beim Brennholz massiv spürte. Die Löhne legten im selben Zeitraum nur um 15 bis 20 Prozent zu. In Paris lebten 600.000 Menschen, exklusive der Kleinkinder benötigte man in der französischen Hauptstadt also mindestens 500.000 Kilogramm Brot pro Tag. Im Fall von Missernten wurde Getreide aus Nordafrika importiert. Die Mühlen standen am Stadtrand von Paris, eine Mühle krönte den Hügel von Montmartre – woran das weltberühmte Lokal „Moulin Rouge" bis heute erinnert.

Marie Antoinette hatte von all diesen Realitäten in ihrem Königreich kaum eine Vorstellung, aber dass sie den Leuten empfohlen haben soll, im Fall von Brotknappheit Kuchen zu essen, ist ein Mythos, der der Königin bis heute nachhängt. Gesagt hat sie es nie. Wohl nicht einmal gedacht. In ihren Briefen findet man etliche Stellen, in denen sie sich für rasche Hilfe bei armutsgefährdeten Bevölkerungsgruppen ausspricht. Rousseau hatte geschrieben, dass er sich an eine „große Prinzessin" erinnere, „der man sagte, die Bauern hätten kein Brot, und die antwortete: Dann sollen sie Brioche essen." Der Text stammt aus einer Zeit, als Marie Antoinette noch als kindliche Erzherzogin in Wien weilte und von einer „großen Prinzessin" weit entfernt war. Rousseau meinte mit seiner Erinnerung aller Wahrscheinlichkeit nach Maria Teresa, jene Infantin von Spanien, die König Ludwig XIV. 1660 im baskischen Saint-Jean-de-Luz geheiratet hatte. Auch sie war eine Erzherzogin von Österreich und Königin von Frankreich gewesen, auch sie sprach schreckliches Französisch – in ihrem Fall mit einem harten spanischen Akzent, was wohl zu dieser Verwechslung beigetragen hat.

Krisensymptome

Noch immer zahlten Adel und hohe Geistlichkeit keine Grund- und Vermögenssteuer, als Pachtherren gehörten ihnen aber 65 Prozent des Bodens. Umgelegt auf die Gegenwart würde das bedeuten: 96 Prozent der Bevölkerung (Arbeiter, Anwälte, Ärzte, Professoren etc.) müssten das gesamte Steueraufkommen tragen, während gleichzeitig die größten Grundbesitzer steuerfrei ausgingen. Halbherzige Versuche unter Ludwig XVI., diesen Zustand endlich zu beenden, hatten bereits mehrere Finanzminister verschlissen. Marie Antoinettes Kavalier Besenval machte stellvertretend für seine Standesgenossen deutlich, was er von Einsparungen beim Adel hielt: „Diese Art der Enteignung hat es bisher nur in der Türkei gegeben", maulte er. Die Unterstützung der antimonarchisch gesinnten Revolutionäre in Amerika stellte sich nicht nur als Todesstoß für Frankreichs Finanzen heraus. Sie gab der Monarchie ganz grundsätzlich den Rest. In Amerika galt nämlich: Keine Besteuerung ohne Mitspracherecht. Kein Wunder, dass nun in Paris dasselbe gefordert wurde. Und zwar immer lauter und mit Nachdruck. Amerika-Fans zeigten stolz das neueste Objekt der Begierde: Einen Nachttopf mit dem Porträt des US-Gründervaters und Blitzableiter-Erfinders Benjamin Franklin, dazu ein Sinnspruch: „Den Göttern entriss er den Blitz, den Tyrannen das Szepter."

Finanzminister Calonne, ein Jurist und der siebente Mann in diesem undankbaren Schleudersitz-Ressort seit 1774, versuchte, dem König die aussichtslose Lage darzulegen, scheiterte jedoch wie jeder seiner Vorgänger am Widerstand der privilegierten Stände. Da er die desillusionierenden Zahlen sogar veröffentlichte (Staatsverschuldung: 900 Millionen Livres), verbannte ihn Ludwig XVI. nach Lothringen. Neben der als „Madame Déficit" schon sattsam bekannten Königin gab es zu ihr nun ein männliches Pendant: Charles-Alexandre de Calonne, der unklugerweise mit Ländereien und Wasseranbietern spekulative Geschäfte getätigt hatte, verließ Paris geschlagen als „Monsieur Déficit".

Ein weiteres Unglück traf den König in diesem Jahr 1787. Als sein erzkonservativer Außenminister Vergennes starb, wurde sogleich an Marie Antoinette appelliert, einen neuen Diplomaten für den frei gewordenen Posten vorzuschlagen, der der „Allianz" mit Habsburg positiv gegenüberstand. Und nun tat „die Österreicherin" erstmals das Richtige, nämlich klar festzuhalten, dass es dem Hof in Wien nicht zustehe zu diktieren, wer in Frankreich welches Amt übernehmen solle. Ihr Statement wurde positiv aufgenommen, aber für Reue war es längst zu spät. Aufgrund der verfahrenen Situation, der Unfähigkeit seiner Berater und des Todes seines Vertrauten Vergennes schlitterte der König in einen depressiven Zustand. Er nahm noch mehr an Gewicht zu, schüttete jeden Abend viel zu viel Wein in sich hinein, torkelte vor den Höflingen herum, verlor das Gleichgewicht und stürzte. Untertags jagte er wie ein Besessener.

Marie Antoinette trank nur Mineralwasser, doch sie fürchtete, dass das Gerede über den haltlosen Herrscher auch auf sie übergreifen würde. Sie trachtete danach, den König so ruhig und den sichtbaren Einfluss ihres umtriebigen Bruders in Wien so gering wie möglich zu halten. Fersen schrieb, für ihren Mann sei Marie Antoinette die einzige

Vertrauensperson, die ihm geblieben sei, und nur sie führe die Geschäfte und treffe Entscheidungen, da der König mehr oder weniger „unpässlich" (regierungsunfähig) sei. In diesen bedrückenden Wochen strich die Königin 73 Dienstposten aus ihrem Haushalt, um Ausgaben einzusparen. In den Theatern reagierte das Publikum mittlerweile auf Libretti, als würden diese die reale Lage im Land betreffen. In einem Stück von Jean Racine heißt es: „Verdammt die grausame Königin!" – und schon waren alle auf den Beinen, klatschten und brüllten sich die Seele aus dem Leib.

Zum neuen Kurzzeit-Finanzminister wurde Étienne de Brienne, ein adeliger Geistlicher und guter Freund des Abbés de Vermond, ernannt. Er erwies sich als ungeeignet und bekleidete sein Amt nur wenige Monate. Brienne war derjenige Amtsträger, der schließlich den vom dritten Stand, also den Bürgerlichen, unterstützten Kritikern in den Parlements die Einberufung der Generalstände versprechen musste, um den Staat aus der Krise zu führen. Nur diese Körperschaft verfügte über die Macht, die dringend benötigte Steuerreform auf den Weg zu bringen. Klar war auch, dass Ludwig XVI. auf althergebrachte Privilegien und Rechte verzichten und Mitbestimmung zulassen musste. Er wurde angehalten, einen diesbezüglichen Plan vorzulegen. Ohne einen entschlossenen Herrscher werde die Monarchie in Frankreich bald Geschichte sein, teilten ihm einigermaßen Wohlmeinende unmissverständlich mit.

Die Zukunft bricht an

Die Generalstände bestanden aus Repräsentanten aller drei Stände, dem Adel, dem Klerus und dem Bürgertum, das 96 Prozent der Bevölkerung ausmachte. Seit 1614 war dieses Gremium nicht mehr zusammengetreten, doch nun musste der König garantieren, innerhalb der nächsten fünf Jahre eine solche Sitzung anzuberaumen. Dass Ludwig XVI. in fünf Jahren so gut wie tot sein würde, das wird ihm wohl nicht durch den Kopf gegangen sein. Zügig begann man mit der Wahl der Repräsentanten und mit den Vorbereitungen für dieses Großereignis. Das Zusammentreffen der Generalstände wird der Startschuss für die Revolution in Frankreich sein.

Es kam jener Tag, an dem Marie Antoinette zum allerletzten Mal in ihrer Staatskleidung als Königin von Frankreich auftrat, in jener traditionellen Robe als transzendente Herrscherin und göttliche Bourbonin, die sie nicht sein wollte und deren Rolle sie seit Jahren vernachlässigte. Am 5. Mai 1789, einem strahlend sonnigen Tag, wurde die politisch explosive Zusammenkunft in Versailles eröffnet. Der Hof ging davon aus, es habe sich seit dem letzten Zusammentreffen der Generalstände vor mehr als 170 (!) Jahren wenig geändert. Marie Antoinette und Ludwig XVI. betraten die Szenerie nicht – sie erschienen: Als Repräsentanten der kosmischen Ordnung auf Erden. Die Königin in Silber als weiblicher Mond (Luna), sie verkörperte das Gegenstück zur männlichen Sonne (Sol), dem König. Ludwig XVI. schimmerte von Kopf bis Fuß in Gold, dazu trug er ein diamantbesetztes Zeremonialschwert, diamantene Knöpfe an seinem Jackett, diamantene Schnallen an seinen Schuhen. An seinem Hut funkelte der berühmte Diamant „Le Régent". Als Äquivalent dazu trug Marie Antoinette den sternengleichen „Sancy"-Diamanten in ihrem Haar. Die vielen Diamanten reflektierten das Frühlingslicht in tausend Regenbögen. Kosmos bedeutet auf Griechisch nicht nur Glanz und Ehre, sondern vor allem: Schmuck. Sonne, Mond und Sterne sollten die Monarchie umstrahlen, doch es reichte nur mehr für den letzten Abglanz der alten Ordnung.

„Was ist der dritte Stand?"

In den vorangegangenen Jahrzehnten hatte sich sehr viel getan. Kaum jemand sah es noch als schicksalhaft an, dass sich Monarchen von Gottes Gnaden privilegiert und geschmückt vor den Vertretern des Volkes präsentierten. Die meisten Beobachter empfanden das Spektakel als arrogant, bühnenhaft, nicht wahrhaftig – als eine Vorspiegelung falscher Tatsachen, da man der gemeinsamen Basis für diese Zurschaustellung einer archaischen Gewalt bereits verlustig gegangen war. Das Herrscherpaar wirkte auf die Bürger des dritten Standes wie der Kaiser in Hans Christian Andersens Märchen: Ohne ihre textilen Hüllen waren die Souveräne nur noch nackt. Oder grotesk overdressed. Im Vergleich zu ihren privaten modischen Vorlieben trat Marie Antoinette geradezu historistisch auf. Sie konnte das Ende des Ancien Régime am Verhalten ihres angeheirateten Cousins Philippe d'Orléans live miterleben. Bisher erkannte man diesen ehrgeizigen

Das Missverhältnis der drei Stände musste sich möglichst bald ändern. Die Bürgerlichen verlangten lautstark ihre Rechte, welche bisher von Adel und Klerus beschnitten worden waren.

Prinzen schon von Weitem an seinem aristokratischen Glitzer samt riesigen Jackettknöpfen, die mit pornografischen Szenen bemalt waren. Doch er hatte rechtzeitig die Seiten gewechselt. Schon bei der Prozession nach der Messe hatte jemand der Königin ins Gesicht gebrüllt: „Vive le Duc d'Orléans!" Dieser marschierte im schwarzen Anzug mit weißer Halsbinde bei den Bürgerlichen mit.

Während des Gottesdienstes, als gegen den Reichtum des Adels gepredigt wurde, war Ludwig XVI. wieder einmal eingeschlafen. Dies geschah in letzter Zeit häufig, sobald der König nicht auf die Jagd gehen konnte. Erst als die Angehörigen des dritten Standes donnernd zu applaudieren begannen, kam Ludwig wieder zu sich. Der abtrünnige Adelige Graf von Mirabeau, ein Bär von einem Mann mit riesiger, verfilzter Perücke und einer Stentorstimme, hielt eine flammende Rede gegen die Infamie der Kleidervorschriften: Zahlenmäßig überwog der dritte Stand im schmucklosen schwarzen Tuch bei Weitem – was für ein Gegensatz zu den Privilegierten in ihrem pastellfarbigen, golddurchwirkten Seidenschimmer! Soll der dritte Stand etwa der Lächerlichkeit preisgegeben werden?

Beim Treffen der Generalstände im 17. Jahrhundert hatten noch die alten Kleiderordnungen gegolten, die für die Wahrheit des Seins standen. Jedem Stand seine Kleidung. Und nun kam ein enger Verwandter des Königs wie der Duc d'Orléans in der neuesten (englischen) Mode der Bürgerlichen daher. Auf der Insel war es schon längst nicht mehr „in", sich wie am französischen Hof in Pomp und Luxus zu sonnen. Dort leistete man sich exquisite Einfachheit, wie Philippe d'Orléans es mit seinem Downdressing vormachte. Die Uniform des dritten Standes wird im Zuge der Revolution die Männerwelt erobern: Kurzes schwarzes Jackett, lange weite Hosen, runder Hut, Halstuch, Haare ohne Puder, Schuhe ohne Schnallen, dafür mit Schnürsenkeln gebunden, Ohrringe für die Jungen und Revolutionären – alles wohlbekannt aus „Fluch der Karibik". Aristokratische Erkennungszeichen wie bestickte knallbunte Kleidung, Puder, Rouge und helle Perücken, Schuhe mit Absatz und enge Kniehosen, die den Hintern sowie die seidenbestrumpften, hoffentlich kräftigen Waden betonten, waren um 1800 bei allen Männern passé und kehrten nie wieder. Auffällige Farben und Schminke bei Männern galten bald als effeminiert. Dass Männerkleidung für die höheren Schichten einmal so individualistisch und sexuell konnotiert gewesen war wie die der Frauen, ist heute fast vergessen.

Marie Antoinette ließ sich gern in typisch klassizistischer Manier als Vestalin darstellen. Es half nichts. Viele ihrer Untertanen sahen in ihr nur noch das tollwütige weibliche Sexmonster aus den Schmähschriften.

Ein hocharistokratischer Mann wie Philippe d'Orléans wurde für seine bürgerliche, dem dritten Stand angepasste Kleidung als „Gleicher unter Gleichen" gefeiert – Égalité (Gleichheit) war *das* Schlagwort bei den Abgeordneten des dritten Standes. Eine Königin im neumodischen, ebenso „bürgerlichen" Chemisenkleid aber hatte Bordellassoziationen erzeugt. Als sich Marie Antoinette auf dem Porträt von Vigée-Lebrun im schlichten weißen Kleid mit Strohhut porträtieren ließ, wollte sie – dem antikisierenden Modestil entsprechend – an altgriechische Jungfrauen erinnern. Doch sie wurde als Sexarbeiterin in Unterwäsche angeprangert, bereit, es überall und mit jedermann zu treiben. Sie zog sich an wie eine „Maid", nicht wie eine Königin, und stellte so ihre (sexuelle) Anziehungskraft als Frau in den Mittelpunkt. Eine Herrscherin von Frankreich aber musste unangreifbar sein; nur ihre Funktion, nicht ihre Person, sollte wahrgenommen werden. Als Königin der Mode gab Marie Antoinette den Weg frei zu ihrer Hinrichtung. Und war als Herrscherin bald tot. Als weibliches Role-Model begann ihr Siegeszug, der bis heute fortdauert. Die Herrscherin des Trianon gilt als erste Designerinnenmuse und frühes It-Girl mit einem unverwechselbaren, eigenen Stil, der in vielen Ländern kopiert wurde, überall Furore machte. Die Kaisertochter aus Wien hat nicht nur die Frauen ihrer Zeit inspiriert, sondern ihr Einfluss auf Modemacher, Make-up-Artisten und Kreative vieler Professionen hält auch im 20. und 21. Jahrhundert unvermindert an.

Die Hochrufe auf den „verkleideten" Philippe mussten damals beim Königspaar Gefühle der Demütigung und Erniedrigung hervorgerufen haben. Doch waren diese bald vergessen, denn der Zustand des siebenjährigen Dauphins gab Anlass zu höchster Besorgnis. Schon länger konnte er nicht mehr gehen und wurde in einer Sänfte mit Rollen fortbewegt. Erst vor wenigen Tagen war er ins Schloss Meudon nahe Paris gebracht worden. Man hielt die Luft dort für bekömmlicher als die im sumpfigen Gelände von Versailles, doch hatten die Ärzte die Hoffnung aufgegeben. Marie Antoinette war dabei, als ihr älterer Sohn am 4. Juni 1789 mitten in der Nacht starb. Die Leiche wurde einbalsamiert und in einem silbernen Sarg aufgebahrt. Abgesandte des dritten Standes verneigten sich demütig und besprengten den Katafalk mit Weihwasser. Im Großen und Ganzen blieb die Stimmung unverändert. Marie Antoinette sagte: „Der Thronfolger ist tot und niemanden interessiert es." Sie spürte vielleicht, dass Dauphins bald wenig gefragt sein würden. Louis-Joseph wurde in Saint-Denis bestattet.

Inzwischen war bei der Versammlung der Generalstände einiges in Bewegung gekommen. Ludwig XVI., wie seine Frau innerlich gebrochen wegen des verstorbenen Sohnes, hatte weder die Kraft noch den Willen, die zukünftige Rolle des Königs zu definieren. Der dritte Stand verlangte weiterhin, die Macht müsse aufgeteilt werden. In der Provence war eine Hungersnot ausgebrochen. Mehrere Adelige und auch Vertreter des einfachen Klerus liefen in der Folge zum dritten Stand über. Mirabeau wiegelte Unentschlossene auf: „Wehe den privilegierten Klassen, da die Privilegien abgeschafft werden, aber das Volk ewig währt!“, rief er. (Noch) respektiere er die Monarchie, aber es müsse eine konstitutionelle Regierungsform gefunden werden, zum Beispiel nach dem Vorbild Englands. Der „Cunctator“ Ludwig XVI. lavierte herum. Er wollte weder seine Unterstützer, die verbliebenen Teile des Adels und den hohen Klerus, verstimmen, noch wollte er dem Volk zu große Hoffnungen machen. An der absoluten Monarchie hielt er unerschütterlich fest. Sein Zaudern und Zögern führten dazu, dass die Privilegierten den Eindruck erhielten, man werde ihnen vieles nehmen. Der dritte Stand wurde aber in seinen Begehrlichkeiten vom König nicht sichtbar zur Kenntnis genommen. So stand Ludwig unbeweglich zwischen allen Stühlen.

In einer Broschüre hatte der Abbé Sieyès im Jänner 1789 deutlich die Ansprüche der Bürgerlichen formuliert: „Was ist der dritte Stand? Alles. – Was war er bisher? Nichts. – Was will er werden? Etwas.“ Es waren die Angehörigen des dritten Standes, die im Lauf des 18. Jahrhunderts zu Geld gekommen waren und massiv an Einfluss zugelegt hatten: Wer in Finanz, Handel und Verwaltung tätig war, verlangte lautstark nach Mitbestimmungsrechten.

Der dritte Stand tagte mittlerweile im königlichen Ballspielhaus von Versailles. Seine Mitglieder erklärten sich zur Nationalversammlung und schworen den berühmten Ballhausschwur: Man werde nicht auseinandergehen, „bis die Verfassung auf soliden Grundlagen errichtet ist“. Die „vereinte Nation“, wie sich die Männer im Ballhaus nannten, werde von niemandem mehr Befehle entgegennehmen. Mit dieser Souveränitätserklärung hatte im Grunde genommen die Revolution begonnen.

Ordnung und Chaos der Welt

Der in Amerika geschulte General La Fayette wollte den Delegierten eine Verfassung nach amerikanischem Vorbild anbieten. Mirabeau, der das große Wort bei den Bürgerlichen führte, stellte sich vor, ein Teil der Macht solle bei der Nationalversammlung liegen und ein Teil beim König bleiben. Doch Ludwig XVI. hielt nichts von diesen Ideen. Er bildete sich ein, so wie sich die Engel nach Klassen geordnet um Gottes Thron scharen würden, so sei es auch mit seinen Untertanen, die sich brav und ihrem Stand gemäß um seinen Thron in Versailles gruppieren würden. Die Ordnung auf Erden diene der Abwehr des Chaos der Hölle, meinte er. Doch viele Vertreter des Adels hatten sich von solchen Vorstellungen längst abgewandt. Ohne die Aristokratie würde die Monarchie nicht mehr lange Bestand haben, das war dem König klar.

Der neue Finanzminister Jacques Necker, ein bürgerlicher Bankier aus Genf, millionenschwer, Ausländer also und Protestant noch dazu, hielt eisern an der Notwendigkeit, Adel und Klerus zu besteuern, fest: „Égalité!" Steuern zahlen müssten alle. Im Hungerwinter des letzten Jahres 1788 hatte Necker aus seinem eigenen Vermögen, das er zu fünf Prozent Zinsen an die französische Regierung verliehen hatte, Getreide für die darbende Hauptstadt Paris gekauft. Er war der Volksheld der Stunde. Doch die Brüder des Königs, allen voran Artois und sein Anhang, arbeiteten am Sturz des Schweizers. Wie immer gab der entscheidungsschwache König nach. Necker wurde am 11. Juli 1789 seines Amtes enthoben und aus Frankreich verbannt. Dies stellte sich als extrem schlechtes Timing heraus, es handelte sich nämlich beim Tag der Absetzung um einen Samstag. Bis alle von der Neuigkeit erfahren hatten, war es Sonntagnachmittag geworden, und da blieben die Geschäfte geschlossen. Es fehlte somit der beruhigende Anblick frisch angerichteter, duftender Brote in den Auslagen der Bäcker. An diesem Tag wurde in Paris das erste Mal die Herrschaft Ludwigs XVI. als „Ancien Régime" bezeichnet.

Sommer '89

Die für Paris typische, leicht erregbare und unüberschaubare Mixtur aus Kleinbürgertum und Unterschicht randalierte wegen der Absetzung Neckers auf den Straßen. Man darf die Lebensrealitäten in der Stadt nicht außer Acht lassen. Bis heute leben durchschnittliche Pariser auf kleinem Raum, die Bade-„Zimmer“ sind oft Teil der Küche und noch immer winzig. Damals hausten viele Familienangehörige eng zusammen in dunklen Räumen. Es war Sommer, es war heiß. Man ging auf die Straße, und wenn irgendwo etwas los war, schloss man sich freudig an. Im Palais Royal stieg ein junger Journalist namens Camille Desmoulins auf einen Kaffeehaustisch und rief seine Mitbürger auf, sich zu bewaffnen. Rundherum saßen die Zuhörer in den Kastanienbäumen und feuerten den Redner an. Dieser schrie, die „verdammte Polizei“ solle nur kommen und fuchtelte mit einer Pistole herum. Er werde würdig zu sterben wissen. Fünf kleine Jährchen wird sich der 29-jährige, unermüdliche Propagandist und (Star-)Reporter der Revolution noch gedulden müssen, ehe er an der Seite von Polit-Ikone Danton den letzten Weg zum „Rasiermesser der Nation“, wie Desmoulins die Guillotine schwärmerisch zu nennen pflegte, antreten wird. Nun aber habe er gehört, Ludwig XVI. plane, Paris zu umzingeln. „Offenbar wollen sie unter den Patrioten eine Bartholomäusnacht anrichten!“, warnte lautstark der Advokat und Zeitungsmann – er meinte die landesweite Ermordung Tausender Protestanten vom 23. zum 24. August 1572. Das musste man vielen nicht zwei Mal sagen. Um die Wiener Singer/Songwriter „Christoph & Lollo“ zu bemühen: „Es war Revolution und fast alle gingen hin.“ Desmoulins steckte sich ein Kastanienblatt ans Revers und forderte alle auf, es ihm gleichzutun. Grün, das sei das Zeichen der Hoffnung, rief er. Aus den Blättern entwickelte sich bald die blau-weiß-rote Kokarde.

Das Opernhaus und die Theater wurden geschlossen, nachdem ein Zug Aufständischer in der Oper nach Waffen gesucht hatte. Jemand hatte gehört, dass auf der Bühne Kämpfe ausgefochten würden. Die Proletarier, von denen die meisten noch kein Theater von innen gesehen hatten, waren fürbass erstaunt: Die ersehnte Bewaffnung erwies sich als Attrappe aus Pappmaché und bemaltem Holz. Man zog enttäuscht weiter. In der Nacht brannten an den Stadtgrenzen die Linienämter. Die Armen vermuteten, ohne Stadtzölle müsse das Brot doch einfach billiger werden … Kurz darauf tauchte das Gerücht auf, im Kloster Saint-Lazare gäbe es einen geheimen, riesigen Lebensmittelvorrat. Innerhalb kürzester Zeit

Camille Desmoulins, Journalist und Revolutionär der ersten Stunde. Er rief das Volk auf, sich zu bewaffnen, wurde später jedoch selbst ein Opfer der unkontrollierbar fortschreitenden Revolution.

verschwanden von dort 25.000 Liter Wein, 25 Laibe Emmentaler, fässerweise Öl und Butterschmalz auf Nimmerwiedersehen. Das ehemalige Lepra-Spital war dafür bekannt, junge Taugenichtse aus adeligen Häusern vorübergehend zu beherbergen, und diese Männer mussten verköstigt werden. Wie die Lebensmittel kamen auch die Insassen rasch abhanden.

Am Morgen des 15. Juli 1789 versuchte ein Höfling den selig schnarchenden König in Versailles zu wecken, um ihm die beunruhigenden Neuigkeiten aus der Hauptstadt mitzuteilen. Das Staatsgefängnis Bastille sei gestürmt worden, weil aufständische Kleinbürger und Handwerker in den Kellern nach Schießpulver und Munition gesucht hätten. Der Kopf des Bastille-Kommandanten – der keinerlei militärische Kenntnisse besessen hatte – würde auf einer Pike durch Paris paradiert. Ein Koch habe ihm diesen abgeschnitten, nachdem der Mann mit Bajonettstichen in Brust und Bauch ermordet worden sei. In die „Zwingburg der Monarchie" waren früher willkürlich Verhaftete in Kutschen mit verhängten Fenstern gebracht worden, die Wachen mussten sich wegdrehen. Niemand konnte sagen, wie lange die Haft dauern würde. Nun werde dieses Sinnbild des Absolutismus seit Stunden demoliert, berichtete der Höfling, Touristen liefen bereits mit Bauteilen als Souvenirs herum. Ludwig fragte verschlafen: „Ja, ist es denn eine Revolte?" Die Antwort lautete: „Nein, Sire. Es ist eine Revolution."

Marie Antoinettes langjähriger Berater Mercy reagierte schneller und floh aufs Land, nicht ohne vorher vertrauenswürdige Wachen zu seinem Schutz mitzunehmen. Er schätzte die Lage korrekt ein, als er schrieb: „Der König hat bereits so viel an Macht eingebüßt, dass es nur richtig ist, von einer Revolution zu sprechen."

Aus der Bastille waren genau sieben Gefangene befreit worden. Mehrere saßen wegen Wechselfälschung. Dann ein Ire, der sich wahlweise für Julius Cäsar, Ludwig den Heiligen oder den lieben Gott ausgab. Ein weiterer geistig Umnachteter, der angeblich an einem Attentat auf Ludwig XV. beteiligt gewesen war und darüber den Verstand verloren hatte. Schließlich ein Adeliger, dessen liebe Familie ihn vor 24 Jahren in die Bastille hatte abschieben lassen. Die Verwandtschaft hatte behauptet, er sei ein Mörder. Der einzige interessante Häftling wäre der Marquis de Sade gewesen, doch

Souvenirs, Souvenirs: Knöpfe, hergestellt aus den Mauerresten der Bastille, fanden vor allem bei den zahlreichen Revolutionstouristen reißenden Absatz.

ausgerechnet der war zehn Tage davor an einen anderen Ort gebracht worden. Später musste der Skandalautor feststellen, dass die Eroberer der Staatsfestung alle seine Bücher, Bilder, Kleider und Möbel aus seiner behaglich eingerichteten Zelle geplündert hatten.

Die verwirrten Bastille-Befreiten ließ man siegestrunken hochleben und fuhr sie in Kutschen durch Paris. An sich war der heute mythisch stark überhöhte „Sturm auf die Bastille" ein recht lächerliches, von Missverständnissen, Pech und Pannen überschattetes „Event". Aber er wurde *das* Symbol für die neue Zeit, die Frankreich und die halbe Welt in Brand stecken wird.

Marie Antoinette befahl ihrer Freundin Polignac, sofort abzureisen. Auf sie war bereits ein Kopfgeld ausgesetzt, ebenso auf Artois und auf die Königin selbst. Die Herzogin de Polignac verkleidete sich als Dienstmädchen und setzte sich in eine Kutsche in die Schweiz. Die Herrscherin begann zu packen. Sie rechnete damit, dass ihr Mann in Kürze den Befehl geben würde, sich nach Metz zu begeben, eine befestigte Stadt, die zwar noch in Frankreich lag, aber schon an der Grenze zu den Niederlanden. Dort regierte Marie Antoinettes wenig geliebte Schwester Mimi an der Seite ihres Albert. Doch vom König kam genau nichts. Er machte sich nach Paris auf, ließ sich dort die dreifarbige Kokarde anstecken und bezeichnete sich allen Ernstes als „Kopf der Revolution". In Paris wurde er vom frisch gewählten Stadtoberhaupt, dem Bürgermeister Jean-Sylvain Bailly, einem Astronomen, empfangen. Dieses Amt hatte es während des Ancien Régime noch nicht gegeben.

Der König hatte angeordnet, dass man bis auf Weiteres in Versailles bleiben werde. Da die Polignac im Ausland war und wohl kaum zurückkehren würde, widmete sich Marie Antoinette wieder ganz der Erziehung ihrer zwei verbliebenen Kinder. Die politische Situation sollte nicht zur Vernachlässigung des Nachwuchses führen, so wie sich Marie Antoinette selbst als Kind unbeachtet gefühlt hatte. Unterstützt wurde die Noch-Königin von der Nachfolgerin der Polignac, der neuen Erzieherin Madame Louise-Élisabeth de Tourzel. Die Kinder bereiteten der Mutter Sorgen. Marie-Thérèse konnte zwar viel besser lesen und schreiben als Marie Antoinette im selben Alter, aber sie war nicht warmherzig, sondern

Eine der ersten, bis heute wichtigen Errungenschaften der Französischen Revolution:
Die Erklärung der Menschenrechte, August 1789.

Die geheime Grotte beim Petit Trianon.
Hier saß Marie Antoinette mit ihrem Freund Hans Axel von Fersen, als sie erfuhr, dass das Volk von Paris auf Versailles marschierte. Sie sah ihren Garten nie wieder.

egoistisch und trug die Nase überaus hoch. Der zum Dauphin avancierte zweite Sohn fiel durch eine Menge Fantasie auf, erfand ständig seltsame Geschichten, zeigte weder Taktgefühl noch Umsicht. Marie Antoinette aber war sich sicher, er würde einmal König von Frankreich werden. Sie hielt die sich täglich zuspitzende, gewalttätige Situation für ein vorübergehendes Übel, das man jedoch entschieden bekämpfen müsse. Ihr Freund Hans Axel von Fersen bestärkte sie in dieser Meinung. Man dürfe nicht nachgeben.

Die Nationalversammlung tagte ununterbrochen und erzielte maßgebliche Fortschritte: Abschaffung der Leibeigenschaft und der Frondienste, Abschaffung der Steuerprivilegien, Verstaatlichung großer Teile des Kirchenbesitzes, Zugang zu den Staats- und Militärämtern für alle dazu befähigten Bürger. Im August 1789 wurde die „Erklärung der Menschen- und Bürgerrechte" erlassen: „Von ihrer Geburt an sind und bleiben die Menschen frei und in allen Rechten gleich" – ein Triumph der Aufklärung. Meinungs- und Glaubensfreiheit waren fixiert. Gesetze und Rechtsprechung sollten ohne Unterschied allen Menschen dienen. Und die Macht lag ab sofort bei der französischen Bevölkerung: „Der Ursprung jeder Souveränität liegt ihrem Wesen nach beim Volk. Keine Körperschaft und kein Einzelner kann eine Gewalt ausüben, die nicht nachdrücklich von ihm ausgeht." Als Marie Antoinette davon erfuhr, konnte sie es nicht glauben. Die „Erklärung der Menschenrechte" war für die Königin nichts anderes als eine Ansammlung von Absurditäten. Ludwig ließ die Sanktionierung der „Erklärung" liegen und fuhr wieder täglich zur Jagd.

In diesen Stunden trafen sich Marie Antoinette und Fersen in der Grotte hinter dem Belvedere des Petit Trianon. Dort konferierte das Liebespaar auch, als plötzlich ein Bote im Dämmerlicht auftauchte und aufgeregt stotterte, die Herrscherin und der Graf mögen sich sofort im Schloss in Sicherheit bringen. Bewaffnetes Volk sei auf dem Weg nach Versailles.

Es war der 5. Oktober 1789.

Nach Paris!

Regen fiel in Strömen, und dann kam noch ein Gewitter dazu. Marie Antoinette blickte aus dem Fenster: Rote Baumwolltücher, weiße Hauben mit bunten Bändern, ein Meer von Piken. Tropfnasse, hungrige Frauen hatten sich im Innenhof des Schlosses von Versailles versammelt. Ihre Anwesenheit war wohl nicht ganz zufällig, den verregneten Tag hatte man in Kauf nehmen müssen. Der Arzt und Journalist Jean-Paul Marat war mit seiner viel gelesenen Zeitung „L'Ami du Peuple" („Der Volksfreund") seit Wochen dabei gewesen, die Stimmung kräftig anzuheizen. Immerhin bezeichnete er sich selbst gern als „Zorn des Volkes". Ein Aufrührer, der beim Sturm auf die Bastille dabei gewesen war, hatte in die unschlüssige Menge gebrüllt: „Auf! Auf nach Versailles!! Holen wir uns Brot vom König!" Täglich las man in den patriotischen Blättern von bevorstehenden aristokratischen Verschwörungen, drohenden Hungersnöten und Angstszenarien aller Art. Die Markt- und Fischfrauen von Paris, unter denen sich auch verkleidete Männer befanden und die von Soldaten der neuen Nationalgarde eskortiert wurden, verlangten, die Königin zu sehen, die sie die schändlichste aller Frauen nannten und die an allem schuld sei: In erster Linie am Staatsbankrott, aber auch an den Ausgaben für den Krieg in Amerika, an der Hungersnot, an der Kälte des letzten Winters, an all den pornografischen Abenteuern mit ihren Freundinnen und Freunden, die jeden Tag noch blumiger ausgeschmückt wurden. Sie habe ihren Mann zu Handlungen angestiftet, die die Bevölkerung mittellos gemacht hätten. Die Kleinbürgerinnen suchten einen Sündenbock für ihre unerquickliche Lage, und die seit Jahren verleumdete Königin war da gerade gut genug. Alles würde mit einem Schlag gut, wenn nur die verdammte Österreicherin endlich tot wäre, schrien sie. Sie sangen die Hymne der Revolutionäre, das „Ça ira": „Ja, so wird es gehen, ja, wir werden es schaffen! Aristokraten an die Laternen! Ja, so wird es gehen!" Neugierige und Müßiggänger hatten sich dem Zug angeschlossen und grölten eifrig mit. Auch besser gekleidete Bürgersfrauen schmähten König und Königin.

Marie Antoinette rannte unterdessen durch den geheimen Tunnel, um zu ihrem Mann zu gelangen. Vor gefühlt ewigen Zeiten war dieser Gang angelegt worden, um das Paar zwecks Nachwuchszeugung zusammenzubringen. Doch der König kehrte gerade erst von der Jagd zurück. Dies wäre der letzte Moment für die Königsfamilie gewesen, das aufgewühlte Land schleunigst zu verlassen. Die durchgefrorenen, hungrigen Demonstrantinnen (und Demonstranten) hatten bereits begonnen, Pferde aus dem königlichen Stall zu schlachten und zu braten. Andere blockierten die Remisen, sodass man nicht zu den Kutschen vordringen konnte. Einige „Besucher“ kamen enttäuscht aus dem Schloss und erzählten, es gäbe da drin gar keine edelsteinübersäten Wände, wie es in den „Libelles“ geheißen hatte. Frauen drängten in die Räume, in denen die Nationalversammlung tagte. Die Abgeordneten glotzten verdutzt und wollten den Spuk so bald wie möglich beenden. Eine Fischverkäuferin saß auf dem Platz des Präsidenten. Einige Männer wurden ausgewählt, um die Demonstrantinnen hinauszugeleiten. Ludwig versuchte, seine Frau zu beruhigen. Er werde Gespräche führen. Gespräche! Marie Antoinette wollte endlich weg, doch sie folgte den Befehlen ihres Mannes. Dieser traf keine Entscheidung. Sehr viel Zeit verging. Um Mitternacht stellte sich La Fayette als Kommandant der Nationalgarde bei Ludwig XVI. vor, der anschließend zu Bett ging. Er vertraute dem Helden aus dem amerikanischen Krieg. Marie Antoinette blieb sprachlos zurück.

Als sie wenig später Schreie hörte, die wie „Rettet die Königin!“ klangen, stürzte sie auf den Gang hinaus, doch da stand schon ein feixender Demonstrant mit dem Kopf ihres Leibwächters auf einer Pike. Der Moment zur Flucht war tatenlos verstrichen. Im ganzen Palast war der Widerhall des Gebrülls draußen am Platz zu vernehmen: „La Reine au balcon! La Reine au balcon!!“ La Fayette trat auf den Balkon des Schlosses und sprach zu den Frauen und Männern im Hof. Ja, die Königin sei anwesend. Ja, der König werde sich an das Volk wenden. Ludwig ließ sich ankleiden und versprach: „Meine Kinder! Ich werde mit meiner Familie unter euch leben!“

Schließlich fasste sich Marie Antoinette ein Herz und obwohl sie glaubte, die Menge wolle sie töten, begab sie sich, an jeder Hand ein Kind, für alle sichtbar auf den Balkon. Gewehre wurden in Position gebracht. „Knallt sie ab! Erschießt das Miststück!“, schrie jemand. Die Königin hielt den Blicken stand und knickste vor ihren regennassen Untertanen. Sie lächelte. Es schallte hinauf: „Keine Kinder!“ Was die Königin in ihrer Naivität nicht einordnen konnte. Die Fischfrauen hatten sie doch früher unflätig beschimpft, weil sie kinderlos gewesen war. Und jetzt hatte sie Kinder und die Menschen wollten sie trotzdem nicht sehen. Königskinder bedeuteten für die Bevölkerung nur noch die Fortsetzung der verhassten Monarchie. Man wollte keinen König mehr. Nie wieder.

Die Königin schob die beiden Kinder zurück in den Raum und kam allein hinaus. Plötzlich hieß es: „Vive la Reine!“ Aufgelöst fragte Marie Antoinette

La Fayette, was dies alles zu bedeuten habe. Der General erklärte, das Volk wolle die Königsfamilie in seiner Nähe haben. In Paris. Unter Kontrolle. Die Menschen würden nicht aufgeben, bevor ihnen die Verfügungsgewalt über ihre Monarchen zugestanden würde. Zu Fuß waren es sieben Stunden nach Paris, die Straßen waren völlig verstopft, weil Etliche wieder umgedreht, viele sich aber auf den Weg gemacht hatten. Marie Antoinette schüttelte den Kopf. Sie und ihre Familie als Geiseln des Staates? Doch der König ließ gehorsam anspannen. „Wir bringen den Bäcker, die Bäckerin und den Bäckerjungen nach Paris!“, johlten die rabiaten Leute und gafften in die Fenster der königlichen Kutsche. Es war jedoch nicht das Verdienst von ein paar meuternden Marktfrauen, dass die Königsfamilie Versailles verlassen musste. Ausschlaggebend war die Angst Ludwigs vor den Gewehren der Soldaten.

„Die Bäckerin“ konnte es nicht fassen. Seit mehr als hundert Jahren hatte kein König mehr in Paris gelebt. Fersen hatte die Situation blitzschnell erfasst und war schon in die Stadt vorausgeeilt. Er verkaufte sein Anwesen in Versailles und suchte sogleich eine Wohnung in der Nähe der Herrscherfamilie. Diese musste nun in die großteils verwahrlosten Tuilerien einziehen, das alte Königsschloss mit seinen 400 Zimmern. Die Tatsache, dass einst die verhasste Italienerin Caterina de’ Medici als Königin von Frankreich mit dem Tuilerienbau begonnen hatte, lieferte den Spottschreibern neue Vergleichsmöglichkeiten. Caterina, die als eine der ersten Frauen Schuhe mit hohen Absätzen trug; derartige Fußbekleidung war früher vor allem Männersache gewesen. Marie Antoinette wurde als „moderne Medici“ gebrandmarkt, also als Handschuh- und Buchseitenvergifterin, natürlich als Fremde, die wie Caterina lange nicht schwanger geworden war, als Königin, die Französisch nur mit Akzent sprach, als Frau, die ungebührlicherweise Macht ausübte, sich männliche Privilegien aneignete. Parallelen fanden sich genug.

Unterstützt von Madame de Tourzel und der weiterhin als Obersthofmeisterin tätigen Prinzessin de Lamballe, versuchte Marie Antoinette in den Tuilerien, den eingespielten Tagesablauf der Kinder samt Unterrichtsstunden aufrechtzuerhalten. Sie las, schrieb, rechnete und musizierte mit ihnen. Die ausländischen Botschafter erschienen zu ihren Antrittsbesuchen.

Das zeremonielle Aufstehen und Zu-Bett-Gehen des Königs fand wie üblich statt. Ludwig tat, als sei das alles normal. Marie Antoinette erachtete die Rituale für sinnbefreiter denn je und gab sich keinen Illusionen hin: Sie und ihre Familie waren nichts weiter als unter Hausarrest stehende Gefangene. Und dass eingesperrte Herrscher von toten Herrschern nicht sehr weit entfernt waren, wusste sie ebenfalls. Ihr Freund Fersen musste auf Befehl seines Königs Gustav III. abreisen. Der Winter stand vor der Tür und die Königin blickte sorgenvoll in den Himmel über Paris. Sollte die kommende Jahreszeit wiederum hart werden, würden die Verfasser der Pamphlete Kälte, Schnee und Eis erneut ihr anlasten. Sie war die „Hexe" des aufgeklärten Zeitalters.

Dass sie ihre Ausgaben für Garderobe um etwa ein Drittel eingeschränkt hatte, wurde in der Presse nicht berichtet. Sehr wohl registrierte man aber, dass die als „Theaterschneiderin" bezeichnete Rose Bertin auch in Paris für Marie Antoinette arbeitete, und ebenso, dass die Königin ihre mechanische Frisierkommode aus Versailles hatte kommen lassen. Die Königin wird das Schloss und ihr geliebtes Petit Trianon nie wiedersehen.

Dafür hielt das Weihnachtsfest 1789 einen kleinen Trost bereit. Fersen war zurück in Paris und verbrachte den gesamten Heiligen Abend mit seiner Freundin. Er nannte sie einen Engel. Da war der Schwede allerdings der Einzige. Maria Theresia hatte einst gewünscht, die Franzosen sollten sagen, sie hätte ihnen in Gestalt ihrer Tochter einen Engel geschickt.

In Frankreich bestand die Staatsführung nun aus dem alten Hof des Königs, der samt Anhang in den Tuilerien residierte. Und aus der ebenfalls in die Hauptstadt übersiedelten, relativ neuen Nationalversammlung: Diese hatte das Sagen. Die Abgeordneten erlaubten der Königsfamilie, den Sommer 1790 im Landschloss Saint-Cloud zu verbringen, das Ludwig XVI. für seine Frau nach der Geburt des bereits toten Dauphins gekauft hatte. Fersen kam sofort nach und mietete ein nahe gelegenes Haus, sodass er fast immer unweit der Freundin sein konnte. Sie verbrachten die Tage zusammen in Schloss und Garten. Der Graf Mirabeau legte gegen gutes Geld Marie Antoinette seine Ansichten dar, wie man sich der neuen Situation gegenüber bestmöglich verhalten sollte. Er hatte Unmengen von Schulden und versuchte auf diese Weise, sich aus seinem Finanzschlamassel zu befreien. Mirabeau warnte davor, sich mit den Emigranten, die vor der Revolution ins Ausland geflohen waren, zu solidarisieren. Das würde als Verrat empfunden werden. Stattdessen solle sich die Königsfamilie in eine der Monarchie treu ergebene Region in Frankreich absetzen und von dort aus versuchen, die Macht im Staat zurückzuerlangen. Auch Fersen sprach in dieser Hinsicht beim König vor. Von Mirabeau behauptete man, er hielte Marie Antoinette für „den einzigen Mann, der dem König geblieben" sei. Sollte die Monarchie noch zu retten sein, dann „nur durch den Mut der Königin". Doch Ludwig XVI. konnte sich zu keinem Beschluss durchringen, und so kehrte man in die Tuilerien zurück.

Marie Antoinette wurde immer verzweifelter. Sie wollte unbedingt weg aus Paris, aber nur zusammen mit ihren zwei Kindern. Der Jahrestag des Sturms auf die Bastille führte zu einer weiteren Demütigung. Auf dem Marsfeld fand mit 400.000 Besuchern das „Fest der Föderation" statt, die Königsfamilie wurde zur Teilnahme mehr oder weniger gezwungen. Inzwischen schrieben die Blätter, die Königin habe seit dem „Umzug" von Versailles nach Paris ein Verhältnis mit La Fayette. Er sei ihr treu ergeben, habe ihr den Aufenthalt in Saint-Cloud ermöglicht, wo – wie üblich – Sex-Orgien gefeiert worden seien. Marie Antoinette konnte nur noch streng bewacht spazieren gehen. Immer wieder beschmutzten Kutscher absichtlich ihre Kleidung. Am Festtag versuchte sie, nicht aus der Rolle zu fallen. Für die von der Revolution neu eingeführte „Göttin der Freiheit" war ein Altar errichtet worden. Wieder einmal regnete es. Alle Pariser Frauen trugen Weiß, wie es die Königin vor fast zehn Jahren vorexerziert hatte. Fersen beobachtete das Treiben und hielt es für „nur viel Lärm und eine Berauschung der Menschen". Die Feier sei „lächerlich und unanständig", „ein Trinkgelage" und „eine Orgie" – was Marie Antoinette nicht gerne hörte, da ihr sogleich die scheußlichen Spottschriften in den Sinn kamen.

In Wien setzte der neue Kaiser, Leopold II., auch ein Bruder Marie Antoinettes, erste Neuerungen durch. Joseph II. war im Februar 1790 der Tuberkulose erlegen. Leopold hatte an das Wohl des Staates zu denken: „Ich habe eine Schwester, die Königin von Frankreich, aber das Heilige Reich hat keine Schwester und Österreich hat keine Schwester. Ich darf einzig handeln, wie das Wohl der Völker gebietet und nicht nach Familieninteressen." Mercy wurde nach Brüssel beordert, was Marie Antoinette großen Kummer bereitete. Solange er noch in Frankreich gelebt hatte, war

Fest zum Jahrestag der Revolution, 1790:
Die vorbildliche revolutionäre Ehefrau im Vordergrund trägt nun ein weißes Kleid wie jenes, das der Noch-Königin einige Jahre zuvor einen massiven Imageschaden zugefügt hatte.

Die Spottschriften dichteten Marie Antoinette sexuelle Beziehungen mit praktisch jedem männlichen Berater an. Hier besucht General Lafayette seine Monarchin in eindeutiger Absicht.

es ihr möglich gewesen, mit ihm Kontakt zu halten, um seine Ratschläge ihrem Mann zu unterbreiten. Vermond war längst über alle Berge. Abgesehen von Fersen gab es keine Vertrauten mehr. Der Adel war de facto entmachtet, und nun kam die Kirche an die Reihe. Geistliche hatten Staatsbeamte zu werden und auf die Nation zu schwören. Wer dies verweigerte, verlor seinen Posten. Viele Kleriker gingen ins Ausland. Der verräterische und eigennützige Mirabeau wurde erneut bei Marie Antoinette vorstellig und warnte vor einem heraufziehenden Bürgerkrieg. Ludwig XVI. wollte selbstverständlich keinerlei Konflikt, er verhandelte im Frühjahr 1791 sogar zwei Stunden lang, als die Nationalgarde ihm und seiner Familie einen Aufenthalt in Saint-Cloud nicht mehr erlauben wollte. Ein Gardist erklärte, sollte auch nur ein einziger Schuss fallen, „so würde der nächste Schuss das fette Schwein in der Kutsche (den König, Anm.) in Stücke reißen". Dieses Ereignis zeigte, dass die Tage der Monarchie gezählt waren. Ludwig erfasste die Lage noch immer nicht wirklich: „Es ist schon höchst verwunderlich, dass ich, nachdem ich der Nation die Freiheit geschenkt habe, selbst nicht in der Lage sein sollte, mich frei zu bewegen", meinte er und verließ behäbig den Wagen.

Die vereitelte Fahrt nach Saint-Cloud machte den Weg frei für die weiteste Reise, die die Königsfamilie je unternehmen würde. Sie markierte den Anfang von Marie Antoinettes Unglück und Ende.

Ein Roadmovie

Seit Jahren schon predigte Fersen die Flucht, auch im eigenen Interesse, verdiente er doch sehr gut an deren Organisation und Planung. Bisher hatte Ludwig immer abgewunken, aber nun, da es staatlich sanktionierte Priester gab und man als König von Frankreich keinen Fuß mehr vor die Tür setzen konnte, stimmte er den Vorbereitungen zur Abreise zu. Von Mirabeau war keine Hilfe mehr zu erwarten, er war im April 1791 tot aufgefunden worden. Manche munkelten von einem Giftmord. Sein Leichnam – im Rahmen eines Staatsbegräbnisses als Erster im Panthéon beigesetzt – wurde 1794 wieder entfernt und – kurzzeitig – durch die sterblichen Überreste des Journalisten Marat ersetzt (diese landeten später auf einem Misthaufen). Die verräterischen Verbindungen Mirabeaus zum Königshaus waren in der Zwischenzeit enttarnt worden.

Zwei der betagten Tanten des Königs weilten noch immer unter den Lebenden und waren mit Zustimmung der Nationalversammlung nach Rom geflüchtet. Es sei egal, hieß es, ob „zwei alte Frauen die Messe lieber in Rom als in Paris hören". Fersen hatte versucht, den Bruder der Königin in Wien um 750.000 Livres anzupumpen. Leopold II. war hart geblieben. Erst „wenn Euer Plan geglückt ist", schrieb er, gäbe es Geld: „Auch Truppen, alles steht zu Eurer Verfügung." Aber davor wollte er sich in keiner Weise engagieren. Marie Antoinette übernahm es, die Kinder auf die Fahrt zur – heute belgischen – Grenze vorzubereiten. Sie versuchte, die riskante Flucht wie einen Abenteuerausflug wirken zu lassen, bei dem sich alle verkleiden mussten. Die Wahrheit verschwieg sie dem Nachwuchs. Fersens Plan sah vor, in einem von königstreuen Truppen streng bewachten Haus auf französischem Boden zu bleiben. Sollten alle Stricke reißen, würde die Reise auf deutschsprachiges Gebiet fortgesetzt werden. Am längsten Tag des Jahres, dem 20. Juni 1791, sollte es losgehen. Wie horribel lange dieser Tag werden könnte, das wagte niemand sich auszumalen.

Von Anfang an ging alles schief. Einige radikale Journalisten wollten Gerüchte gehört haben, wonach ein konterrevolutionärer Fluchtversuch der Königsfamilie kurz bevorstehe. Daraufhin wurden die Wachen in den Tuilerien verstärkt und Bürgermeister Bailly meldete sich noch am Abend des Fluchttages bei Ludwig XVI. zu einem Besuch an. Er wollte unauffällig nach dem Rechten sehen, stellte aber keine besonderen Vorkommnisse fest. Als sich endlich alle verabschiedet hatten, fuhr Fersen in einer Mietkutsche beim Südflügel der Tuilerien vor, angezogen als Droschkenkutscher. Stilecht pfiff er vor sich hin. Der als Mädchen verkleidete Dauphin, die langen Haare zu zwei Zöpfen geflochten, erkannte ihn nicht, da er den „Hausfreund" bisher nur in bunter Adelskluft oder schmucker Uniform zu Gesicht bekommen hatte. Nun saßen Marie Antoinette, verschleiert und als Dienstmädchen verkleidet, Ludwig als Haushofmeister mit schwarzer Perücke und in einem braunen Mantel, den ihm ein Besucher dagelassen hatte, sowie der Thronfolger beengt in der Kutsche. Die zwölfjährige Marie-Thérèse, Madame Élisabeth als Kindermädchen und die echte Erzieherin Madame de Tourzel mussten auch noch Platz finden. Mit einer Stunde Verspätung lenkte Fersen sein Gefährt auf verwinkelten Umwegen aus der Stadt. Er mied sämtliche Hauptdurchfahrtsrouten. Auf dem Land wartete die endgültige – fürstliche und funkelnagelneue – Reisekutsche, die Fersen in Absprache mit der Königin besorgt hatte. Die Pässe der Herrscherfamilie waren auf die russische Reisegesellschaft der Baronin de Korff ausgestellt, die offiziell auf dem Weg nach Frankfurt war. Man reiste in einer riesigen dunkelgrünen Berline mit großen gelben Rädern. Es stellte sich bald als grober Fehler heraus, unbedingt gemeinsam in einem viel zu auffälligen Wagen fliehen zu wollen. Das Ehepaar Provence etwa reiste in derselben Nacht zu zweit ab und kam wohlbehalten im sicheren Brüssel an.

Fersens Luxuskutsche hatte Sitzbänke aus weißem Samt. In Kühlbehältern befanden sich kaltes Fleisch, Wasser für die Frauen und Kinder, viel Wein für den König. Man kann sich vorstellen, wie dieses Prunkgefährt, das noch dazu nur sehr langsam vorankam, in der französischen Provinz Aufmerksamkeit erregte. Die Zügel rissen mehrmals. Doch mittags wähnte sich der König in Sicherheit, machte Witze über die Pariser Gardisten, die nun ausgetrickst in leeren Räumen stehen würden, und wollte sich die Beine vertreten. Er spazierte seelenruhig auf einen Acker, wo er einen seiner bäuerlichen Untertanen erblickte und mit diesem angeregt über Agrarprobleme plauderte. Marie Antoinette saß wie auf Nadeln. Fersen war bereits alleine auf einem Pferd nach Brüssel unterwegs, er erreichte die Stadt unversehrt. Ludwig wollte sich in seinem Schloss auf Rädern nämlich nicht vom Geliebten seiner Frau kutschieren lassen, und so war Fersen nach dem Umsteigen in die Berline von einem ausgesuchten, königstreuen Profikutscher abgelöst worden.

Als der König endlich wieder einstieg, sprach er davon, dass er nach der Ankunft als Erstes einen Jagdausflug unternehmen würde. Sonstige Probleme bedrückten ihn offenbar nicht. Bald darauf stürzte ein Pferd. Und dann noch ein zweites. Der für die Flüchtigen ausgearbeitete Zeitplan hielt längst nicht mehr, und so begab sich die Eskorte aus vertrauenswürdigen Soldaten, die die Berline abends erwarten sollte, unverrichteter Dinge zur Ruhe. Der Kommandierende dieser Abordnung, der Sohn jenes Choiseul, der Marie Antoinettes Heirat nach Frankreich diplomatisch vorbereitet hatte, hielt den Fluchtplan für fehlgeschlagen. Er rechnete nicht mehr mit dem Eintreffen der Königsfamilie am vereinbarten Treffpunkt nahe Châlons.

Kurz vor der belgischen Grenze mussten die Pferde erneut gewechselt werden, und wieder verließ der König die Kutsche. Marie Antoinette war ein einziges Nervenbündel, aber sie traute sich nicht, ihrem Mann das Aussteigen zu verbieten. Dieses Mal erkannte ein Postmeister seinen Herrscher und alarmierte den nahe gelegenen Posten in Varennes: Eine Kutsche mit König und Königin sei mit unbekanntem Ziel auf dem Weg in Richtung Staatsgrenze. Die Berline wurde gestoppt und die Insassen mussten ihre gefälschten Papiere vorzeigen. Es war stockdunkel und schon nach 23 Uhr. Die Pässe schienen in Ordnung zu sein und man wollte die Gesellschaft durchwinken. Doch inzwischen war der Postmeister selbst zu Pferd nachgekommen und ließ die Sturmglocke läuten. Er sei sicher, im Wagen säße der König. Wer ihn weiterfahren lasse, begehe Hochverrat. Die Leute in Varennes bekamen es mit der Angst zu tun und quartierten die Reisenden aus der inkriminierten Kutsche beim Kaufmann Sauce ein, der auch als Bürgermeister des lothringischen Städtchens Varennes amtierte. Sauce wurde angewiesen, einen Dorfbewohner zu holen, der einmal in Versailles Dienst getan hatte, um den großen, dicken Mann zu identifizieren. Es blieben keine Zweifel offen. Hier standen der König und die Königin von Frankreich, die offenbar illegal ihr Land verlassen wollten. Citoyenne Sauce war alles andere als begeistert, doch sie nahm die ungebetenen Gäste widerstrebend auf. Ihren Mann liebe sie schon mehr als den König, meinte sie, daher werde sie bestimmt nichts tun, was die Weiterreise der „Gäste" begünstigen könnte.

Gegen ein Uhr morgens hatten jene königstreuen Regimenter, die sich wegen der Verspätung der Berline zurückgezogen hatten, aufgrund des nächtlichen Krachs erfahren, was geschehen war und wo sich der König samt Anhang befand. Die berittenen Husaren trafen inmitten einer Staubwolke in Varennes ein und boten an, den Weg freizuschießen. Zum Entsetzen von Marie Antoinette sagte ihr Mann nur resigniert: „Es gibt keinen König mehr in Frankreich", und schlief ein.

Am 21. Juni um 6.30 Uhr in der Früh entdeckten die Wachtposten in den Tuilerien die leeren Appartements der Königsfamilie. Auf dem Schreibtisch des Königs lag ein 16-seitiges, umständlich formuliertes Papier, das heute als „Politisches Testament von Ludwig XVI." bekannt ist. Darin forderte er eine mächtige und autonome Königsgewalt als Gegenüber der Nationalversammlung. Er appellierte an seine „guten Pariser Bürger", sich nicht von den „Lügen falscher Freunde beeinflussen zu lassen", sondern ihm, dem „König, Vater und Freund, zu vertrauen". Er würde „bereitwillig Leid und Beleidigungen vergessen, um gemeinsam mit seinem Volk eine stabile und beständige Regierung zu errichten, die Freiheit auf festen und unerschütterlichen Grund zu setzen und dafür Sorge tragen, dass das Gesetz nie wieder ungestraft übertreten" werde.

Nun, dafür hätte er längst viel Zeit gehabt. In Varennes saß er zwischen ein paar Mehlsäcken auf einem Pökelfass und wartete mehr oder weniger darauf, dass die Abgesandten der Nationalversammlung eintrafen, um ihr Dekret vorzutragen und die Flüchtigen zur sofortigen Rückreise aufzufordern. Maßlos enttäuscht stieg Marie Antoinette wieder in den Wagen. Zwischen den übermüdeten Familienmitgliedern hatte man Vertreter verschiedener politischer Gruppierungen der Nationalversammlung platziert. Neben Marie Antoinette saß der bald als konservativ geltende, junge Deputierte Antoine Barnave, mit dem sie trotz der Hitze, des Staubs und der sie begaffenden, feindseligen Menge auf den Straßen eine Unterhaltung in Gang zu bringen suchte. Am nächsten Tag wurde er schon von der Presse zu ihrem neuesten Liebhaber erklärt. Tatsächlich war der Revolutionär beeindruckt von seiner Souveränin und versuchte in den folgenden Wochen, sich für sie zu verwenden. Er fiel jedoch infolge der Machtkämpfe innerhalb der Volksvertretung bald in Ungnade und starb nur wenige Wochen nach Marie Antoinette auf dem Schafott.

Als die durchgeschüttelte, schmutzige und erniedrigte Fluchtpartie in Paris eintraf, konnten es einige aufgebrachte Bürger nicht erwarten, ihre Herrscherfamilie aus der Kutsche zu zerren. Nationalgardisten drängten die Wüteriche zurück. Ein Soldat trug den Dauphin auf seinen Schultern in die Tuilerien. Die Prinzessin de Lamballe, die im Frühsommer 1791 auf die Güter ihres Schwiegervaters geflohen war, kehrte mutig nach Paris zurück und nahm ihren Platz im königlichen Haushalt wieder ein.

Da inzwischen eine Verfassung ausgearbeitet worden war, die eine konstitutionelle Monarchie mit einem König als Staatsoberhaupt vorsah, musste man die gescheiterte Flucht nach Varennes als Entführungsversuch verkaufen. Radikale Kräfte pochten darauf, dass es nun endgültig genug sei. Der König habe durch seine Flucht Hochverrat begangen und sei vor Gericht zu stellen. Die öffentliche Meinung war auf diese Forderung schon propagandistisch vorbereitet worden. Ludwig XVI., einst „der Ersehnte", war auf das Niveau seiner schon lange verabscheuten Ehefrau herabgesunken. Beide

Die schmachvolle Rückkehr der geflohenen Königsfamilie nach Paris erfolgte unter strengster Bewachung – nicht zuletzt zu ihrem eigenen Schutz. Viele Pariser wollten, dass dem verräterischen Herrscher der Prozess gemacht würde.

hatten jegliche Sympathie beim Volk für immer verspielt: Man nannte das Herrscherpaar „den Verräter mit seiner österreichischen Hure". Widerwillig unterzeichnete Ludwig XVI. im September 1791 die Verfassung. Er wirkte dabei unaufrichtig und verlogen. Seine farblose Rede schloss er mit den Worten: „Und damit, mit diesem Werk der Verfassung, ist die Revolution beendet. Gehen Sie nun an die Arbeit, Messieurs!" Der verblendete König meinte noch immer, er könne die revolutionäre Bewegung auf höchsten Befehl aus der Welt schaffen. Bischof Talleyrand, der es problemlos schaffte, sich mit sechs sehr unterschiedlichen Regierungen zu arrangieren, seine Karriere unter sämtlichen Machthabern vorantrieb und unter Napoleon das Amt des Außenministers bekleidete, charakterisierte Ludwig XVI. zu dieser Zeit so:

„Wenn der König nur halb so gut intrigieren könnte, wie er es versteht, sein Wort zu brechen und die Nation zum Besten zu halten, so müssten wir schlaflose Nächte haben. Aber dieser Herrscher, der die Nation mit den Emigrierten betrügen möchte und die Emigrierten mit der Nation, der die Verfassung beschwört, nur um sie zu brechen, der den Friseur seiner Königin beauftragt, alles für die Flucht vorzubereiten, nein, dieser König bereitet uns keine schlaflosen Nächte. Wird jemals ein Mann aus ihm?"

Tatsächlich gelang es dem Herrscher nicht einmal, einen Brief aus den Tuilerien herauszuschmuggeln, ohne dass dieser abgefangen wurde.

Familie „Veto"

Als konstitutioneller Monarch besaß Ludwig ein Vetorecht, von dem er großzügig Gebrauch machte. So verweigerte er die Zustimmung zu jenem Gesetz, das Priester, die den Bürgereid auf die Nation nicht leisten wollten, der Strafverfolgung aussetzte. Ebenso lehnte Ludwig einen Entwurf ab, wonach das Vermögen von Emigrierten, die sich nicht innerhalb eines festgesetzten Zeitraumes zurück nach Frankreich bequemen wollten, vom Staat eingezogen wurde. Das Gros der Bevölkerung lastete königliche Vetos der „herrschsüchtigen" Marie Antoinette an, da man dem schwachen König einen Einspruch gar nicht zutraute. Die Journalisten der Massenblätter schrieben von ihrer Monarchin nur noch als vom „weiblichen Veto". In einigen Pariser Esslokalen hatte man aufgehört, beim Kartenspielen den König auszugeben. Die entsprechende Spielkarte hieß mit sofortiger Wirkung „das fette Schwein“. Ursprünglich nach Adeligen benannte Gerichte erhielten zeitgemäße Namen. Derzeit im Angebot: Flüchtlingswachteln mit Aristokratenfüllung; Emigriertenlerchen; oder doch lieber Heilbutt à la Varennes?

Es entsprach den Tatsachen, dass die Königin eifrig konspirierte. Mit Zitronensaft, Zahlencodes, verschlüsselt und im Eiltempo korrespondierte sie mit verschiedenen europäischen Mächten und hoffte, diese würden es vorziehen, die Revolution in Frankreich niederzuringen, als das Ungemach in ihre eigenen Länder zu importieren. Ihren Freund Fersen in Brüssel bat sie, auf keinen Fall nach Frankreich zurückzukommen, da es zu gefährlich sei. Sie selbst werde Tag und Nacht überwacht. Der Schwede schlug die Warnungen jedoch in den Wind und erschien Mitte Februar 1792 ein letztes Mal in den Tuilerien, um seine geliebte Königin zu sehen. Er trug einen falschen Pass bei sich und war als Kurier verkleidet. Das Paar blieb den ganzen Tag und die darauffolgende Nacht zusammen. Trotz der drohenden Gefahr hat es sich wohl um einige der wenigen glücklichen Stunden im Leben der gefangenen Monarchin gehandelt. Fersen ließ sich auch bei Ludwig XVI. anmelden und wollte mit ihm noch einmal über Fluchtmöglichkeiten sprechen. Der schwer deprimierte König antwortete, es habe keinen Sinn, er sei kein freier Mann mehr. Bald ließ er seine Frau mit ihrem Freund wieder allein. Hans Axel von Fersen musste Marie Antoinette schließlich zurücklassen. Sie sahen sich nie wieder.

Fersen lebte in diesen Wochen allerdings bereits mit seiner neuen Freundin zusammen, der vier Jahre älteren Eleanore Sullivan, einer ehemaligen Zirkusreiterin. Die als „Mrs. Sullivan“ bekannte italienische Kurtisane begleitete hauptberuflich den schottischen Millionär Quentin Crawford. Beide waren als glühende Royalisten bekannt und hatten auf Fersens Ersuchen erkleckliche Summen für die Planung der verhängnisvollen Flucht nach Varennes gegeben.

Der über die Situation des gefangen gesetzten Königspaares entsetzte Fersen reiste weiter nach Wien und flehte bei Leopold II. um Hilfe. Als Frankreich den Verbündeten Österreich und Preußen 1792 den Krieg erklärte, gab Ludwig XVI. vor, dies zu befürworten. In Wahrheit erhofften

Der endgültige Abschied des Liebespaares Marie Antoinette und Hans Axel von Fersen – wie man es sich im 19. Jahrhundert vorstellte. In Wahrheit hatte Fersen längst eine neue Geliebte.

er und seine Frau einen Sieg der gegnerischen Monarchien, die Ludwig zurück auf den absolutistischen Thron verhelfen sollten.

In der Hofburg gab es wieder einen neuen Regenten, nachdem Leopold II. im März 1792 unerwartet gestorben war. Sein Sohn Franz II. (als Kaiser von Österreich später Franz I.), der als „Kaiserlehrling" unter Joseph II. angefangen hatte, sein Handwerk zu erlernen, saß nun auf dem Thron. Der 24-jährige Biedermeierherrscher Franz fürchtete nichts mehr als Revolutionen und Umwälzungen aller Art. Er gab sich betont bürgerlich, trug den schwarzen Rock des dritten Standes, saß unter einer Uhr in einem simpel eingerichteten „Büro" wie ein Beamter, doch ließ er den reformerischen Pfad seiner Vorgänger hinter sich. Der „Gartenmonarch" beschäftigte sich lieber mit seinen Pflanzen als mit der Politik, die er später seinem Minister und Kanzler Klemens von Metternich überlassen wird. Metternich regierte das Land mit den Methoden eines Polizeistaates, doch im Einvernehmen mit seinem Kaiser. Seine Tante Marie Antoinette hatte Franz nie kennengelernt.

Schatten und Licht

Als sich im Sommer 1792 ein Sieg der verbündeten Armeen gegen das revolutionäre Frankreich abzuzeichnen schien, platzte in Paris eine wahre Bombe. Das Manifest des Herzogs von Braunschweig, des preußischen Oberbefehlshabers, wurde bekannt. Am aggressiven Wortlaut dieses Aufrufs an die Franzosen, sich ihrem König Ludwig XVI. wieder zu unterwerfen, hatten wahrscheinlich auch Marie Antoinette und ihr Freund Hans Axel von Fersen einen Anteil. Es wurde gedroht, man werde die französische Hauptstadt „dem Erdboden gleichmachen", sollte der Königsfamilie etwas zustoßen. Geplant war, am 15. August, dem Tag des heiligen Ludwig, in Paris einzumarschieren. Anfang August trafen jedoch freiwillige Kämpfer aus Marseille ein, die nach 28 Tagen Marsch sehnsüchtig darauf brannten, ihre Nation gegen Konterrevolutionäre, ausländische Feinde und die französischen Emigrierten in ihrem Exil in Koblenz zu verteidigen. Ihr Schlachtgesang, die nach ihrer Heimatstadt benannte „Marseillaise",

Darstellungen in ihrer Mutterrolle wurden für Marie Antoinette nach dem ersten Kind besonders wichtig. Hier wandelt sie im Garten des Petit Trianon mit Madame Royale und dem bereits sehr kranken Dauphin.

schwang sich zum neuen Revolutionshit empor und drängte das bis dahin viel gesungene „Ça ira“ in den Hintergrund. „Die Marseillaise wird viele Kanonen ersetzen“, erkannte der junge Hauptmann Napoleon Bonaparte. Das mitreißende Soldatenlied ist bis heute die französische Nationalhymne.

In den bereits heillos zerstrittenen revolutionären Clubs raufte man sich vorübergehend zusammen, um gegen den Feind loszuschlagen. „Das Vaterland ist in Gefahr“, wurde in den Städten proklamiert. Eine gezielte Pressekampagne zur Lenkung der öffentlichen Meinung setzte ein. Die Bevölkerung sollte auf die kommenden Ereignisse vorbereitet werden. Radikale Blätter übertrafen sich an Superlativen. Marats „L’Ami du Peuple“ erreichte in diesen Tagen der Bedrohung eine sagenhaft hohe Auflage. Doch der betont antiklerikale, sozialrevolutionäre bis anarchische „Père Duchesne“ stellte den „Volksfreund“ noch in den Schatten: Héberts Zeitung, benannt nach einer beliebten Figur des Volkstheaters, die man als den „kleinen Mann“, der überall seinen Senf dazugibt, interpretieren kann, war wohl das meistgelesene Blatt in Paris. Der „Père Duchesne“ trumpfte mit einer Sprache voller Fäkalerotik auf, und praktisch jeder Satz endete mit der Redewendung „Verdammt noch mal!“. Hébert forderte den Tod aller Feinde der Revolution. Es sei eine exzellente Sache, Tyrannen und Verräter aufzuknüpfen, schrieb er. Jedem Bürger seine maßgeschneiderte Echokammer.

Die hitzige Stimmung, die sich durch das Manifest des Herzogs von Braunschweig im Verein mit der Revolutionspresse weiter aufgeschaukelt hatte, entlud sich am 10. August 1792 in jenem Ereignis, das in die Geschichtsbücher als „Tuileriensturm“ Eingang gefunden hat. Es handelte sich um einen Ausbruch des Volkszorns, aber auch um Krawalle, die vom revolutionären Taktiker Georges Danton mitorganisiert worden waren, um den König abzusetzen und die republikanischen Ideen voranzutreiben. Danton wurde ab sofort „der Mann des 10. August“ genannt; er trat am nämlichen Tag seinen Posten als Justizminister an.

Die Straßen von Paris hatten sich an diesem Hochsommertag in einen brodelnden Hexenkessel verwandelt. Es stank in der Hitze nach Exkrementen. Obwohl auf Bierfässern mittlerweile zu lesen war: „Wahre Patrioten trinken nur, wenn sie wirklich durstig sind!“, schimpften Betrunkene vor einer Schankstube auf „das österreichische Weibsbild“: Marie

Der „Mann des 10. August“, Georges Danton. Er gilt bis heute als eine der bekanntesten, aber auch umstrittensten Figuren der Französischen Revolution. Theaterstücke und Filme setzten sich vor allem mit seinem Prozess vor dem Revolutionstribunal auseinander.

Antoinette sei eine Bestie, eine Hure sowieso. Unersättlich bei ihren Orgien. Eine Furie, die sich mit Männern und Frauen im Dreck ihrer Laster wälze. Morgens und abends, den ganzen Tag. Eine Verräterin sei sie noch dazu. Doch das sei auch ihr Mann, der Noch-König. Was mit Verrätern geschehe, das wisse jeder. Revolutionäre Ordnungskräfte zogen vorbei und schlugen adeligen Wappenschmuck sowie andere Deko vergangener Zeiten von den Portalen der Paläste ab. Dahinter warteten Anstreicher, um den Einfahrten eine neue, einheitliche Farbe zu verpassen. Zum Verkauf standen Türschilder mit der Aufschrift: „Hier ist man stolz, sich Bürger zu nennen." Die mächtigsten Medien waren die Hauswände von Paris. In großen Lettern stand da: „Seid die Kinder des Lichts gegen den Dämon der Finsternis!" In der Warteschlange vor einer Bäckerei entdeckte ein Gardist eine Frau ohne Kokarde. Zwar mussten nur Männer von Gesetzes wegen eine tragen, doch kam es immer häufiger vor, dass auch Frauen mit Schlägen zu rechnen hatten, sollten sie das äußere Zeichen patriotischer Gesinnung nicht an ihrer Kleidung parat haben. Kontrollen und Straßensperren gab es zuhauf, man brauchte für Wege in der Stadt doppelt so lang wie gewöhnlich. Nicht nur Konterrevolutionäre, Verschwörer und Royalisten schliefen mit einem Messer unter dem Kopfkissen – „für den Fall, dass sie kommen", wie man sagte. Fragt sich, wer kommen sollte. Die Österreicher? Die Preußen? Die überall verhasste „unsichtbare Polizei", also Geheimagenten? Der von den Zeitungen aufgehetzte Pöbel? Immer mehr Leute ließen immer mehr Dinge ungesagt. Das mit der Gleichheit entpuppte sich als eine knifflige Sache …

Zeitungsbuben riefen die neuesten Schlagzeilen aus: „Ist Louis Capet ein Opfer? Oder ein Tyrann?" Die erste Frage beinhaltete schon die Antwort: Sollte er ein Opfer sein, dann das seiner intriganten, verräterischen Frau.

Die erste, freiheitlich orientierte Phase der Revolution war mit dem Sturm auf die Tuilerien zu Ende gegangen. Die zweite, wesentlich radikalere und auf Gleichheit ausgerichtete Etappe nahm Fahrt auf. Rückblickend kann man von den Jahren der Hoffnung sprechen, die nun durch die Jahre des Zorns abgelöst wurden. Mit Unterstützung bewaffneter Sektionen der revolutionären Stadtregierung von Paris drangen Protestierende in die Wohnräume der Herrscherfamilie ein. Der dicke Ludwig XVI. war noch unbeholfen in den Tuileriengarten hinausgegangen und hatte mit der Nationalgarde gesprochen, die ihn schützen sollte. Doch Marie Antoinette, die totenbleich an ihrem Fenster zuhörte, sagte danach zu Recht: „Dieser Versuch hat mehr verdorben als gewonnen.“ Die Nationalgardisten forderten die gesamte Familie auf, sich in die Nationalversammlung zu begeben. Nur dort könne man das Volk davon abhalten, sich auf die verhassten Regenten zu stürzen. Marie Antoinette wollte ablehnen, und als sie ihren Mann sagen hörte: „Also gut, gehen wir“, brach sie in Tränen aus. Es gab keinen Ausweg mehr.

Die Sturmglocken läuteten, wieder einmal. Sie kündigten das Ende der Monarchie in Frankreich an. Inzwischen verteidigte die persönliche Schweizergarde des Königs die Tuilerien. Ludwig XVI. verfasste seinen letzten Befehl: „Der König ordnet an, dass die Schweizer augenblicklich ihre Waffen niederlegen und sich in ihre Kasernen zurückziehen sollen. Ludwig.“ Doch die Schweizer Elitesoldaten wurden daraufhin fast alle massakriert, auch mehrere Adelige, die die umkämpften Tuilerien noch nicht verlassen hatten, wurden umgebracht. Die Prinzessin de Lamballe konnte ihr Leben noch einmal retten und wurde ins Gefängnis gesteckt. Der Straßenmob erreichte die meisten Räume des Gebäudekomplexes und schlug dort alles kurz und klein.

Von Marie Antoinettes exzeptioneller Garderobe hat kaum ein Stück die Plünderungen überlebt. Im Pariser Modemuseum Palais Galliera wird ein Leibchen in ihrer Lieblingsfarbe Himmelblau aufbewahrt; wie bei ihren Kleidungsstücken üblich, weist es keinerlei Fischbeinverstärkungen auf. Einen einzelnen Schuh zeigt das Pariser Stadtmuseum Musée Carnavalet. In Caen (Normandie) befindet sich im Museum der schönen Künste ein weiterer einzelner Schuh der Königin, „flohbraun“, mit typischem Rokoko-Absatz. Entgegen der landläufigen Meinung gehört keiner der erhaltenen Schuhe zu jenem pflaumenblauen Paar aus Seide, das sie an ihrem Sterbetag trug.

Kaum war der Lärm des Tuileriensturms abgeklungen, wurde es in der Stadt schon wieder laut. Und dunkel. Über den Boulevards voller Blut und Leichenteile schwebten dicke schwarze Wolken von Fliegen, die ein ohrenbetäubendes Summen veranstalteten. Abgesehen von den verstümmelten Toten lagen zerschlagene Möbelteile, Samt- und Brokatreste, Innereien, Haarbüschel und Fleischfetzen noch tagelang in der Stadt herum. Marie-Antoinette-Puppen baumelten von den Laternen.

Le Roi ordonne aux Suisses de
déposer a linstant leur armes et de
se retirer dans leur casernes.

Louis

König Ludwig XVI. gab seinen letzten Befehl am 10. August 1792.
Er ordnete den Rückzug an und begab sich mit seiner Familie
in die Nationalversammlung.

Von Marie Antoinettes weltberühmten Kleidern überlebte kaum ein Stück die Revolution. Hier ein Leibchen in ihrer Lieblingsfarbe (Blau), zu sehen im Modemuseum in Paris.

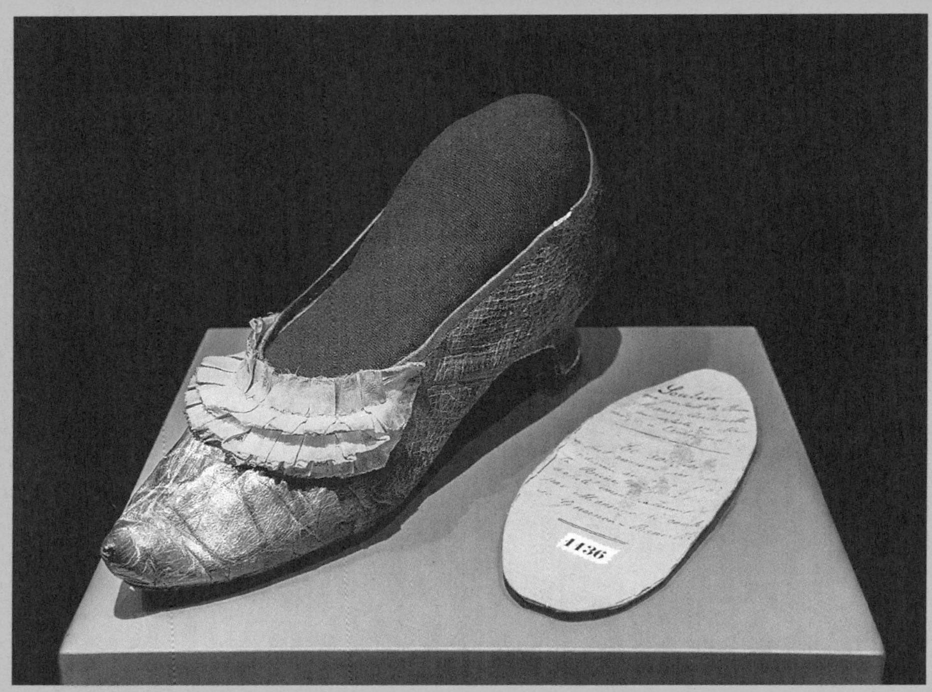

Ein Schuh aus dem Besitz Marie Antoinettes.
Wie die meisten Herrscherinnen trug sie neue Schuhe nur einmal,
da diese danach an Mitglieder des Dienstpersonals verschenkt wurden.

Ludwig-Strohpuppen wurden öffentlich verbrannt. Einige blutbesudelte Adelsangehörige samt ihren zitternden Lakaien schilderten vor der Nationalversammlung, was passiert war. Dort saßen auch König und Königin in einem winzigen Schreibkabuff, wo man sie wie Sperrmüll abgeladen hatte, und verfolgten die Debatte über ihr weiteres Schicksal. Eine Mehrheit stimmte für die Absetzung des Königs. Frankreich durfte sich zum ersten Mal eine Republik nennen. Heute haben sich die Franzosen bereits zum fünften Mal auf diese beste aller Staatsformen verständigt.

Rebellinnen

Trotz des Rufs der französischen Nation, in vielen Fragen fortschrittlich vorauszugehen: Die Guillotine wurde dort erst 1981 abgeschafft. Im berüchtigten Marseiller Gefängnis Les Baumettes fanden noch Ende der 1970er-Jahre Hinrichtungen mit der alten Enthauptungsmaschine statt. Frauen dürfen in Frankreich gerade einmal seit 1944 (Österreich: 1919) wählen. Der „Volksfreund" Marat war nach dem „Marsch der Frauen" 1789 zum „Frauenfreund" erhoben worden. Er hatte die „Fischweiber" glorifiziert, doch beruhte das Ganze auf einem Missverständnis. Er meinte nicht die einzelnen weiblichen Individuen mit ihren Hoffnungen und Sorgen, sondern die gesichtslose Masse der einfachen Frauen in ihrer Emotionalität, Vitalität, auch Spontaneität. Diese „Masse" könne der Revolution von Nutzen sein, sagte er. Einige Frauen durchschauten diese durchaus frauenfeindliche Gesinnung, wie etwa die Feministin Olympe de Gouges. Da die Französinnen von der „Erklärung der Menschen- und Bürgerrechte" ausgeschlossen waren, veröffentlichte die Tochter einer Wäscherin eine „Erklärung der Frauen- und Bürgerinnenrechte", die sie jedoch diktieren musste. Lesen und Schreiben konnte Olympe nicht. Inspiriert worden sei sie von den frauenverachtenden Broschüren, die die Königin Marie Antoinette tagtäglich auf das Empörendste verunglimpften, so de Gouges. Sie widmete ihr emanzipatorisches Werk „der Königin", von der sie sich (vergeblich) Unterstützung erhoffte. Ihr besonderes Anliegen war die Rehabilitierung außerehelich geborener Kinder. Sie gründete selbst Frauenclubs und spornte so ihre Mitbürgerinnen an, sich für die eigene Sache zu engagieren.

Rebellin und doch auf der Seite der Königin – auch das war ein Teil der Revolution. Olympe de Gouges suchte die Vorherrschaft der Männer in revolutionären Belangen zu brechen. Sie verfasste die „Rechte der Frau und Bürgerin“.

Ein revolutionärer Frauenclub – wie es ihn nach 1789 zahlreich und an vielen Orten gab. Doch der Fortschritt der Revolution ging zulasten der Frauen. Nach 1793 wurden Frauenclubs untersagt.

Frauen mit Jakobinermütze auf dem Kopf und Säbel in der Hand waren auch am Tuileriensturm beteiligt. Besondere Bekanntheit erlangte aufgrund ihres kompromisslosen Auftretens ein ehemaliges Bauernmädchen aus der Gegend um Lüttich/Liège, Théroigne de Méricourt. Wie einst die von ihr verabscheute Marie Antoinette trat sie in einem Reitanzug für Männer auf, fiel durch Zwischenrufe bei Versammlungen auf, stand bei wichtigen Debatten der Nationalversammlung auf der Galerie – eine „Wonder Woman" der Revolution. Doch weder die königstreue Olympe de Gouges noch die plebejische Théroigne de Méricourt konnten ihre Ideen zu Ende bringen. De Gouges starb während des „Terrors" 1793 auf der Guillotine. Ihre männlichen Ankläger hatten „herausgefunden", sie sei „mit einer exaltierten Vorstellungskraft geboren" worden und habe ihr „Delirium" mit einer „Inspiration der Natur" verwechselt. So stand es in ihrem Todesurteil. Immerhin ein einziger Satz, der auf Tatsachen beruhte, ist dort zu finden: Sie habe „die Tugenden vergessen, die ihrem Geschlecht geziemen".

Die „Amazone" de Méricourt, die 1792 offen für die Bewaffnung der Frauen eingetreten war und sich dafür den Spott der Soldaten eingehandelt hatte, wurde als „Verräterin" tätlich angegriffen und so schwer am Kopf verletzt, dass sie in eine Anstalt gebracht wurde, wo sie bis zu ihrem Tod 23 Jahre später verblieb. Grundsätzlich blieb die Französische Revolution eine Männerangelegenheit, und zwar eine, die sich oft genug dezidiert gegen Frauen richtete. „Flintenweiber" wie Théroigne de Méricourt konnte man nicht gebrauchen. Sie ging mit ihren Einwürfen, allein schon mit ihrer Anwesenheit, den männlichen Machthabern auf den Wecker. Viele der führenden Köpfe vergötterten Rousseau, und dieser hatte sich klar ausgedrückt: Frauen gehörten an den Herd. Intellektuelle Frauen fürchtete Rousseau wie die Pest, an seinen Horror vor schreibenden Frauen reichte ohnehin nichts heran. Mediokrität, so sein Credo, sei in jeder Hinsicht die besondere Tugend der Frauen. Man solle als Mann nicht Schönheit bevorzugen, sondern sich mit dem durchschnittlichen Aussehen einer Frau zufriedengeben. Auch eine liebende Frau benötige „mann" nicht, Gutmütigkeit sei auf die Dauer viel weniger anstrengend. Und auf gar keinen Fall eine brillante Frau! Bloß kein gelehrtes Mädchen, dieses sei eine Plage für ihren Mann, für die Kinder, für die Dienerschaft, für die Freunde, überhaupt für alle Menschen auf der ganzen weiten Welt.

Ende Oktober 1793, zwei Wochen nach dem Tod der Königin, wurden Frauenclubs vom Nationalkonvent, dem Nachfolgegremium der Nationalversammlung, behördlich verboten.

Children of the Revolution

Zur grundsätzlichen Frauenverachtung vieler Revolutionäre kam noch etwas Wichtiges neu dazu: Das klassizistische, auf der Antike basierende Ideal von der römischen Republik mit ihrem homosozialen, männlichen Wertekanon. Frauen waren von vornherein, also systematisch, von diesem Ideal ausgeschlossen. In der revolutionären Rhetorik findet man „die Frauen" allerdings häufig und immer am selben Platz: Sie sollen hingebungsvoll zu den „Bürgern Ehemännern" sein und zu ihren Kindern, insbesondere zu den Söhnen. Die Kinder der Revolution erhielten lateinische In-Namen wie Brutus, Cato oder Scaevola. Mädchen, die ihren Lebensweg zur vielfachen Mutter so bald wie möglich beschreiten sollten, hießen antikisierend Cornelia, nach der sittsamen Mutter der Gracchen (Tiberius und Gaius Sempronius Gracchus, in der Revolutionszeit hochverehrte Volkstribune der römischen Republik), Athenais oder nach einer mythischen Moralheldin der römischen Frühzeit: Lucretia. Diese hatte nach einer Vergewaltigung Selbstmord begangen. Die oft als Sozialrevolutionäre verherrlichten Gracchen stammten allerdings aus einer hochgestellten Patrizierfamilie und waren in erster Linie auf ihre persönlichen Karrieren bedacht. Auch die Jakobinermützen gingen nicht auf Hauben zurück, die im alten Rom von freigelassenen Sklaven getragen wurden, wie viele Revolutionäre mit ihrem Faible für alles Altrömische glaubten …

Weiblichkeit, Mutterschaft und Opferbereitschaft galten jedenfalls für Frauen anstelle von Freiheit, Gleichheit (und Brüderlichkeit, welche erst 1793 dazukam). Es war ja von Schwesterlichkeit sowieso nie die Rede gewesen. Frauen, die ihre Bedürfnisse am gründlichsten auslöschten, wurden mit dem höchsten Lob bedacht. Der Inbegriff der Weiblichkeit bestand darin, sich selbst zu verleugnen: So selbstlos wie möglich sollte die patriotische Citoyenne sein. Nachwuchs war *das* politische Desideratum der Revolutionszeit mit ihren (Bürger-)Kriegen und mehr als

16.000 Hinrichtungen. Die Hauswände „zierten" Männerfantasien entsprungene Porträts halbnackter Klosterschwestern mit entblößten Brüsten: „Die Nonnen der Republik: Auch wir wollen Mütter werden!" Somit lag doch ohnehin alles an den Frauen! Nicht wahr?

Vor der Revolution hatte es die Trennung der Gesellschaft in Klassen und Stände gegeben, danach gab es die Trennung der Geschlechter. Nie unterschieden sich Männer- und Frauenkleider so rigide wie nach der bürgerlichen Revolution. Während sich die Männer für Arbeit, Militär oder Sport kleideten, hatten die Frauen Ornament zu sein. Ihre Funktion war es, keine zu haben, außer die des Sexobjekts. Die restriktive, nicht ohne Grund „bürgerlich" genannte Moral kettete die Frauen des 19. und noch einen Großteil des 20. Jahrhunderts ans Haus, gestattete ihnen keine Verfügungsgewalt über den eigenen Körper, missbrauchte sie als „Gebärerinnen" und degradierte sie zum schmückenden Beiwerk ihrer Ernährer. Erst in den 1960er-Jahren begannen mutige Frauen, die „bürgerlichen Tugenden" infrage zu stellen und zu überwinden. Da ist noch viel Luft nach oben.

Vis-à-vis der Tuilerien befand sich ein Café, das einen guten Blick auf die 10.000 aufgebrachten Menschen bot, die im August 1792 ihren König aus seinem Schloss zu jagen gedachten; dort lungerte ein junger Leutnant aus Korsika herum und gab sich die Szenerie erste Reihe fußfrei. Später meinte er, es sei doch unfassbar gewesen, dass man das Eindringen des Pöbels nicht unterbunden hätte. „Mit einem Kanonenschuss hätte ich 400 oder 500 weggefegt. Die anderen wären davongerannt." Von dem noch nicht ganz 23-Jährigen wird man bald viel hören. Er hieß Napoleon Bonaparte und wird die so mühsam geborene Republik wieder abschaffen, die gerade erst, am 22. September 1792, aus der Taufe gehoben worden war. Vor den verwüsteten, mittlerweile unbewohnbaren Tuilerien hatte jemand ein Schild in den Boden gerammt: „Logis à louer!" (Quartier zu vermieten!)

Blut für die Freiheit

Einigen Bevölkerungsgruppen war die Abschaffung der Monarchie nicht genug. Da sie die abgesetzte Königin im Moment nicht ins Jenseits befördern konnten, tobten sie sich an anderen Leuten aus, die sie für Adelige oder sonstwie Privilegierte hielten. Hatte der (Kurzzeit-)Justizminister Georges Danton nicht mit seinem Donnerorgan zur Selbstjustiz aufgerufen? Und gab es nicht noch immer hirnverbrannte Royalisten in Paris, die brennende Kerzen in ihre Fenster stellten, sobald für die Republik ungünstige Nachrichten von den Kriegsfronten eintrafen? Die wollten ja offenbar gelyncht werden! Die „Septembermorde", die sich in der Folge ereigneten, müssen zu den düstersten Kapiteln der Revolution gezählt werden. Vom 2. bis zum 7. September 1792 wurden Tausende Revolutionsgegner, aber auch Menschen, die vielleicht einen Geistlichen gegrüßt oder unvorsichtigerweise gemeint hatten, die Königin werde verleumdet, auf bestialische Weise abgeschlachtet.

Geradezu über sich selbst hinaus wuchs kurz vor ihrem Tod die früher der Sentimentalitätsbewegung so ergebene Prinzessin de Lamballe, die im Gefängnis La Force einsaß. Sie wurde vor Gericht zu ihrer Freundin, der Königin Marie Antoinette, befragt. Was sie über deren verräterische Korrespondenz mit feindlichen Monarchien wüsste? Nichts, antwortete sie, ihre Aufgabe sei nur die Führung des Haushalts der Königin gewesen. Als man ihr wegen all ihrer „Lügen" mit der Todesstrafe drohte, meinte sie kühl: „Ob ich nun ein wenig früher oder später sterbe, macht für mich keinen Unterschied." Im Einverständnis mit den Beamten warteten vor der Tür des Gerichtssaals „patriotische" Männer und Frauen mit Eisenstangen, Säbeln und Prügeln, die die Häftlinge beim Verlassen des Raumes augenblicklich niederschlugen. Erst kürzlich waren pornografische Broschüren veröffentlicht worden, die die Königin und die Prinzessin de Lamballe reißerisch in lesbischer Pose zeigten. Diese Bilder führten dazu, dass Marie-Louise de Lamballe nicht rasch auf der Guillotine sterben durfte, sondern in dem Moment, als sie die Tür des Gerichtssaals öffnete, mit einem Hammer erschlagen wurde.

An sich war das Sterben von Staats wegen gewissermaßen „geadelt" worden; „unzivilisierte" Methoden wie Hängen, Rädern oder Vierteilen gehörten der überwundenen Vergangenheit an. Früher war der Tod durch Enthauptung ein Privileg hochwohlgeborener Herrschaften gewesen, es ging relativ schnell und tat weniger weh als vieles andere. Nun durfte jeder wie ein König ins Jenseits gehen. Docteur Joseph-Ignace Guillotin hatte zusammen mit anderen eine bereits existierende Köpfungsmaschine weiterentwickelt, die nach dem französischen Arzt benannte Guillotine. Versuche mit Schafen und Leichen zeitigten den gewünschten Erfolg, und

Das „deutsche Laster“ – so wurden lesbische Beziehungen in Frankreich genannt. Und die Königin kam aus einem deutschsprachigen Land … Männerfantasien entsprungene Darstellungen wie diese bedeuteten etwa das Ende der Prinzessin de Lamballe.

so kam die von einem deutschen Klavierbauer hergestellte Maschine ab 1792 als einziges Tötungsinstrument der Nation zum Einsatz. Ein Zeichen des Fortschritts: Enthauptung für alle; rasch, effizient, sauber (was nicht stimmte). Guillotin hatte erklärt, für den Bruchteil einer Sekunde spüre der Verurteilte ein „frisches" Gefühl am Hals. Aber das war's auch schon. Freilich, die Angst in den Stunden zwischen Urteilsverkündung und den letzten Momenten, die konnte auch Dr. Guillotin den Opfern der Revolution nicht nehmen.

Die Leiche der liquidierten Prinzessin de Lamballe wurde schwer misshandelt, die inneren Organe herausgerissen, der Kopf abgehackt und auf einer Pike zum Fenster von Marie Antoinette getragen. Der Ex-König konnte gerade noch verhindern, dass seine Frau den Anblick ertragen musste. Nachdem er sie weinend über den Tod der Freundin informiert hatte, erlitt Marie Antoinette einen Zusammenbruch. Madame Royale sagte später, es seien dies die einzigen Minuten der Schwäche gewesen, die ihre Mutter vom Juli 1789 bis zu ihrem Tod 1793 gezeigt hätte.

Das schreckliche Sterben der Freundin der früheren Königin war die große Horror-Sensation der Zeit und wurde in ganz Europa in immer neuen schaurigen Details erzählt und variantenreich verbreitet. Erst die Exekution des Königs, als der berühmte Pariser Henker Henri Sanson seine Probleme mit dem Stiernacken Ludwigs hatte, und vor allem der Tod Robespierres, den vor seiner Enthauptung eine Pistolenkugel getroffen hatte, sodass sein notdürftig geschienter Unterkiefer nur mit einem Tuch am Kopf befestigt war, stellten das Ende der Lamballe in den Schatten. Dem früheren Revolutionsallmächtigen wurde auf der Guillotine das Tuch unsanft abgerissen und sein Unterkiefer sowie seine wohlgepflegten Zähne kullerten über den Holzboden des Schafotts. Ein markerschütternder Schrei schallte über die heutige Place de la Concorde. Dann surrte es kurz und Stille kehrte ein.

Gothic Horror Picture Show

Als Folge der revolutionären Ereignisse war die weiche Welle der Empfindsamkeit abgeebbt. Der Maler Johann Heinrich Füssli hatte bereits sein Geisterbild „Der Nachtmahr" vollendet, einen Inbegriff der neumodischen „Gothic Nightmares". Der Zürcher wurde zum Popstar dieser Schwarzen

Romantik. Seine Gemälde blieben im kollektiven Gedächtnis, sie spuken gewissermaßen bis heute herum. De Sades mordlüsterne Geschichten von Justine und Juliette kamen heraus. In Spanien arbeitete der Grafiker Francisco de Goya an einem Werk, das einen an einem Tisch sitzenden, eingeschlafenen Mann zeigt. Rund um ihn herum schwirren Eulen und Fledermäuse, andere großäugige, furchterregende Geschöpfe der Nacht entsteigen dem Dunkel. Die Aufschrift kann auf verschiedene Weise übersetzt werden. Häufig liest man: „Der Schlaf der Vernunft gebiert Ungeheuer." Angesichts der Geschehnisse im Nachbarland könnte Goya auch gemeint haben: „Der Traum von der Vernunft gebiert Ungeheuer."

Weiterhin lasen viele das Vorbild aller Schauerromane, „Das Schloss von Otranto" des bis heute als „Vater Noir" geltenden englischen Schriftstellers Horace Walpole, doch schon nahte mit großen Schritten das Geburtsjahr der Tochter der Frauenrechtlerin Mary Wollstonecraft. Als „Frankenstein"-Erfinderin wurde Mary Shelley auf der ganzen Welt bekannt. Die Epoche des „Gothic Horror" war in vollem Gange.

Im neu gewählten Nationalkonvent fanden wilde Grabenkämpfe statt, die Radikalen gewannen immer mehr an Boden. Wie sollte man in der Republik mit dem hochverräterischen König verfahren? Ihn für unmündig erklären? Einsperren? Nach Amerika schicken, auf eine Farm in Virginia, wo Quäkergemeinden sich schon bereit erklärt hatten, ihn aufzunehmen? Der Journalist Marat, der nichts mehr liebte als den unkontrollierbaren Terror des Straßenmobs und der für die baldige Enthauptung des Königs eintrat, war „begeistert": „Oh, gebt den Quäkern bloß alle Macht", ätzte er. Danton sekundierte, so sei es nun mal, „Revolutionen werden mit Blut gemacht, nicht mit Rosenwasser". Richtig, und da er mehrmals recht flexibel die Seiten wechselte und als korrupt verschrien war, würde er dies bald selbst zu spüren bekommen. Robespierre, damals noch ein Gegner der Todesstrafe, machte für den Ex-König eine Ausnahme: „Ludwig muss sterben, weil das Vaterland leben muss." Der weltfremde Sektierer blieb der Hinrichtung allerdings fern, er verbarrikadierte sich bei geschlossenen Fensterläden in seinem Untermietzimmer – wie immer, wenn die Exekution einer bekannten Persönlichkeit anberaumt war. Danton sagte, Robespierre zittere schon, wenn ein Degen in sein Blickfeld gerate. In der Nähe einer

Guillotine wurde er nie gesehen, bis es ihm selbst an den Kragen ging. Da war er bereits halbtot und wurde liegend zum Schafott gefahren. So gut es ging, wendete er die mit Blut verklebten Augen von der Hinrichtungsmaschine ab. Hinter ihm auf dem Karren blickte er auf den eitlen und radikalen Rebellen Louis Antoine de Saint-Just, der seinen verbliebenen Fans mit einem weißen Taschentuch und melodramatischer Geste zum Abschied zuwinkte. Anders als sein Name suggeriert, war dieser Rockstar der Revolution weder heilig noch gerecht. Eine Mitgliedschaft im „Club 27" verpasste er um wenige Wochen; Saint-Just starb mit 26. Der Mann, der von der „Weltrepublik" träumte, hat bis heute seine Anhänger.

Die Zeitungen hatten groß darüber berichtet: In den Räumen des Königs in den Tuilerien war hinter einer Wandvertäfelung versteckt und – wie nicht anders zu erwarten – schlossertechnisch meisterhaft gesichert eine eiserne Kassette voller Dokumente zum Vorschein gekommen. Auch dem letzten Gemäßigten musste jetzt klar sein: „Ludwig, der Lügner" hatte die revolutionären Forderungen nie wirklich unterstützt, hatte die Verfassung „verabscheuungswürdig" genannt. König und Königin schmiedeten fortwährend Komplotte mit Habsburg und Preußen, boten Volksvertretern Bestechungsgelder an, um die Monarchie wiederherzustellen. Wie es Saint-Just, einst höchst effizienter, obwohl in Kriegsdingen unerfahrener Truppenkommissar, nun Vertreter des nordfranzösischen Départements Aisne, im Nationalkonvent treffend formuliert hatte: „Ein König ist kein gewöhnlicher Mann. Ein König muss regieren. Oder sterben." Noch immer würden sich nämlich Unentschlossene und/oder Republiksgegner rund um den abgesetzten Monarchen sammeln, so Saint-Just. „Das unreine Blut des Tyrannen muss vergossen werden", forderten Journalisten und Abgeordnete. Demgemäß heißt es bis heute in der „Marseillaise":

„Zu den Waffen, Bürger!
Formt Eure Schlachtreihen.
Marschieren wir, marschieren wir!
Bis unreines Blut
unserer Äcker Furchen tränkt!"

Bei der Abstimmung überwogen die Stimmen für die Todesstrafe. Auch der frühere Duc d'Orléans, der sich 1790 von der Nationalversammlung den Ehrennamen „Philippe Égalité" hatte verleihen lassen, stimmte für die

Exekution seines Cousins. Es nutzte ihm später nichts. Allerdings war er kaum der Einzige, der sich die Revolution anders vorgestellt hatte. Drei Wochen nach dem Tod der Ex-Königin wurde er ebenso guillotiniert.

Tod dem Tyrannen!

Die Königsfamilie war nach dem Tuileriensturm in der mittelalterlichen Pariser Templerfestung, dem Temple, eingekerkert worden. Kaum hatte er seine Räumlichkeiten bezogen, verschlang Ludwig schon wieder acht Vorspeisen, acht Nachspeisen und vier Braten. Dazu Champagner und Bordeaux, ein Likörchen nach dem Diner. Als ob er sein Schicksal vorausahnte, las der Ex-Herrscher in den Pausen zwischen den Mahlzeiten immer wieder in einem seiner Lieblingsbücher, der „Geschichte Englands" des schottischen Philosophen David Hume. Früher hatte er seine Frau oft mit der immer selben Erzählung gelangweilt, wie er in seiner Jugend seinem Idol Hume einmal persönlich begegnet war. Nichts hätte Marie Antoinette gleichgültiger sein können. Das Leben des englischen Königs Charles I., das Ludwig faszinierte, war seinem eigenen nicht unähnlich. Auch Charles zeichnete sich, wie er selbst meinte, durch Sanftheit, Tugendhaftigkeit und Gesetzestreue aus. Wie Ludwig ergriff er nie die Initiative. Er wollte sich gerecht und mildtätig verhalten, doch er wurde 1649 öffentlich geköpft. Er hatte versucht, ohne Volksvertretung absolutistisch zu regieren, löste einen Bürgerkrieg aus und setzte so die Monarchie zeitweilig außer Kraft. Tatsächlich waren die Parallelen zum Werdegang Ludwigs XVI. teilweise frappierend, auch wenn die englische Monarchie auf anderen Grundlagen beruhte als das französische Ancien Régime.

Von unten drang das neueste Lied der Menge zu Marie Antoinette in den Temple, wo der Großmeister des Templerordens Jahrhunderte zuvor grausam gefoltert worden war: „Madame steigt in den Turm hinauf. Wann wird sie herunterkommen?" Ihr Beschützer La Fayette, der wie viele andere eine konstitutionelle Monarchie favorisiert hatte, war in das heutige Belgien geflohen und von den Österreichern gefangen gesetzt worden. Da er selbst keine Verwandten mehr hatte, ließen die Revolutionäre als

Wie lebte die Königsfamilie in ihrem vorletzten Gefängnis, der mittelalterlichen Temple-Festung?
Das Zimmer Marie Antoinettes wurde im Pariser Stadtmuseum rekonstruiert.

Vergeltungsmaßnahme alle Familienmitglieder seiner Frau köpfen, sogar deren Großmutter. La Fayette war der große Volksheld gewesen, der in Amerika für die Freiheit gekämpft hatte, doch er hatte nicht begreifen können, warum so viele den Tod des Königs verlangten. Dass am 14. Juli das neue Idol der revolutionären Bürger, der Cäsar-Mörder Marcus Junius Brutus, mit „antikem" Prunk und einer Ara Patriae (Altar des Vaterlandes) gefeiert wurde, hatte sein Vorstellungsvermögen überfordert. Brutus-Büsten waren in der Revolutionszeit allgegenwärtig. Eine stand auch vor der Rednerbühne im Nationalkonvent, mit Blick auf die Volksvertreter.

Am 20. Jänner 1793 erfuhr Ludwig XVI., nun Bürger Ludwig Capet (nach dem mittelalterlichen Königsgeschlecht der Kapetinger), das Urteil: „Schuldig der Verschwörung gegen die öffentliche Freiheit und gegen die Sicherheit des gesamten Staates." Er wollte am Tag seines Todes noch in der Früh von seiner Frau Abschied nehmen, doch sein irischer Beichtvater – kein Staatspriester – riet ihm davon ab. So hatte er seiner Familie schon am Abend zuvor Adieu gesagt. Ohne viele Worte. Marie Antoinette hatte sich oft gewünscht, er würde mehr mit ihr sprechen. Es war immer vergeblich gewesen. Den Kindern wünschte er alles Gute. Am 21. Jänner, einem nebligen und frostigen Tag, um 10.30 Uhr war die Hinrichtung vorüber. Man hörte Trommelfeuer, das die Verteidigungsrede des Ex-Königs auf dem Schafott übertönen sollte, Kanonendonner und das Geschrei von 80.000 Schaulustigen, die „Vive la Nation!" brüllten. Ludwigs Schwester Élisabeth sagte: „Diese Ungeheuer! Jetzt haben sie ihren Willen." Marie Antoinette sank vor ihrem Sohn auf die Knie und erklärte, er sei nun König: Ludwig XVII. Ab sofort saß er am Kopfende des Tisches – eine wenig kluge Entscheidung der Witwe in Anbetracht der Sachlage. Haustüren bekannter Revolutionäre wurden beschmiert: „Gemeine Mörder!" Wer an der Mauer des Panthéons vorüberging, war bestens informiert: „Veuve Capet, perverse Mutter, das Volk von Paris hat dich im Auge! Hunde warten darauf, deine Leiche zu fressen."

Im Temple gab es für die Ex-Königin und ihre zwei Kinder vorübergehend etwas mehr Freiraum. Die Wachen wurden nachlässiger, weilte doch die Hauptperson der zu Bewachenden nicht mehr unter den Lebenden. Marie Antoinette baute zusehends ab. Sie war 37 Jahre alt und litt entweder

Der verurteilte König von Frankreich verabschiedet sich von seinen Angehörigen Marie Antoinette, Madame Royale, dem Dauphin und der hemmungslos weinenden Madame Élisabeth.

an vorzeitigen Klimakteriumsbeschwerden oder an einer schweren Unterleibserkrankung. Sie blutete alle zwei bis drei Wochen extrem stark, wurde blass und dürr. Tagein, tagaus trug sie ein schwarzes Witwenkleid aus Seide und einen weißen Fichu. Die Haare fielen ihr büschelweise aus, die wenigen verbliebenen wurden immer grauer. Ihre Hoffnung bestand darin, dass ihr Neffe Franz sie freikaufen würde, da die Revolutionsregierung auf Geld schwer verzichten konnte. Es traf aber kein Angebot aus Wien ein. Franz zeigte sich gleichgültig, war seine Tante doch politisch nutzlos. Nur als Erzherzogin von Österreich und als Herrscherin von Frankreich hatte Marie Antoinette ihrem Dasein Bedeutung verleihen können. Als Mensch zählte sie nichts, als Frau und Witwe weniger als nichts. In ihrem Ehevertrag stand, dass sie nach einem eventuellen Ableben ihres Mannes ihren Wohnort frei wählen könnte. Doch dieses Stück Papier hatte mittlerweile so wenig Bedeutung wie die „Allianz", als deren Unterpfand sie vor 23 Jahren in dieses Land gekommen war.

Sie setzte Erwartungen in Fersen, dessen Freundschaft für Marie Antoinette nun vielleicht noch essenzieller war als vor ihrer Witwenschaft. Fersen wollte wie seine Freundin weiterhin alles daransetzen, die Monarchie in Frankreich zu reaktivieren. Die Beziehung der beiden war durchaus nicht unpolitisch, und Fersen kann auch nicht als sentimentaler Held einer Schäferidylle interpretiert werden. In erster Linie war er ein reaktionärer Royalist. Dass er ansprechend aussah und eine Menge Frauenbekanntschaften pflegte, ließ ihn in der Literatur zu einer Art „Bridgerton"-Schönling werden, doch seine Tagebücher sprechen eine andere Sprache. Man sollte sich vom Hochglanz-Äußeren nicht täuschen lassen, war Fersen doch ein karrierebewusster Hocharistokrat, ein sturer Machtpolitiker, selten romantisch oder emotional, eher geradlinig und präzise in seinen Plänen und Vorhaben. Marie Antoinette und ihr Vertrauter teilten ein Interesse an guter Gesellschaft im Kreis von Freunden, wie es der Mode der Zeit entsprach. Dass bei Fersen trotz aller Frivolität immer eine Prise Ennui und ein leiser Hauch Melancholie mitschwangen, machte ihn für die gefühlvoll veranlagte Marie Antoinette wohl noch ein bisschen anziehender. Sie meinte, Schweden sollte mit den französischen Emigrierten im Ausland und den anderen Monarchen in Europa eine Koalition bilden, um ihre Freilassung und die ihrer Kinder zu erzwingen. Doch diese waren niemandem einen Pfifferling wert. Fersen wurde ein Siegelring Marie Antoinettes ausgehändigt, mit ihren Abschiedsworten: „Tutto a te mi guida.“ („Alles führt mich zu Dir.“) Viel später fand eine schwedische Forscherin im Schloss eines Verwandten von Fersen einen Brief der Ex-Königin mit folgendem Schlusssatz: „Leb wohl, liebendster und geliebtester aller Männer.“

Sänger des Terrors

In diesen Tagen des konspirativen Briefverkehrs, der zu keinen Ergebnissen führen wird, fuhr eine junge Frau in einer Postkusche aus der Normandie nach Paris. Sie hatte große Pläne: Der Journalist Jean-Paul Marat, der „Bluthund“, der in einer Rede „10.000 Köpfe von Konterrevolutionären“ gefordert hatte, sollte sterben. Vor allen Leuten, in seiner Wirkungsstätte, dem Nationalkonvent. Kürzlich hatte er im „L'ami du Peuple“ kundgetan, dass das Denunzieren von „Feinden der Revolution“ die Pflicht eines jeden patriotischen Bürgers sei. Manche hielten ihn für krank: Er würde unter Verfolgungswahn leiden. Hauptsächlich litt er unter einer Hautkrankheit und unter einem Minderwertigkeitskomplex wegen seiner „Größe“ von 150 Zentimetern. Als die junge Dame aus Caen erfuhr, der Abgott der revolutionären Vorstädte befände sich im Krankenstand, marschierte sie gegen 19 Uhr zu seiner Wohnung. Die Haushälterin wiegelte ab: Ihr Dienstgeber nähme wegen der juckenden Ekzeme ein Kräuter-Kurbad, doch der von Wunden, Krusten und geplatzten Quaddeln entstellte Marat schrie sogleich, die Bürgerin möge hereinkommen: „Man soll nicht sagen, dass ich mich vom Volk fernhalte!“ Also wurde die Frau eingelassen und berichtete, in ihrer Heimatstadt würden sich „Feinde des Volkes“ verborgen halten, sie habe hier die Namen. „Geben Sie her, in acht Tagen sind sie nicht mehr!“, bedankte sich der Redakteur. In diesem Augenblick stach Marie Anne Charlotte Corday zu. Ihr Hausarzt hatte ihr die exakte Stelle gezeigt. Quer über dem Badezuber lag ein Holzbrett mit Papier und Tintenfass, sodass Marat seiner journalistischen Tätigkeit während des stundenlangen Badens nachgehen konnte. Der Aufschrei des Sterbenden erreichte zwar noch Lebensgefährtin (Simone Évrard, eine der radikalsten Pariser Aktivistinnen) und Haushälterin, die den „Zorn des Volkes“ mit vereinten Kräften aus dem blutigen Wasser zogen, doch starb dieser

„Größer als Brutus“: Marie Charlotte Corday wollte mit ihrer Tat den Auswüchsen der Revolution ein Ende machen. Sie erstach den Journalisten und Arzt Jean-Paul Marat in seiner Badewanne.

kurz darauf. „Ich tötete den Verbrecher, um Hunderttausende zu retten", erklärte die Mörderin, die manche „größer als Brutus" nannten, bei ihrem Prozess, und: „Vor der Revolution war ich Republikanerin."

In Paris affichierte man Plakate, die Charlotte Corday als Virago (eigentlich: Kämpferin; vir = Mann, virgo = Jungfrau) zeigten, als „Mannweib", fleischig, reizlos und dreckig wie alle Frauen, die sich in politische Angelegenheiten einmischten. Der jungfräuliche Vorname Marie, mit dem sie vor ihrer Tat unterschrieben hatte, wurde ihr während des Prozesses gewissermaßen aberkannt. Bis heute ist sie als Charlotte Corday bekannt. Auch Marie Antoinette hieß nur noch „Witwe Capet" oder eben „Antoinette". Zwar war Maria durch die „erhabenen Göttinnen der Freiheit, der Vernunft und der Nation" ersetzt worden, doch Verbrecherinnen durften den Namen der Muttergottes trotzdem nicht tragen. Die Abkürzung des Namens verwies schon auf die Verkürzung des Körpers unter der Guillotine. Charlotte Corday ging lächelnd aufs Schafott, wo sie am 17. Juli 1793 umgebracht wurde. Überhaupt starben (zu) viele verurteilte Frauen mit einem Lächeln auf den Lippen – das langjährige Symbol des Fortschritts war zu einem Zeichen des Widerstands gegen den von den Häschern zur Schau getragenen „altrömischen Ernst" geworden. Was einen Zeitzeugen später zu der Aussage animierte, es hätten sich besser alle so gebärdet wie Madame du Barry, die am 8. Dezember 1793 schreiend, beißend und zeternd auf die Guillotine gezerrt werden musste, sodass der blutgierigen Menge schon beinah Hören und Sehen verging. Vielleicht wäre das Töten dann früher zu einem Ende gekommen …

Ein Aristokrat, der mit einigen früheren weiblichen Fans der „Neuen Heloise" zusammen im Gefängnis saß und auf den Tod wartete, erzählte, wie sehr diese tapferen Frauen über die „Göttlichkeit" des „Märtyrers Marat", die „Hohepriesterlichkeit" von Robespierre und den oberlehrerhaften Tonfall des Chefanklägers der Revolution, Antoine-Quentin Fouquier-Tinville, gelacht hätten. Sie nannten diese Radikalen eine „Gruppe von blutigen Kriechern" und sagten noch kurz vor dem Ende: „Ihr könnt uns töten, wenn ihr wollt, aber ihr werdet es nicht schaffen, dass wir nicht mehr liebenswürdig sind."

Das berühmte Lächeln der französischen Aufklärung war Geschichte. Unter den wenigen noch verbliebenen Pariser Zahnärzten machte sich Arbeitslosigkeit breit. Wie Maria Theresia in den 1760er-Jahren einen Franzosen nach Wien bestellt hatte, um die Zähne ihrer Tochter zu begradigen, wird Kaiserin Elisabeth hundert Jahre später ihr Problemgebiss einem US-Zahnarzt anvertrauen. Die innovative Zahnmedizin hatte sich im 19. Jahrhundert nach Amerika verlagert. Träger und Trägerinnen von Jacketkronen, täuschend echt wirkenden Implantaten, unsichtbaren Veneers und Aligner-Schienen wissen: So blieb es bis heute.

Auch die bekannte Salonnière und Girondistin Manon Roland lächelte in ihren letzten Minuten. Sie trug ein weißes Spitzenkleid wie Marie Antoinette in ihren besseren Zeiten, doch sie war eine dezidierte Gegnerin der Königin gewesen. Was die eher gemäßigten, liberalen, aber demokratisch gesinnten Girondisten dachten und schrieben, die sich eine föderalistische Republik nach schweizerischem oder US-Vorbild vorstellen konnten, gehörte ab dem Sommer 1793 der Vergangenheit an. „Kompromiss ist ihre Religion", lautete der Hauptvorwurf der oppositionellen Kräfte, die einen starken Zentralstaat erhalten wollten, wie er in Frankreich bis heute dominiert. „Oh Freiheit! Welche Verbrechen begeht man in deinem Namen!" waren die letzten Worte von Madame Roland, in deren Haus die Helden der Republik ein- und ausgegangen waren. Einer ihrer Mitstreiter brachte es auf den Punkt: „Die Revolution, gleich Saturn, frisst ihre eigenen Kinder."

Der seidene Faden

Nach der Ausschaltung der Gironde-Fraktion lag die Weiterführung der Revolution bei den verbliebenen radikalen Kräften, den Jakobinern, insbesondere bei deren Anführer, dem Rechtsanwalt und Weltverbesserer Maximilien de Robespierre. Benannt war der Club nach seinem früheren Tagungsort, dem Kloster Saint-Jacques in Paris. Die Macht im rastlosen, von Aufständen zerrissenen und kriegführenden Land lag bei den sogenannten Komitees: Dem „Komitee für die öffentliche Wohlfahrt" und dem „Komitee für die allgemeine Sicherheit", Exekutivorganen des Nationalkonvents, also der Volksvertretung. Eine Büste des erstochenen Marat samt Handtuch auf dem Kopf zierte den Raum, in dem der tonangebende Wohlfahrtsausschuss tagte. Feinde der Revolution wurden nicht bestraft, sondern neutralisiert: „Die Friedhöfe haben überfüllt zu sein, nicht die

Gefängnisse", lautete das unmissverständliche Credo von Robespierres jungem Adlatus, dem Einpeitscher Saint-Just.

Wer ein Feind der Revolution war – das konnte stündlich neu bestimmt werden. Das Revolutionstribunal fällte meist nur zwei Urteile: Freispruch oder Tod, wobei Ersteres nicht wirklich eine realistische Option darstellte. „Die Köpfe fallen wie Dachziegel", hieß es in Paris. Überall sah man blutige Tierspuren. Unter den „heiligen Guillotinen, den Schutzpatroninnen der Patrioten" – so einige Fanatiker – saßen streunende Hunde und Straßenkatzen, ernährten sich vom Blut der Hingerichteten und schlichen dann wieder durch die Gassen. Etliche Menschen trugen rote Seidenbänder um den Hals: Es waren die Hinterbliebenen und Freunde von Guillotinierten. Auch Sympathisanten, die die Todesstrafe ablehnten, reihten sich unerschrocken ein. Die Ehefrau des exekutierten Revolutionsreporters Camille Desmoulins, Lucile, trug eine Woche lang ein solches schmales Band, bevor sie ebenfalls zum Tod verurteilt wurde. Ihr vermögender, republikanischer Vater war gegen die Heirat mit dem stets einfallsreichen Agitator gewesen, doch zu den Errungenschaften der Sentimentalitätsbewegung gehörte das Konzept der Liebesheirat, institutionalisiert und legitimiert durch die Revolution. Die Ehe war nun kein religiöser Vertrag mehr, der zwischen zwei Familien abgeschlossen wurde, sondern ein freiwilliger Bund zweier Verliebter, der vom Staat sanktioniert und auch aufgelöst werden konnte. Ehescheidungen wurden erleichtert, nicht zuletzt, um außerehelich geborenen Kindern die ihnen zustehenden Bürgerrechte zukommen zu lassen. Man konnte auch geschieden werden, wenn keine Kinder kamen. Die Revolutionsregierung setzte auf eine hohe Geburtenrate, und man ging davon aus, dass diese bei gegenseitiger Zuneigung leichter zu erreichen sei als bei den bisher üblichen arrangierten Ehen.

Das junge Paar Desmoulins hatte zum Zeitpunkt des Prozesses gegen Danton und seine Unterstützer, zu denen auch Camille Desmoulins gehörte, einen kleinen Sohn, Horace. Der nach dem David-Gemälde „Der Schwur der Horatier" bzw. dem Corneille-Stück „Horace", in dem es um die Macht des Volkes geht, benannte Bub gehörte zu den ersten Franzosen, deren Geburt beim neuen, bürgerlichen Standesamt im Rathaus eingetragen wurde. Camille Desmoulins verstand und verkraftete nicht, wie die von ihm mitgeschaffene Welt derart aus den Fugen geraten konnte. Dantons Überzeugung, nach dem Todesurteil würden er und seine Anhänger in die Geschichte eingehen, tröstete ihn nicht. Horace Desmoulins war noch kein

Jahr alt, als er Vater und Mutter verlor. Camille Desmoulins weinte bis zum Schluss. Im Gegensatz zu ihm konnte Lucile das Urteil rasch akzeptieren: „Schickt mich zu meinem Mann", sagte die 24-Jährige ohne Reue.

Danton, der den Septembermorden von 1792 tagelang tatenlos zugesehen hatte, war zum Nachdenken aufs Land gefahren und verkündete bei seiner Rückkehr nach Paris: „Sparsamkeit mit dem Blut!" Er endete drei Monate vor Robespierre auf der Guillotine. Zu seiner 16-jährigen, zweiten Ehefrau sagte er, als er um 3.30 Uhr in der Früh verhaftet wurde: „Hol dir rasch das Geld aus unserem Versteck. Sonst knöpft dir die feine Republik noch alles ab." Die Besitzgüter von Verurteilten wurden vom Staat eingezogen.

Die antiklerikalen, gewalttätigen, sozialrevolutionären Sansculotten rund um den Journalisten Hébert und seinen „Père Duchesne" hingen der zukunftsträchtigen Vision einer totalen Egalität an. Sie schrien von allen am lautesten, hielten Robespierre und seine Mannen für zu lasch und verlangten die sofortige Hinrichtung aller Priester, aller Aristokraten, generell sämtlicher „Volksfeinde". Die Wahrheit sah anders aus. Auf der Guillotine starben bis zum Ende der Periode des „Terrors" 32 Prozent Arbeiter, 28 Prozent Bauern, 25 Prozent Bürger und nur 8,5 Prozent Adelige sowie 6,5 Prozent Geistliche. Hébert und der Ankläger Fouquier-Tinville konzentrierten sich nach der Exekution Ludwigs XVI. auf den in ihren Augen längst fälligen Tod Marie Antoinettes: Der Ex-Königin müsse endlich kurzer Prozess gemacht werden. Im „Père Duchesne" hieß sie nur noch „die gekürzte Witwe".

Staatsfeindin Nummer eins

Diese saß mit ihren Kindern zusammen unverändert im Temple-Turm. Am laufenden Band gab es Schwierigkeiten mit dem „König" Ludwig XVII., einem Kind von acht Jahren, das einen Leistenbruch erlitten hatte und deswegen einen Gurt aus Leder und Metall tragen musste. Beim Steckenpferd-Reiten habe er sich außerdem die Hoden gequetscht, gestand er seiner Mutter. Marie Antoinette war verzweifelt, weil sie und Madame Élisabeth den Buben wiederholt beim Masturbieren erwischt hatten und mit aller Kraft versuchten, ihm diese „Unart“ auszutreiben. Der „Kampf gegen die Selbstbefleckung“ entwickelte sich im 18. Jahrhundert zum ersten dominierenden Sexualdiskurs Europas. Schon Maria Theresia hatte – im Einklang mit den Ratschlägen der Mediziner ihrer Zeit – die „Verschwendung des Samens“ zu einem anderen Zweck als dem der Fortpflanzung unter Strafe gestellt. Die Lust am eigenen Körper galt als „schändlich“ und „krankhaft“, und so war es nicht erstaunlich, dass diese an sich normale Regung des Heranwachsenden bei den Bediensteten im Turm die Runde machte. Das Getratsche erreichte bald die Redaktion des „Père Duchesne“, den kleine Angestellte regelmäßig mit Wonne verschlangen. Hébert vermutete in dieser Information ein gefundenes Fressen. Er sollte sich nicht irren.

Als Erstes wurde dafür gesorgt, dass der „Dauphin“ im Sommer 1793 aus der Obhut der Mutter entfernt wurde, was bei Marie Antoinette eine depressive Verstimmung auslöste. Sie verbrachte nun ganze Tage damit, in ihrem beengten Reich umherzuwandern und Punkte zu suchen, von denen aus sie ihren Sohn beim Spazierengehen im Hof des Temple sehen konnte. Der Bub lebte bei einem treuen Jakobiner, dem Schuster Antoine Simon, der ihm das „Ça ira“ und die „Marseillaise“ beibrachte, aber auch eine Menge derber Flüche. Simon wurde für die „Erziehung“ des Ex-Prinzen fürstlich entlohnt, zeigte dem Buben die pornografischen Pamphlete, die über seine Mutter erschienen, und ließ ihn die hässlichen Geschichten herumerzählen, zum großen Amüsement der Bewacher im Temple.

Am 2. August 1793 um zwei Uhr früh begann für die Ex-Königin der letzte Akt. Marie Antoinette wurde aus dem Temple abgeholt und musste sich von ihrer Tochter Marie-Thérèse sowie von Madame Élisabeth verabschieden. Die Schwester des früheren Königs fragte ununterbrochen, wohin Marie Antoinette denn gebracht würde. Man gab ihr keine Antwort. Beim Verlassen ihrer Räumlichkeiten stieß sich die „vormalige Königin“, wie man sie nennen musste, den Kopf am Türstock. Ein Soldat fragte, ob sie sich verletzt habe, was sie verneinte. „Mich kann nichts mehr verletzen“, fasste sie zusammen, nachdem man ihr beide Kinder „genommen“ hatte. Sie wurde in das Gefängnis in der Conciergerie auf der Île de la Cité überstellt. Dort saßen die Verhafteten in Massen auf wackeligen Sesseln: Ganze Familien, Mütter mit Kleinkindern, Pfarrer, die den Eid auf die Nation nicht ablegen wollten, „Konterrevolutionäre“ aller Art. Tranige Funzeln brannten. Greise schliefen mit dem Kopf auf alten Tischen. Kranke lagen auf dem mit fauligem Stroh bestreuten Boden herum; überall warteten von

Die letzte Station vor dem Ende auf der Guillotine:
Eine Zelle in der Conciergerie, dem einstigen Palastgebäude auf der Île de la Cité.
Zusammen mit vielen anderen wartete man auf den Henkerswagen.

Läusen und Krätze geplagte Leute, dass sie vor das von Danton gegründete Revolutionstribunal gerufen wurden, das ebenso hier tagte.

Draußen herrschte Hitze, aber in Marie Antoinettes Zelle kletterte die Feuchtigkeit die Wände hinauf. Die Staatsgefangene Nummer eins erhielt die Häftlingsnummer 280. Man hatte ihr zwei Stühle und einen Waschtisch in den Raum gestellt, dazu ein Feldbett mit einem Kübel daneben. Ankleidepersonal war ihr schon im Temple nicht mehr zugestanden worden, da hatte ihr Madame Élisabeth geholfen. Nun kümmerte sie sich selbst um Kleidung, Haare, tägliche Hygiene. In der Conciergerie erhoben die Wachen Eintrittsgeld von den unzähligen Besuchern, die einen Blick auf die Ex-Königin werfen wollten. Noch lebte sie. Aber sie war bereits zur Legende geworden.

Von der Schwägerin kam ein Paket mit frischer Kleidung an: Ein weißes Unterkleid, Chemisen, Taschentücher, schwarze Seidenstrümpfe, ein Unterrock, zwei Schultertücher aus Seide. Haarbänder waren auch dabei. Den Kindern gehe es soweit gut.

Eines Tages meinte Marie Antoinette ein bekanntes Gesicht zwischen den sensationslüsternen Gaffern, die zu ihr hereinstarrten, ausmachen zu können. Konnte das wirklich Alexandre Gonsse de Rougeville sein? Der Aristokrat und Royalist, der ihr während des Tuileriensturms beigestanden hatte? Wie es schien, hatte er zwei Nelken dagelassen. Sie hob die Blumen auf und fand in einer Blüte eine Nachricht: „Wir haben Männer und Geld. Ich werde am Freitag kommen." Marie Antoinette überlegte nicht lange. Sie würde ihren letzten Fluchtversuch wagen. Da man ihr Schreibzeug und Briefpapier nicht zugestanden hatte, um weitere konspirative Korrespondenz zu unterbinden, stach sie ihre Antwort mit einer Nähnadel in ein altes Stück Papier: „Ich bin ständig bewacht. Ich spreche mit niemandem. Ich vertraue mich Ihnen an. Ich werde kommen." Am 2. September 1793 wollte sie mithilfe eines Wachmanns, der in der Conciergerie Dienst tat und auf ihrer Seite stand, das Gefängnis verlassen. Doch ihr Zettel war abgefangen worden und den Gendarmen hatte der Mut vor dem letzten Tor, das in die Freiheit geführt hätte, verlassen. Das „Nelkenkomplott" war fehlgeschlagen.

Tag und Nacht blieben ab sofort zwei Gendarmen in der Zelle. Die goldene Uhr, die Marie Antoinette in Wien von ihrer Mutter geschenkt bekommen hatte, nahmen ihr die Beamten weg. Auch die letzten Diamantringe musste sie ablegen. In dieser Nacht auf den 3. September 1793 wurde im Wohlfahrtsausschuss ihr Tod beschlossen.

Am 13. Oktober besuchten zwei Anwälte Marie Antoinette. Einer von ihnen hatte schon Charlotte Corday verteidigt – kein gutes Omen. Aber die Ex-Königin hatte davon ohnehin wenig mitbekommen. Die Advokaten wollten in Richtung „Gnade für eine Mutter unmündiger Kinder" plädieren. Währenddessen ließ der öffentliche Ankläger Fouquier-Tinville mit einiger Verzweiflung nach dem Dossier zur Anklage der Ex-Königin mit allen ihren gesammelten Untaten fahnden, um sich auf den 14. Oktober 1793 vorzubereiten, den ersten Prozesstag. Aber es waren keine Akten aufzufinden. Robespierre hatte lange gezögert, der Verhandlung zuzustimmen. Ihm hatte es genügt, dass Marie Antoinette in Haft saß. Alles Weitere würde sich weisen. Die Feinde lauerten im Inneren, es seien die „Gemäßigten und Korrupten", auf die man ein Auge haben müsse, so der „Unbestechliche". Doch der Frauenhasser Hébert und der profilierungssüchtige Fouquier-Tinville drängten unaufhörlich auf den Tod der Königin. Sie meinten, nur so könne man das Volk zusammenschweißen, das wegen der Kriege, der Inflation und der regelmäßig wiederkehrenden Rationierung von Lebensmitteln bereits revolutionsmüde war. Auf „Freiheit" und „Gleichheit" wartete ein Großteil der Franzosen seit vier Jahren vergeblich.

Der Kopf der Antoinette

Da keine stichhaltigen Beweise gegen die Ex-Herrscherin zum Vorschein kamen, wurde sie nicht als Mensch, sondern als das von den Massenmedien kreierte Sex-Monster vor Gericht gestellt. Für die Geschworenen war sie die „Harpyie mit dem Dämonengesicht", das „perverse Teufelsweib mit Krallen aus Stahl", wie es in den „Libelles" hieß. Der populistische Redakteur Hébert, flankiert von seinen Unterstützern aus den Unterschichten, war besessen vom Kopf der „Wölfin". Robespierre wusste darüber Bescheid und fragte Fouquier-Tinville zu Recht: „Und wenn sie tot ist? Was wird seine nächste Obsession sein?" Er misstraute der von Männern wie Hébert gesteuerten, wankelmütigen öffentlichen Meinung, aber auch dem Staatsanwalt. Als dieser ihn um schriftliche Beweise gegen Marie Antoinette ersuchte, die angeblich im Nationalkonvent liegen würden, schüttelte der Stratege der Revolution den Kopf: „Du wolltest unbedingt den Prozess. Nun hast du ihn. Jetzt mach was draus."

Hébert wurde langsam nervös. Noch immer war kein Beweisstück gegen die „gekrönte Schlampe", wie er sie in seiner Zeitung unter anderem nannte, aufgetaucht. Er machte sich auf den Weg in die Schusterwerkstatt von Antoine Simon. Dort fragte er den einstigen Dauphin Louis-Charles direkt, wo er seine „schmutzigen Unarten" gelernt habe. Der Bub druckste herum. Simon hatte ihm eingebläut, für alle Übel im ganzen Land sei nur eine Person verantwortlich zu machen: Seine Mutter, „die Capet". Sollte er gefragt werden, wer an was auch immer schuld sei, habe er zu antworten: „Na, die Capet." Ansonsten drohe eine Tracht Prügel. Simon gab dem Jungen eine Ohrfeige und brüllte: „Also, was ist?! Sofort sagst du dem Bürger Hébert, was du mir erzählt hast!" Nun wiederholte Louis-Charles, seine Mutter und seine Tante hätten ihn zu sich ins Bett geholt und ihm Selbstbefriedigung beigebracht. Hébert konnte sein Glück kaum fassen. Er schrieb die Worte des Jungen auf und ließ ihn vor allen Anwesenden unterzeichnen: „Louis-Charles Capet."

Am 14. Oktober 1793 um neun Uhr morgens begann der erste einer langen Reihe politischer Schauprozesse, wobei der Anschein einer rechtmäßigen Gerichtsverhandlung äußerlich gewahrt blieb. Ein halbes Jahr später wird sich dies stark verändert haben. Beim Prozess gegen Danton und dessen Parteigänger wurden Reporter, Gerichtsschreiber, schließlich die Angeklagten selbst sukzessive ausgesperrt. Die Urteile verlas man in einem beinahe leeren Gerichtssaal. Als dies sogar Fouquier-Tinville nicht mehr ganz geheuer war, beschwerte er sich bei Robespierre: „Das Recht ist nicht mehr auf unserer Seite. Mein Amt lautet Ankläger, nicht Henker." Robespierre wischte die Bedenken vom Tisch: „Noch eine solche Bemerkung und du bist verhaftet." Fouquier-Tinville versuchte, den De-facto-Diktator einzubremsen: „Darüber sprechen wir noch, Maxime. Wir werden sehen." Tatsächlich überlebte Fouquier-Tinville den hauptberuflichen Tugendterroristen um beinahe ein ganzes Jahr. Die Prozesse der Zeit des „Großen Terrors" waren rein politisch motiviert, gleichgültig, ob sie sich gegen ehemalige Mitstreiter oder die schwer gezeichnete Ex-Königin richteten, die das Opfer einer Meinungsmache misogyner Journalisten sowie einer demagogischen Massenpresse geworden war.

In Marie Antoinettes Fall sollten 15 männliche Geschworene – wohl gewählt und gut bezahlt – über eine Frau urteilen, die in einer vergangenen

Marie Antoinettes zweiter Sohn Louis-Charles wurde nach dem frühen Tod seines älteren Bruders Dauphin und verbrachte seine letzten Lebensjahre in Gefangenschaft.

Welt unerreichbar für sie gewesen war: Unter anderen ein Perückenmacher, der herumprahlte, er werde selbstverständlich nur für den Tod stimmen; ein Wirt einer republikanischen Kneipe, der in seiner Sektion extreme Anträge einbrachte, mit der Pistole in der Hand; ein Mann aus der Provinz, der Robespierre seinen Aufstieg in Paris zu verdanken hatte; ein Ex-Adeliger und Bürgermeister der südfranzösischen Stadt Arles, der lange gezögert hatte, als Laienrichter aufzutreten; ein Geigenbauer, der für Robespierre spionierte; ein Tischler, der seine Briefe mit „echter Republikaner" signierte; ein ehemaliger Sekretär von Fouquier-Tinville, der als Nachrichtenagent für Robespierre tätig war; ein Hutmacher, glühender Hébertist und Priesterfresser; der Leibarzt Robespierres, zu dessen Hauptaufgaben es gehörte, Simulantinnen zu denunzieren, die eine Schwangerschaft vortäuschten, um der Guillotine zu entgehen; ein hébertistischer Zimmermann, der gepfändete Gegenstände Inhaftierter verhökerte usw. Kaum einer von ihnen wird die Revolutionszeit überleben.

Es dauerte nicht lange, bis der Prozess vollends aus dem Ruder zu laufen drohte. Mehr als 40 Zeugen wurden aufgeboten, die sich gegenseitig widersprachen, aufgrund einer Namensverwechslung nicht diejenigen waren, für die Fouquier-Tinville sie hielt, oder einfach nur Geld erhalten hatten, um eine im Vorhinein abgesprochene Falschaussage zu tätigen. Am nächsten Tag wurden diese Fake News in den Blättern überdimensional aufgeblasen kolportiert. Sexarbeiterinnen berichteten vor dem Tribunal von Wechseln über 200 Millionen Livres, die Marie Antoinette angeblich für ihren Bruder, den Kaiser, im Jahr 1789 ausgestellt hätte. Oder 1791? Wo sich diese Schuldbriefe befänden? „Ein Bekannter hat sie leibhaftig gesehen." In dieser Tonart ging es weiter. Die Behauptungen waren absurd, die Beweise nicht vorhanden und das proletarische Publikum auf den Rängen geriet immer mehr außer Rand und Band. Fouquier-Tinville wischte sich den Schweiß von der Stirn. Er dachte an den langhaarigen „Todesengel" Saint-Just mit seinen modischen Reiterstiefeln und goldenen Ohrringen, der ihn wohl schon auf eine seiner Listen setzen ließ. „In Unschuld herrschen, das geht nicht", waren seine Worte gewesen.

Hébert jedoch grinste. Er hatte den letzten Trumpf im Ärmel in dieser bizarren Inszenierung der Kollision zweier Welten, die von Natur aus unvereinbar waren.

Um drei Uhr früh wurde der Prozess unterbrochen. Gendarmen führten die Ex-Königin zurück in ihre Zelle. Marie Antoinette sagte zum

Küchenmädchen der Conciergerie, man werde nicht wagen, sie hinzurichten. Vielleicht würde sie nach Österreich verbannt?

Erst lange nach dem Prozess entdeckte man die kompromittierende Korrespondenz der Königin, in der sie die Koalitionsarmeen unterstützte und mit ihrem alten Heimatland Bündnisse schließen wollte, um die Revolutionsregierung zu Fall zu bringen. Unter anderem hatte sie Aufmarschpläne der Franzosen an die feindlichen Befehlshaber weitergeleitet. Im Prozess log sie, um das Ansehen der Monarchie und des Königs zu wahren, an den ihr Leben geknüpft war, aber auch, um die Zukunft ihres Sohnes zu sichern. Zu ihren Anwälten sagte sie dasselbe wie vor wenigen Monaten ihr Ehemann: „Ich beging Fehler. Aber keine Verbrechen." Ihre Taten waren sehr wohl Hochverrat. Aber da dies damals nicht bewiesen werden konnte, schlug nun die große Stunde des Jacques-René Hébert.

Der Prozess ging am Morgen des 15. Oktober weiter. Hébert wurde in den Zeugenstand gerufen und berichtete, in seiner Funktion als Mitglied der revolutionären Pariser Gemeindeverwaltung habe er Marie Antoinette wiederholt im Temple aufgesucht. Dort habe ihn der Schuster Simon, der den Sohn der „vormaligen Königin" zu einem guten Republikaner erziehen sollte, über folgende Tatsachen informiert: Er, Simon, habe seinen „Schützling" bei „ungewöhnlichen Handlungen" ertappt, „überaus anstößigen Handlungen, die seiner Gesundheit schaden", so Hébert. Kindern wurde eingetrichtert, sie würden an Rückenmarksschwund und Gehirnerweichung elend zugrunde gehen, sollten sie sich der „unnatürlichen Sünde der Onanie hingeben", wie es in einem zeitgenössischen Ratgeber hieß. Simon erläuterte seinem Idol Hébert, Marie Antoinette und ihre Schwägerin hätten den „Geist des Kindes moralisch beherrschen" wollen und hätten deswegen mit dem Buben im selben Bett geschlafen. „Zwischen Mutter und Sohn" habe ein „inzestuöses Verhältnis" existiert. Hier habe er den Beweis, unterschrieben „vom jungen Capet" selbst. Hébert legte das Dokument vor. Im Saal erhob sich ein Raunen. Marie Antoinette hatte es schier die Sprache verschlagen. Sie suchte sich zu fassen und schwieg. „Angeklagte, warum antworten Sie nicht auf die Vorwürfe des Bürgers Hébert?", fragte der Vorsitzende genervt. Die Ex-Königin erhob sich aus ihrem schmuddeligen Sessel und sagte mit fester Stimme: „Wenn ich nicht darauf antworte, dann nur, weil die Natur sich weigert, auf eine derartige Anschuldigung gegen eine Mutter etwas zu erwidern." Sie fixierte die Proletarierinnen im Saal: „Ich wende mich an Sie! An alle Mütter, die hier anwesend sind!"

Die Stimmung vor Gericht schlug um. Hébert marschierte zu seinem Platz zurück. Marie Antoinette stand da so aufrecht, wie sie es vermochte. Viele Anwesende sahen nun nicht mehr die seit Jahrzehnten verleumdete Königin. Sie blickten in das bleiche Gesicht einer ausgemergelten Frau mit zitternden Händen und knochigen Fingern. Sie sahen eine leidgeprüfte 37-Jährige, die aussah wie 60, stark blutete, sich nur mit Mühe auf den Beinen halten konnte.

Der Prozess wurde wieder unterbrochen. Nach 17 Uhr hielt Fouquier-Tinville sein wenig überzeugendes Plädoyer. Es ging darum, dass das Volk diese fremde Aristokratin doch seit jeher so sehr verabscheut hätte. Danach sprachen die Anwälte, deren Verhaftung schon feststand, bevor sie ihre lebensgefährliche Aufgabe übernommen hatten. Ein Verteidiger stellte die grundsätzliche Frage: „Können wir frei sein, ohne zu Mördern zu werden?" Er redete fast zwei Stunden lang. Um drei Uhr früh zogen sich die Geschworenen zu ihrer einstündigen Schein-„Beratung" zurück. Um vier Uhr wurde der vor Müdigkeit und Blutverlust teilnahmslosen Ex-Königin das Urteil vorgelesen: „Antoinette Capet, Sie werden zum Tod durch Enthauptung verurteilt. Die Hinrichtung wird heute, am 16. Oktober, um elf Uhr auf der Place de la Revolution vollzogen. Das Urteil ist in allen Teilen des Landes bekannt zu machen."

Wieder ging es zurück in die Zelle. Ein junger Gendarm, der die Verurteilte stützte und mit „Madame" ansprach, wurde vom Fleck weg arretiert. Jemand brachte Papier, Tinte und Schreibfeder. Die letzte Königin von Frankreich schrieb ihren letzten Brief, an ihre Schwägerin Madame Élisabeth, die weiterhin im Temple festsaß. Hier einige Zeilen aus dem sogenannten Testament der Marie Antoinette:

„Ich bin soeben verurteilt worden, nicht zu einem schimpflichen Tod, (...) sondern dazu, mit Eurem Bruder wiedervereinigt zu werden, unschuldig wie er. Zutiefst bedaure ich, dass ich meine armen Kinder verlassen muss. Ihr wisst, dass ich nur für sie gelebt habe (...).
Möge mein Sohn niemals die letzten Worte seines Vaters vergessen, die ich für ihn an dieser Stelle noch einmal ausdrücklich wiederhole: Er soll niemals versuchen, unseren Tod zu rächen. Ich weiß, wie sehr dieses Kind

ce 16 8bre à 4 h ½ du matin

c'est à vous, ma soeur, que j'écris pour la derniere fois. je viens d'être condamnée
non pas à une mort honteuse, elle ne l'est que pour les criminels, mais à
aller rejoindre votre frère; comme lui innocente, j'espère montrer la même
fermeté que lui dans ces derniers moments. je suis calme comme on l'est,
quand la consience ne reproche rien; j'ai un profond regret d'abandonner
mes pauvres enfants; vous savez que je n'existois que pour eux, et
vous, ma bonne et tendre soeur: vous qui avez par votre amitié tout
sacrifié pour être avec nous; dans quelle position je vous
laisse! j'ai appris par le plaidoyer même du procès que ma fille etoit
séparée de vous. hélas! la pauvre enfant, je n'ose pas lui écrire, elle
ne recevroit pas ma lettre. je ne sais même pas si celle-ci vous parviendra,
recevez pour eux deux ici ma bénédiction. j'espère qu'un jour, lorsqu'ils
seront plus grands, ils pourront se réunir avec vous, et jouir en
entier de vos tendres soins. qu'ils pensent tous deux à ce que je
n'ai cessé de leur inspirer; que les principes, et l'éxécution
exacte de ses devoirs sont la première base de la vie; que leur
amitié et leur confiance mutuelle, en feront le bonheur; que ma fille
sente qu'à l'âge qu'elle a, elle doit toujours aider son frère par les
conseils que l'expérience qu'elle aura de plus que lui et son amitié
pourront lui inspirer: que mon fils à son tour, rende à sa soeur, tous
les soins, les services, que l'amitié peut inspirer; qu'ils sentent enfin tous
deux que, dans quelque position où ils pourront se trouver: ils ne seront
vraiment heureux que par leur union. qu'ils prennent exemple de
nous. combien dans nos malheurs, notre amitié nous a donné de
consolations, et dans le bonheur on jouit doublement quand on peut le
partager avec un ami; et où en trouver de plus tendre, de plus cher
que dans sa propre famille? que mon fils n'oublie jamais les derniers
mots de son père que je lui répète expressément: qu'il ne cherche jamais
à venger notre mort. j'ai à vous parler d'une chose bien pénible à mon
coeur. je sais combien cet enfant, doit vous avoir fait de la peine;
pardonnez-lui, ma chère soeur; pensez à l'âge qu'il a, et combien il est facile

Letzter Brief Marie Antoinettes vor ihrer Hinrichtung.
Sie schrieb die Zeilen im Morgengrauen, verabschiedete sich von ihren Kindern und Élisabeth und hielt fest: „Ich hatte Freunde."

Euch Kummer bereitet haben muss. Vergebt ihm, meine liebe Schwester (Schwager und Schwägerinnen wurden Brüder und Schwestern genannt, Anm.), bedenkt sein Alter und wie leicht es ist, ein Kind sagen zu lassen, was man will, auch wenn es das Gesagte nicht versteht.
Ich verzeihe allen meinen Feinden das Übel, das sie mir zugefügt haben.
Ich bitte all diejenigen, die ich kenne, und Dich, meine Schwester, im Besonderen, um Verzeihung für alle Mühe, die ich Euch ohne meinen Willen verursacht habe.
Ich hatte Freunde (sie meinte Fersen, Anm.). Mögen sie hierdurch wenigstens erfahren, dass ich bis zu meinem letzten Augenblick an sie gedacht habe.
Leb wohl! Leb wohl."

Die 29-jährige Schwester des toten Königs erhielt den Abschiedsbrief nie. Das Schriftstück fand seinen Weg zu Fouquier-Tinville und verschwand bis zur Restaurationszeit in den Akten zum Fall Marie Antoinette.

Nachdem die Verurteilte ihre letzten schriftlichen Worte an einen Gardisten übergeben hatte, kniete sie zum Beten nieder, doch bald kam das Küchenmädchen mit einem weißen Gewand und sagte, für die Hinrichtung müsse sie das abgewetzte schwarze Witwenkleid ablegen und gegen das weiße Kleid tauschen. Das Volk durfte kein Mitleid mit einer armen Witwe haben. Die Ex-Königin in Weiß sollte an den Skandal aus dem Jahr 1783 erinnern, als sich viele über die „unanständig angezogene Limonadenverkäuferin" aus der Hand von Vigée-Lebrun echauffiert hatten. Um acht Uhr früh lagen Marie Antoinettes abgeschnittene Haarbüschel auf dem Boden. Man band ihr die Hände auf den Rücken und lud sie auf einen Schinderkarren. Im Gegensatz zu Ludwig XVI. erhielt sie keine geschlossene Kutsche und musste mit dem Gesicht zum Volk sitzen, nicht zum Kutscher. Ihre vormaligen Untertanen bewarfen sie mit Abfall.

Auf einem Fenstersims wartete der Zeremonienmeister der Revolution, der Wendehals Jacques-Louis David, ein Mitglied des Nationalkonvents und des mächtigen Sicherheitsausschusses. Vor Jahren, nach dem „Marsch der Marktfrauen" auf Versailles, hatte David geschrieben, es sei „ein großes Pech" gewesen, „dass dieses Aas (Marie Antoinette, Anm.) nicht von diesen Nutten stranguliert oder in Stücke gerissen" worden sei. Solange diese Frau lebe, werde es keinen Frieden im Königreich geben. Als „Künstler der Stunde" verlieh David jedem Regime den nötigen Glanz und die gewünschte Glorie. Er war es, der in seinen Gemälden

Der „Maler der Revolution“, Jacques-Louis David, beobachtet, wie die Ex-Königin auf den Schinderkarren verladen wird. Darstellung aus dem 19. Jahrhundert.

Marie Antoinette auf ihrem letzten Weg.
Sie wirkt wie 60, hält sich tapfer gerade und senkt den Blick,
um den geifernden vormaligen Untertanen nicht in die Augen blicken zu müssen.

Marat zum Märtyrer stilisiert und die Ausstellung seines wegen der hochsommerlichen Temperaturen minütlich grünlicher werdenden Leichnams unter ständig neu befeuchteten, parfümierten Tüchern publikumswirksam inszeniert hatte. Bald wird sein Held Napoleon heißen. Nun blickte David auf die gebrochene Frau in ihrem bereits dreckigen Baumwollkleid und skizzierte wie immer perfekt in wenigen Federstrichen das ganze Drama: Den zu Boden gerichteten Blick, die armseligen Haarstoppel, die vielen Falten um den Mund.

Ein Staatspriester begleitete Marie Antoinette, sie ignorierte ihn nach Kräften. Vier Stunden dauerte die Fahrt von der Conciergerie zur Place de la Revolution, ein (Um-)Weg, der mit einer weniger illustren „Fuhre" locker in 50 Minuten hätte zurückgelegt werden können. Doch die Zeitungen hatten den Takt vorgegeben: „Die Österreicherin soll den Tod ganz langsam erleben." Bei den Exekutionen war es üblich geworden, laut aus dem Leben der schuldig Gesprochenen vorzulesen, das heißt aus den Spottschriften. In Marie Antoinettes Fall war dies die soeben erschienene Schmähpostille „Procès de Marie-Antoinette, dite de Lorraine d'Autriche, Veuve de Louis Capet. Acte d'Accusation, Interrogatoire public, Dépositions, Confrontation des Témoins au Tribunal Rèvolutionnaire, et Jugement, 1793" („Prozess der Marie Antoinette, genannt Lothringen von Österreich, Witwe nach Louis Capet. Die Anklageschrift, die öffentliche Befragung, Zeugenaussagen, Gegenüberstellung der Zeugen des Revolutionstribunals und Urteil"). Im Mittelpunkt standen erneut angebliche sexuelle Ausschweifungen, lesbische Liebesverhältnisse und der sensationelle vorgebliche Inzest mit dem achtjährigen Sohn.

Der Tod bei der Arbeit

Seit den frühen Morgenstunden schrubbten Tagelöhnerinnen das Holzgerüst, auf dem sich die Guillotine erhob. Darunter wurde eine Mischung aus frischem Stroh und Sägemehl aufgeschüttet. Zwei junge Männer mit roten Jakobinermützen turnten auf dem obersten Querbalken herum und rollten die Plane herunter, die die Klinge bedeckte, um sie vor Regen zu schützen.

Ein Henkersknecht stellte den fleckigen Korb an seinen Platz. Straßenhändler bauten ihre Buden auf: Zum Gaudium des patriotischen Nachwuchses gab es Miniaturguillotinen mit weiß gekleideten Püppchen zum Darunterlegen. „Tod der österreichischen Hure!“, tönte es von allen Seiten. Als der Wagen mit der Ex-Königin endlich ankam, meinte der Priester: „Nun ist es Zeit, Madame, sich mit Mut zu wappnen.“ Die letzten Worte Marie Antoinettes lauteten: „Mut! Der Augenblick, da meine Leiden enden, ist nicht der Augenblick, da mich der Mut verlassen wird.“ Henri Sanson (der Jüngere; sein gleichnamiger Vater, der Ludwig XVI. nicht ohne Pannen exekutiert hatte, war im April 1793 in Pension gegangen) nahm der Delinquentin die weiße Haube ab. Zwischen den Strohballen unter dem Holzgerüst kauerte ein Geistesgestörter, der von der wundertätigen Wirkung königlichen Blutes überzeugt war. Sekunden später suhlte er sich im Blut der „vormaligen“ Herrscherin.

Es war 12.15 Uhr.

In Neapel erfuhr Marie Antoinettes Lieblingsschwester, die im achten Monat schwangere Maria Carolina, von der Hinrichtung: „Meine arme Schwester! Ihr einziger Fehler war, dass sie Partys und Unterhaltungen geliebt hat.“ Sie hatte sie so lange nicht mehr gesehen. Und nun war sie tot. Ihr Mann, der König von Neapel-Sizilien, rief die Staatstrauer für vier Monate aus. Alle Theater wurden geschlossen. Carolina war noch immer erzürnt über Kaiser Leopold II., der nichts unternommen hatte, um die gemeinsame Schwester zu retten. Ihr Ehemann war ebenso untätig geblieben, er hatte auf Anweisungen aus Wien gewartet, die jedoch nie eingetroffen waren. Carolina schrieb unter ein Marie-Antoinette-Porträt, das sie auf ihrem Arbeitstisch stehen hatte: „Ich werde die Rache fortführen bis zum Grab.“ In Neapel erschienen nun Spotthefte nach französischem Vorbild, die Carolina mit ihrer Schwester verglichen: Hatte Carolina nicht auch englische Gärten angelegt und dafür Unsummen „verschwendet“? Diese Anlagen sind bei der Reggia di Caserta zu sehen, dienten aber von Anfang an der wissenschaftlichen Forschung, nicht dem Freizeitvergnügen der Königin. Carolina entwickelte große Ängste vor Spionen in den eigenen vier Wänden, wechselte dauernd das Schlafzimmer, verdoppelte ihre Leibwache und installierte einen repressiven Polizeichef. Demonstranten in den Straßen von Neapel wurden sofort verhaftet. Später wird Carolina aufgrund der Napoleonischen Kriege aus ihrem süditalienischen Königreich flüchten müssen. Sie kehrte zurück nach Wien und starb im Schloss Hetzendorf kurz

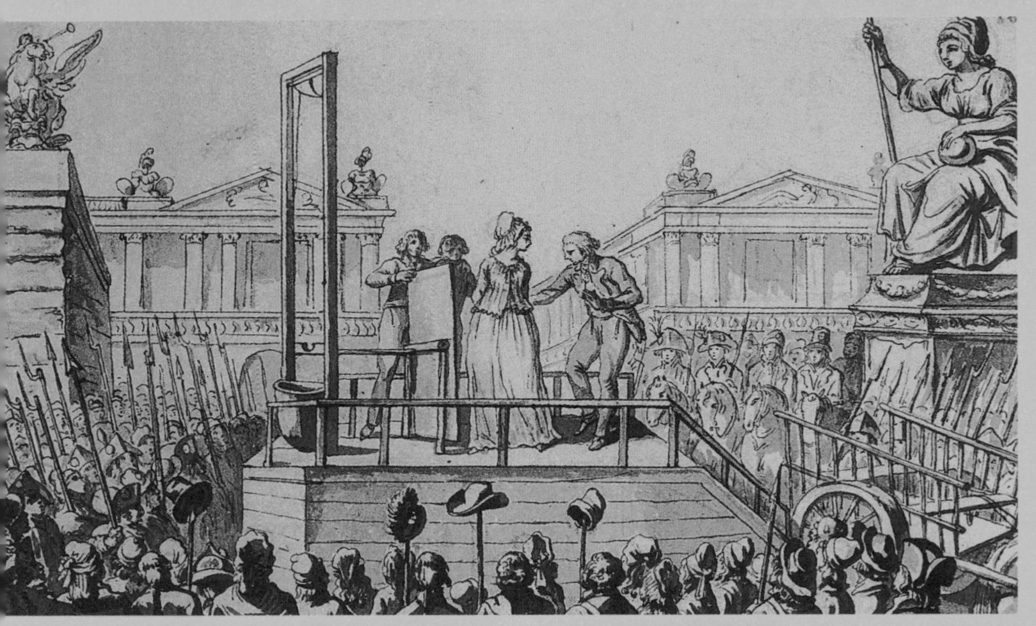

Marie Antoinette auf dem Schafott, neben ihr der berühmte Pariser Henker Henri Sanson der Jüngere. Nachdem man die Verurteilte stundenlang durch Paris gefahren hatte, war die Exekution zu Mittag rasch vorbei.

Marie-Thérèse, das letzte überlebende Kind des letzten französischen Königspaares, als erwachsene Frau. Sie beschloss ihre Tage auf einem Schloss in Niederösterreich.

vor der Eröffnung des Wiener Kongresses im Jahr 1814. In ihrem Testament hielt sie fest, dass sie Pomp und Prunk immer abgelehnt habe: „Im Tod würde es ein Sack mit einem Schleier darüber auch tun."

Madame Élisabeth wurde im Mai 1794 abgeholt. Auch sie war zum Tod auf dem Schafott verurteilt worden.

Marie-Thérèse (Madame Royale) gelangte durch einen Gefangenenaustausch 1795 nach Österreich. Vier Jahre später heiratete sie ihren Cousin, den ältesten Sohn von Artois, bei dessen Geburt seine Mutter ausgerufen hatte: „Mein Gott, bin ich glücklich", weil sie den Geburtenwettlauf gegen Marie Antoinette gewonnen hatte. Die Ehe wurde nie vollzogen.

Madame Royale starb 1851 auf Schloss Frohsdorf in Niederösterreich. Begraben wurde sie im heute slowenischen Franziskanerkloster Kostanjevica oberhalb von Nova Gorica.

„Ludwig XVII." starb 1795 im Alter von zehn Jahren im Temple, vermutlich an Tuberkulose. Sein Kerkermeister Simon durfte zusammen mit seinem „Chef" Robespierre 1794 einen letzten Blick aus dem „Fenster der Nation" genießen – wie es der „Père Duchesne" formuliert hätte. Der Bub hatte ein ganzes Jahr auf sich allein gestellt und wohl sehr krank verbracht. Ein königstreuer Arzt schnitt das Herz des Kindes heraus und konservierte es in Alkohol. Es kann in der Königsgruft in Saint-Denis besichtigt werden.

Hans Axel von Fersen hat nie geheiratet. Er gab sich aufgrund der gescheiterten Flucht von 1791 lebenslang eine Mitschuld am Tod seiner königlichen Freundin. Von seiner Affäre mit der bekannt schönen Eleanore Sullivan hatte Marie Antoinette nichts geahnt. Wie die Ex-Königin fiel auch Fersen schließlich der Politik zum Opfer. Am 20. Juni 1810, genau 19 Jahre nach der Flucht nach Varennes, wurde er von einem wütenden schwedischen Mob gelyncht, weil man meinte, er habe den schwedischen Thronfolger vergiftet. In Schweden war der harte, alte Mann der ranghöchste Politiker nach dem König gewesen und erhielt ein Staatsbegräbnis.

Yolande „Jules" de Polignac starb etwa zwei Monate nach der Hinrichtung ihrer Freundin, der Königin, während eines Aufenthalts in Wien. Sie erlag vermutlich einem Krebsleiden.

Élisabeth Vigée-Lebrun flüchtete bereits nach dem „Marsch der Marktfrauen" im Oktober 1789 mit ihrer Tochter Julie nach Italien. Sie blieb

Das Herz des zweiten Dauphins wurde nach dem Tod des Kindes von einem der Monarchie weiterhin ergebenen Arzt herausgeschnitten und konserviert. Es wird in Saint-Denis aufbewahrt.

zwölf Jahre im Exil. Ihr Ruf als Porträtistin und Freundin der legendären Königin von Frankreich öffnete ihr viele Türen und machte sie international berühmt. Sie wurde 86 Jahre alt.

Antoine Quentin Fouquier-Tinville stand noch einer der längsten Prozesse der Revolutionszeit bevor, nämlich sein eigener. Dieser dauerte 41 Tage und endete wie die meisten der früher von ihm geführten Verhandlungen mit dem Todesurteil. Fouquier-Tinville stürzte als einer der Letzten. Am 7. Mai 1795 wurde er guillotiniert. Die Menge jubelte, man warf Blumen in die Luft. Paris wechselte in den Feiermodus, als hätte es kein Gestern gegeben. Bereits nach dem Ende Robespierres waren innerhalb weniger Tage über 600 Bälle für die Überlebenden der Revolution veranstaltet worden.

Im Oktober 1795 wurde von einigen großspurigen Aufsteigern des dritten Standes das Directoire als neue Regierungsform eingeführt. Die Bourgeoisie und der Adel waren dabei, sich zu arrangieren. Manche hielten Ausschau nach einer Art „Bürgerkönig", doch ein solcher trat erst 1830 auf den Plan – in Person des Sohnes von Philippe Égalité, Louis-Philippe. Aus dem korsischen Ajaccio erschien stattdessen ein Cäsar, der dem verblüfften Europa verkündete, er sei Karl der Große: Napoleon. Von 1804 an wird er Kaiser der Franzosen sein.

Jacques-René Hébert fand am 24. März 1794 den Tod. Auf dem Karren zur Guillotine heulte er, hatte schreckliche Angst, taumelte und fiel kurzzeitig in Ohnmacht. In der Nummer 299 des „Père Duchesne" hatte folgender Bericht zum Tod Marie Antoinettes gestanden:

„Das Luder war wagemutig und frech bis zum Ende. Doch die Beine versagten ihr in dem Moment, als sie aufs Brett geschnallt wurde (…). Ihr verfluchter Kopf wurde schließlich von ihrem Hurenhals getrennt und die Luft erbebte von den Rufen: Es lebe die Republik, verdammt noch mal!"

Beim Prozess und bei der Hinrichtung der französischen Ex-Königin Marie Antoinette war es vor allem um zwei Motivationen gegangen: Rache und Vergeltung.

Um die Vergeltung der Tugend am Verrat, der Republik an der Monarchie, Frankreichs am feindlichen Ausland und nicht zuletzt um die Rache der Männer an den Frauen.

„Das ist der Trend jetzt“: Guillotine-Ohrgehänge, um 1795. Der Kopf des Königs hat die Augen geschlossen, doch die ewig unberechenbare Königin hält die Augen offen!

V
Heroine – Bild und Image einer „Killer-Queen“

„Let them eat cake“?

TOO FAB
TO GIVE
A DAMN
LILI FANTASY
TOO FAB TO GIVE A DAMN !
Juliette
has a gun
LILI FANTASY

Die Totengräber machten gerade Pause, als der Leichenwagen mit dem offenen Brettersarg heranrollte. Was von Marie Antoinette geblieben war, wurde achtlos mit dem Kopf zwischen den Beinen am Rand des Friedhofs de la Madeleine abgeladen. Die Scharfrichtersenkelin Marie Grosholtz wartete schon mit ihren Utensilien und nahm eine Totenmaske des verstümmelten Leichnams ab. Das Wachsfigurenkabinett der Elsässerin war für seine Aktualität bekannt und zeigte täglich neu die Abdrücke der soeben Exekutierten: Ein Sensationsblatt in 3D. Im Juli 1789 hatten Revolutionsfans die Wachsbüsten ihrer Idole Philippe Égalité und Jacques Necker aus dem Laden, wo Marie Grosholtz als Wachsbildnerin tätig war, herausgeholt und im Triumphzug mit 6000 Gefolgsleuten durch die Straßen von Paris getragen.

Hochsaison für Köpfe

Ein Jahr nach dem Ende der Ex-Königin erbte Marie Grosholtz die gesamte Wachsfigurensammlung ihres Lehrmeisters Philippe Curtius und emigrierte mit ihrem Mann François Tussaud nach England. Die Wachsabdrücke der Opfer der Französischen Revolution bildeten den Grundstock ihres florierenden Londoner Wachsfigurenunternehmens, das bis heute den Namen seiner Gründerin trägt: „Madame Tussauds" zieht mit seinen lebensechten Wachsabbildern berühmter Persönlichkeiten Touristen aus aller Welt in seinen Bann.

Den Friedhof de la Madeleine in Paris gibt es schon lange nicht mehr. Seit 1826 steht dort ein Erinnerungsdenkmal für das letzte Königspaar, die „Chapelle expiatoire" (Sühnekapelle). Genau an dem Ort, wo die enthauptete Ex-Königin in einem einfachen Holzsarg begraben worden war, befindet sich in der Krypta der Kapelle ein Altar. Es war ungewöhnlich, dass Guillotinierte einen Sarg erhielten. Weniger prominente Opfer der Revolution wurden ohne Sarg bestattet, bedeckt mit einer Schicht Löschkalk.

S. 285: Hätte der jungen Marie Antoinette bestimmt gefallen:
Werbeflyer einer unabhängigen Pariser Parfümmanufaktur, 2021.

Nach der Abdankung Napoleons 1814 kamen die Bourbonenkönige in Frankreich erneut an die Macht. Und zwar in Gestalt der jüngeren Brüder Ludwigs XVI., die ihn und seine österreichische Frau zeitlebens verleumdet und unter Druck gesetzt hatten. Die Eröffnung der Sühnekapelle fand unter Karl X. statt, der einmal Graf von Artois geheißen hatte. Davor war schon der ehrgeizige Graf von Provence (konstitutioneller) Herrscher geworden: Als Ludwig XVIII. regierte er von 1814 bis 1824. Im Jahr 1815 hatte er veranlasst, die Erinnerung an das von ihm gehasste ehemalige Königspaar wieder aufleben zu lassen. Nun, da sie kopflos im Grab lagen, stellten sie keine Gefahr mehr dar, im Gegenteil, die Verehrung der „Märtyrer" wurde zur nationalen Pflicht, um die Monarchie wieder auf eine Kontinuitätsgrundlage zu stellen. Der Grundstein zur Sühnekapelle war unter seiner Herrschaft, am 21. Jänner 1815, dem Jahrestag der Hinrichtung Ludwigs XVI., gelegt worden.

Die Überreste der „Königin der Mode" sollen bei der Exhumierung an einem Strumpfband identifiziert worden sein, berichtete eine royalistische Legende, was recht unwahrscheinlich klingt; wenn auch nicht so abenteuerlich wie das Märchen der Brüder de Goncourt, die 1858 die erste umfassende Biografie der Königin vorlegten. Dort liest man von ihrem „berühmten Lächeln", das selbst nach mehr als 20 Jahren unter der Erde noch sichtbar gewesen sein soll. Die Mythen- und Fantasienbildung hatte mit voller Wucht eingesetzt und kannte keine Grenzen.

Beide Leichen, die Ludwigs XVI. und jene Marie Antoinettes, wurden in den Tagen vor der Grundsteinlegung zur Sühnekapelle, am 18. und 19. Jänner 1815, ausgegraben und würdig bestattet. Bis heute ruhen sie in Saint-Denis, der Grablege der Könige und Königinnen von Frankreich.

„Magdalena Sünderin"

Im Inneren der Sühnekapelle links (die „gute", rechte Seite ist dem König vorbehalten) begegnet den Besuchern eine aufreizend gekleidete weibliche Marmorfigur. Wie eine Ertrinkende klammert sich diese an eine von Kopf bis Fuß verhüllte Gestalt mit einem überdimensionalen Kreuz im Arm – die Allegorie der Religion. Halb kniend, aber mit deutlich erkennbaren Beinen, großem Dekolleté und für das 18. Jahrhundert unpassend langen Haaren stellt die kurvige Dame ein Porträt der plötzlich als „Heilige"

Hierher verirren sich nur wenige Franzosen: Das Innere der „Sühnekapelle", die am ursprünglichen Bestattungsort Marie Antoinettes errichtet wurde.

verehrten Marie Antoinette dar. Läge zu ihren Füßen nicht eine wie zufällig dorthin gerollte Krone, sondern ein Totenschädel, man würde die hingerichtete Königin für die klassische Sünderin Maria Magdalena halten. Diese Gefährtin Jesu wird im Allgemeinen und fälschlicherweise als ehemalige Sexarbeiterin beschrieben, sie trägt von Berufs wegen offene Haare; auf vielen Gemälden sind diese überhaupt ihr einziges „Kleidungsstück". Man fühlt sich an Élisabeth Vigée-Lebruns Porträt der Lady Hamilton mit ihren unendlich langen Haaren erinnert, hatte diese doch als Emma Hart in einem Bordell gearbeitet. Gestiftet von Madame Royale, wurde der Bildhauer Jean-Pierre Cortot mit der Statue der Marie Antoinette beauftragt. Offiziell sollte man ihr nun als „Märtyrerin der Monarchie" huldigen, doch für Eingeweihte blieb sie die „Wölfin", die sie angeblich immer war. Man durfte sie weiterhin als Sexobjekt darstellen.

Dass die „Sühnekapelle" heute noch existiert, kann man als „glücklichen Zufall" bezeichnen, galt sie doch bald wieder als Relikt eines Ancien Régime, das von der Revolution beseitigt worden war. Auch das heutige Frankreich baut ideologisch auf den Errungenschaften der Französischen Revolution auf. Nach dem Ende der Restaurationszeit 1830 geriet die Kapelle ins Kreuzfeuer heftiger Kritik, es drohte mehrmals der Abriss, doch konnte dieser immer wieder knapp verhindert werden. Ende des 19. Jahrhunderts wäre es beinahe zu einem Verkauf des Gebäudes nach Amerika gekommen. Seit 1914 steht das Baudenkmal des Architekten Pierre-François-Léonard Fontaine unter Denkmalschutz. Franzosen besuchen es eher selten, wovon die hauptsächlich fremdsprachige Literatur im Museumsshop Zeugnis ablegt.

Eine weitere „Magdalena" wurde in der Kathedrale von Saint-Denis aufgestellt. Dort erinnern zwei kniende Grabskulpturen an Ludwig XVI. und Marie Antoinette. Die Königin erscheint wieder mit bloßen Armen, obwohl es im gesamten 18. Jahrhundert nie eine Frauenmode mit so kurzen Ärmeln gegeben hat. Erneut fällt sie durch ihre Haarpracht auf, die sich unter dem züchtigen Schleier vorwitzig hervorkringelt. Langes und volles Haar steht in der weiblichen Ikonografie für überbordende Sexualität, ein unvermeidliches Attribut bei Darstellungen der „sündigen" Maria Magdalena. In Wahrheit ließ Marie Antoinettes Haarwuchs schon in ihrer Jugendzeit eher zu wünschen übrig, ein Makel, den sie später durch ausuferndes Frisurenstyling mit künstlichen Haarteilen zu verbergen trachtete. Ein herausfordernder Blick ziemt sich für eine Statue in einer Grablege kaum, dennoch zeichnet sich die Statue der Marie

Antoinette dadurch aus. Sie betet nicht wie ihr Mann gottgefällig mit zum Himmel erhobenem Blick und gefalteten Händen, sondern verschränkt die Hände vor ihrem Busen, was das Interesse der Betrachter umso mehr auf diesen sowie auf den Halsschmuck und die Ohrringe lenkt. „Was für eine Kokotte! Was für eine Verschwenderin!“, scheint sogar die Grabfigur noch in Erinnerung rufen zu wollen.

Manche Besucher der Gruft empfinden bis heute so. Im August 2021 betrachtete eine Französin mittleren Alters Marie Antoinettes Grabplatte, auf die jemand zwei weiße Rosen gelegt hatte. Zu ihrer Begleiterin sagte die Dame in recht abfälligem Ton „Cette Marie Antoinette!“ („Diese Marie Antoinette!“) und zeigte mit dem Finger auf die Blumen.

Die letzte Bleibe Marie Antoinettes kann in der Conciergerie besichtigt werden: Ihre Arrestzelle, der „Vorraum des Todes“. Die Gefängniszelle wurde allerdings – ebenfalls in der Restaurationszeit – zu einer Art Kapelle umgestaltet. Zu sehen ist ein in Dunkelblau und Silber gehaltenes Zimmer mit reproduzierten Porträts der Königin sowie ein Erinnerungsmedaillon an ihre Schwägerin Madame Élisabeth. Auch hier kommt man dem von Mythen und Legenden geprägten Kult um die „heilige“ Marie Antoinette auf die Spur, der die Jahre nach 1814 geprägt hat.

Kultbild der Nachwelt

Die Brüder de Goncourt hatten eine für das 19. Jahrhundert typische, hagiografische Lebensgeschichte der Königin veröffentlicht. Sie neigt in diesem Werk zwar zu (harmlosen) Zerstreuungen, hat aber wenig eigenen Willen und schon gar keinen Geliebten. Die bis heute berühmteste Marie-Antoinette-Biografie stammt von Stefan Zweig (1932) und schildert die Königin als mäßig begabte Durchschnittsfrau, die in der Mutterschaft ihre höchste Erfüllung findet. Lady Antonia Fraser, deren ziemlich Tränendrüsen drückendes Buch für Sofia Coppolas poppiges Biopic von 2006 ordentlich entstaubt worden ist, zeigt vor allem eine Coming-of-Age-Geschichte und einen Generationenkonflikt: Ein Mädchen wird in eine unbekannte, überaus traditionelle Umgebung verpflanzt und muss

Gedenkstatuen für Ludwig XVI. und Marie Antoinette in der traditionellen Grablege der französischen Könige in Saint-Denis. Selbst hier ist die „Defizit-Monarchin“ noch kokett.

seinen Platz erst finden. Die fremde junge Frau versucht, alle an sie gestellten Erwartungen zu erfüllen; aber sie strebt auch nach Selbstverwirklichung. Frasers Biografie führt den Untertitel „Die Reise“.

In Japan ist Marie Antoinette als bisexueller Manga-Star ein Jugendidol. An der Seite der Königin tritt im Film „Die Rosen von Versailles“ (1987) ein Mädchen namens „Oscar“ auf, das sich wie Marie Antoinette in den feschen Helden Hans Axel von Fersen verliebt. Frauen als Männer verkleidet und umgekehrt spielen eine große Rolle – wie es in adeligen Kreisen des 18. Jahrhunderts zur alltäglichen Festkultur gehörte. Heute findet man in Japan zahlreiche Comics und Graphic Novels, die sich mit unterschiedlichsten Facetten aus Marie Antoinettes Leben sehr fantasievoll und pastellbunt auseinandersetzen. In der Manga-Serie „Innocent, Innocent Rouge“ tritt Marie Antoinette im „Sailor-Moon-Rosenresli-Look“ auf mit riesigen blauen Augen, rosarotem Panier samt unzähligen Blütengirlanden und an der Seite einer ungewöhnlichen Freundin: Marie-Josèphe Sanson, der (imaginären) Tochter des Henkers Sanson. Diese ist als Rokoko-Tomboy gekleidet, mit schwarzen Seidenstrümpfen, Schnallenschuhen und Kniehosen, weißer Weste und mit Blumen besticktem Scharfrichter-Gehrock. Sie hat hoch aufgetürmte, rosa getönte, weißblonde Haare und trägt ein riesiges Richtschwert auf den schmalen Schultern. Im Fernen Osten regiert die Königin Marie Antoinette souverän als Ikone der Popkultur.

Der französische Streifen „Les Adieux à la Reine!“ („Leb wohl, meine Königin!“, 2012) ist wohl nicht ganz zufällig nach einem Pamphlet aus der Revolutionszeit benannt, das die Königin verunglimpfte („Les Adieux de la Reine à ses mignons et mignonnes“, 1792; „Der Abschied der Königin von ihren männlichen und weiblichen Liebchen“). Im Mittelpunkt steht eine Vorleserin der lesbisch lebenden Marie Antoinette, die in ihre doppelzüngige, labile und ziellose Herrscherin verliebt ist. Wie die illegalen und skurrilen „Libelles“ suggeriert der Film eine Sex-Affäre der Königin mit ihrer Freundin Jules de Polignac. In den Tagen nach dem Sturm auf die Bastille opfert die Königin ihre unwissende Bedienstete, um das Leben der aristokratischen Freundin zu retten. Fast schon unnötig zu erwähnen, dass sie in diesem Film einen deutschen Akzent haben muss und aus diesem Grund von der gebürtigen Deutschen Diane Kruger verkörpert wurde.

Marie Antoinette forever:
Mit dem Namen der Ex-Königin beworbene Produkte in einem der Museumsshops im Louvre.

Im Jahr 1974 ließ sich Freddie Mercury, legendärer Sänger der britischen Rockband „Queen", von der Königin Marie Antoinette zu einem ganzen Song inspirieren: „She's a Killer Queen!!" samt Champagner-Orgien, französischem Parfüm und dem unvermeidbaren Kuchen-Sager. „Let them eat cake", heißt es hier.

„She's a Killer Queen
Gunfire, guillotine
Dynamite with a laser beam
Guaranteed to blow your mind
Anytime"

Der Song handelt – wie passend – von einem Luxus-Callgirl, aber der Titel könnte auch für Freddie Mercury selbst stehen. Die Nummer wurde ein überwältigender internationaler Hit, bescherte „Queen" den kommerziellen Durchbruch und steht bis heute für die Band wie kaum eine andere Single. „Killer-Queen" ist der Musikstil von „Queen" in Reinkultur. Wer es nicht kennt: Bitte Video ansehen und Freddie Mercurys Nagellack bewundern.

„Wanna try?"

„I Want Candy"

Sofia Coppolas moderner Marie-Antoinette-Streifen endet mit dem „Marsch der Marktfrauen" auf Versailles im Oktober 1789, was dem französischen Publikum beim Filmfestival in Cannes ziemlich sauer aufstieß. Der US-Film wurde lautstark ausgebuht, weil Kirsten Dunst als titelgebendes Party-Girl deutscher Abstammung in zertanzten, fliederfarbenen Converse-Sneakern ihren Kopf behalten durfte. Die letzte Einstellung zeigt die gedemütigte, aber lebende Königin während ihrer erzwungenen Fahrt von Versailles nach Paris. Sie blickt aus dem Kutschenfenster auf ihre duftenden Zitrusgärten und sagt: „Ich verabschiede mich."

Nur eine tote Königin ist eine gute Königin.

marie antoinette
parfums et senteurs
d'exception
www.marieantoinetteparis.fr
Marie Antoinette
ouvert
du Mardi au Dimanche
01 42 71 25 07
PARIS
EA-679-FH

Verwendete Literatur

Hellmut Andics: Die Frauen der Habsburger, Wien, München 1985.

Élisabeth Badinter: Maria Theresia. Die Macht der Frau, Wien 2017.

Jérémie Benoit: The Petit Trianon. Marie-Antoinettes Chateau, Paris 2006.

Cécile Berly: Marie-Antoinette at Versailles, Gent 2019.

Philipp Blom: Böse Philosophen. Ein Salon in Paris und das vergessene Erbe der Aufklärung, München 2011.

Die Bourbonen. Heft „Geschichte" Nr. 2/2020.

Wolfgang Büttner: Tod dem König! Es lebe die Republik! Berlin 1977.

Albert Camus: Der Mensch in der Revolte. Essays, Hamburg 1986.

Paul Christoph (Hg.): Maria Theresia und Marie Antoinette. Der geheime Briefwechsel, Darmstadt 2017.

Benedetta Craveri: Königinnen und Mätressen. Die Macht der Frauen – Von Katharina de' Medici bis Marie Antoinette, München 2008.

Monika Czernin: Der Kaiser reist inkognito. Joseph II. und das Europa der Aufklärung, München 2021.

Monika Czernin, Jean-Pierre Lavandier: „Liebet mich immer." Maria Theresia. Briefe an ihre engste Freundin, Wien 2017.

Edwin Dillmann: Maria Theresia, München 2000.

Norman Domeier, Christian Mühling (Hg.): Homosexualität am Hof. Praktiken und Diskurse vom Mittelalter bis heute, Frankfurt am Main, New York 2020.

Dresscode. Are You Fashion? Ausstellungskatalog, The National Museum of Modern Art Kyoto, 2019.

Franz X. Eder, Kultur der Begierde. Eine Geschichte der Sexualität, München 2002.

Élisabeth Louise Vigée Le Brun 1755–1842, Ausstellungskatalog, Grand Palais Paris, 2015.

Carolly Erickson: Die Lilie von Versailles. Das Tagebuch der Marie Antoinette, Frankfurt am Main 2008.

Franz Leander Fillafer: Aufklärung habsburgisch. Staatspolitik, Wissenskultur und Geschichtspolitik in Zentraleuropa 1750–1850, Göttingen 2020.

Peter Fischer (Hg.): Reden der Französischen Revolution, München 1989.

Eva Flicker, Monika Seidl (Eds.): Fashionable Queens. Body – Power – Gender, Frankfurt am Main, Bern, Bruxelles, New York, Oxford, Warszawa, Wien 2014.

Amanda Foreman: Georgiana. Das lustvolle Leben der Herzogin von Devonshire, Stuttgart, München 2001.

Die Französische Revolution. Heft „Geschichte" Nr. 7/2014.

Antonia Fraser: Marie Antoinette. The Journey, London 2001.

Joan Haslip: Marie Antoinette. Ein tragisches Leben in stürmischer Zeit, München 1989.

Hans Erik Hausner (Hg.): Zeit-Bild 1789: Die Französische Revolution, Wien, Heidelberg 1977.

Philippe Huisman, Marguerite Jallut: Marie Antoinette. L'impossible Bonheur, Lausanne 1970.

Colin Jones: The Smile Revolution in 18th Century Paris, Oxford 2014.

Michael Köhlmeier: Matou, München 2021.

Felix Krämer (Hg.): Schwarze Romantik. Von Goya bis Max Ernst, Ausstellungskatalog, Städel Museum Frankfurt, 2012.

Herbert Lachmayer (Hg.): Mozart. Experiment Aufklärung im Wien des ausgehenden 18. Jahrhunderts, Ausstellungskatalog, Albertina Wien, 2006.

Georges Lefèbvre: 1789. Das Jahr der Revolution, München 1989.

Évelyne Lever: Marie-Antoinette. La dernière reine, Paris 2000.

Évelyne Lever: Marie Antoinette. The last Queen of France, New York 2000.

Évelyne Lever et al.: Marie Antoinette. The triumph of elegance and luxury, o.O., 2008.

Mallemont, A.: Album historischer Frisuren, Berlin 1909.

Hilary Mantel: Brüder, Köln 2013.

Marie Antoinette. Luxusluder und Lichtgestalt, profil, 6. November 2006.

Marie-Antoinette. Femme réelle – femme mythique, Paris 2006.

Marie Antoinette. Begleitheft zur Ausstellung im Grand Palais Paris, 2008.

Marie-Antoinette. Métamorphoses d'une image, Ausstellungskatalog Conciergerie Paris, 2019/2020.

Mutter Majestät. Maria Theresia 1717–1780, profil, 2. Jänner 2017.

Charlotte Pangels: Die Kinder Maria Theresias. Leben und Schicksal in kaiserlichem Glanz, München 1980.

Susanne Petersen: Frauen in der Französischen Revolution. Dokumente – Kommentare – Bilder, Berlin 1987.

Carolin Philipps: Die Dunkelgräfin. Das Geheimnis um die Tochter Marie Antoinettes, München 2012.

Martyn Rady: Die Habsburger. Aufstieg und Fall einer Weltmacht, Berlin 2021.

Veronika Sandbichler, Katja Schmitz-von Ledebur, Stefan Zeisler (Hg.): Mode schauen. Fürstliche Garderobe vom 16. bis 18. Jahrhundert, Ausstellungskatalog Schloss Ambras, Innsbruck, Berlin 2021.

Regina Schulte (Ed.): The Body oft the Queen. Gender and Rule in the Courtly World 1500–2000, New York, Oxford 2006.

Uwe Schultz: Der König und sein Richter: Ludwig XVI. und Robespierre, München 2012.

Barbara Stollberg-Rilinger: Maria Theresia. Die Kaiserin in ihrer Zeit, München 2019.

Werner Telesko: Maria Theresia. Ein europäischer Mythos, Wien, Köln, Weimar 2012.

Hans-Ulrich Thamer: Die Französische Revolution, München 2013.

Chantal Thomas: The Wicked Queen. The Origins oft the Myth of Marie-Antoinette, New York 1999.

Jürgen Walter: Lust und Macht. Mätressen an deutschen Höfen, Mühlacker 2010.

Kate Williams: England's Mistress. The Infamous Life of Emma Hamilton, London 2007.

Stefan Zweig: Marie Antoinette. Bildnis eines mittleren Charakters. Leipzig 1932.

Institutionen

Archives Nationales, Paris

Basilika Kathedrale Saint-Denis, Paris

Bibliothèque Nationale de France, Paris

Château de Versailles

Conciergerie, Paris

Domaine de Rambouillet

Haus-, Hof- und Staatsarchiv, Wien

Musée Carnavalet, Paris

Österreichische Nationalbibliothek

Sühnekapelle, Paris

Personenregister

Bildnachweis

Bundesmobilienverwaltung, Sammlung: Bundesmobilienverwaltung, Objektstandort: Schloss Schönbrunn: S. 159.

Internet: S. 33, S. 114, S. 148, S. 167, S. 173, S. 181, S. 191, S. 202, S. 213, S. 221, S. 222, S. 228, S. 231, S. 233, S. 238, S. 243, S. 274, S. 275, S. 278.

Karl Bach: S. 14, S. 18, S. 43, S. 62, S. 71, S. 76, S. 80, S. 102, S. 103, S. 108, S. 121, S. 125, S. 130, S. 136, S. 142, S. 144, S. 146, S. 149, S. 161, S. 164, S. 178, S. 188, S. 204, S. 209, S. 211, S. 214, S. 235, S. 240, S. 242, S. 253, S. 255, S. 258, S. 264, S. 268, S. 281, S. 283, S. 288, S. 291, S. 293, S. 295.

Kunsthistorisches Museum Wien, Gemäldegalerie: S. 54.

Louvre: S. 9, S. 96.

Palais Galliera, musée de la mode de la Ville de Paris, inv.1997.76.1, acquisition de la Ville de Paris: S. 239.

picturedesk.com: Cover (akg-images), S. 2 (akg-images), S. 11 (ÖNB-Bildarchiv), S. 37 (Reinsperger, Johann Christoph von / ÖNB-Bildarchiv), S. 57 (Geiger, Peter Johann Nepomuk / ÖNB-Bildarchiv), S. 66 (Mary Evans), S. 99 (ÖNB-Bildarchiv), S. 272 (Marie Antoinette, Erzherzogin von / ÖNB-Bildarchiv).

Privatbesitz: S. 82, S. 193, S. 248, S. 285.

Schloß Schönbrunn Kultur- und Betriebsgesellschaft, Sammlung: Bundesmobilienverwaltung, Objektstandort: Schloss Schönbrunn, Foto: Edgar Knaack: S. 45.

Wien Museum: S. 21 (TimTom), S. 27 (Inv.-Nr. 61012, CC BY 4.0, Foto: Birgit und Peter Kainz), S. 35 (Inv.-Nr. 61010, CC BY 4.0, Foto: Birgit und Peter Kainz), S. 48 (Inv.-Nr. 139700, CC BY 4.0, Foto: Birgit und Peter Kainz), S. 157 (Inv.-Nr. 164204, CC BY 4.0, Foto: Birgit und Peter Kainz), S. 279 (Inv.-Nr. W 4235, CC0).

Dank

Ralph Gleis
Regina Karner
Arnold Klaffenböck
Johannes Kraus
Martin Mutschlechner, Schloss Schönbrunn Kultur- & Betriebsges. m.b.H.
Tobias G. Natter
Michael Wohlfart, Schloss Schönbrunn Kultur- & Betriebsges. m.b.H.

Die Autorin

© Sabine Hauswirth

Michaela Lindinger beschäftigt sich seit Langem mit kontroversiellen Figuren der Geschichte.

Die Autorin studierte Publizistik- und Kommunikationswissenschaft, Politikwissenschaft, Ägyptologie, Ur- und Frühgeschichte. Als Kuratorin des Wien Museums ist sie u.a. für die Porträt- und Modesammlung zuständig. Neben der Wiener Stadtgeschichte sowie Frauen- und Gendergeschichte befasst sie sich mit den Themen Tod, Erinnerungskulturen und der Geschichte der Kleidung.

Von Michaela Lindinger ist Band 1 der „Reihenweise kluge Frauen"-Reihe erschienen: „Hedy Lamarr: Filmgöttin – Antifaschistin – Erfinderin" sowie letztens „Elisabeth Petznek: Rote Erzherzogin – Spiritistin – Skandalprinzessin".

Liebe Leserin, lieber Leser,
hat Ihnen dieses Buch gefallen? Dann freuen wir uns über Ihre Weiterempfehlung, Austausch und Anregung unter

leserstimme@styriabooks.at

Inspirationen, Geschenkideen und gute Geschichten finden Sie auf

www.styriabooks.at

STYRIA
BUCHVERLAGE

ISBN 978-3-222-15087-6

Bücher aus der Verlagsgruppe Styria gibt es
in jeder Buchhandlung und im Online-Shop
www.styriabooks.at

Projektleitung: Ulli Steinwender
Lektorat: Arnold Klaffenböck
Cover und Buchgestaltung: Bleed Vienna
Layout: Burghard List

Druck und Bindung: Finidr
Printed in the EU
7 6 5 4 3 2 1